当野蛮人
遭遇内部人

中国公司治理现实困境

郑志刚 ◎ 著

BARBARIANS V.S. INSIDERS
The Chinese Corporate Governance Dilemma

图书在版编目(CIP)数据

当野蛮人遭遇内部人:中国公司治理现实困境/郑志刚著.—北京:北京大学出版社,2018.7

ISBN 978-7-301-29581-6

Ⅰ.①当… Ⅱ.①郑… Ⅲ.①公司—企业管理—研究—中国 Ⅳ.①F279.246

中国版本图书馆 CIP 数据核字(2018)第 102968 号

书　　　名	当野蛮人遭遇内部人:中国公司治理现实困境 DANG YEMANREN ZAOYU NEIBUREN: ZHONGGUO GONGSI ZHILI XIANSHI KUNJING
著作责任者	郑志刚　著
责 任 编 辑	张　燕
标 准 书 号	ISBN 978-7-301-29581-6
出 版 发 行	北京大学出版社
地　　　址	北京市海淀区成府路 205 号　100871
网　　　址	http://www.pup.cn　　新浪微博:@北京大学出版社
电 子 信 箱	em@pup.cn
电　　　话	邮购部 62752015　发行部 62750672　编辑部 62752926
印 　刷 　者	涿州市星河印刷有限公司
经 　销 　者	新华书店
	890 毫米×1240 毫米　32 开本　10.25 印张　245 千字 2018 年 7 月第 1 版　2018 年 7 月第 1 次印刷
定　　　价	49.00 元

未经许可,不得以任何方式复制或抄袭本书之部分或全部内容。

版权所有,侵权必究

举报电话:010-62752024　电子信箱:fd@pup.pku.edu.cn

图书如有印装质量问题,请与出版部联系,电话:010-62756370

目录 Contents

如何理解中国公司治理现实困境？
——一个逻辑分析框架（代序） / 1

第一篇
"中国式"内部人控制问题

山水水泥：野蛮人入侵 V.S. 内部人控制？ / 23

延伸阅读 山水水泥及其历史上的两次控制权纷争 / 29

延伸阅读 拥有"A股最分散股权结构"的梅雁吉祥 / 39

恒丰银行的"中国式"内部人控制问题 / 53

延伸阅读 深陷员工持股计划丑闻和涉嫌"高管私分公款案"的恒丰银行 / 58

向金字塔式控股结构说"不" / 71

中国公司治理困境：当"内部人"遭遇"野蛮人" / 77

第二篇
防范"野蛮人"入侵的机制设计和制度环境

从万科到阿里：公司控制权安排的新革命 / 87

延伸阅读 阿里的合伙人制度与创业团队控制权安排模式选择 / 100

从 Snap 三重股权结构看控制权安排设计制度创新的边界 / 138

延伸阅读　Snap 三重股权结构案例研究　/ 145

"万科股权之争"启示录　/ 179

延伸阅读　南玻 A 的控制权纷争　/ 186

如果科斯醒过来,会怎么想数字经济?　/ 198

激励机制设计的边界?　/ 205

诺奖的权威性是如何炼成的?——从诺奖看权威奖项评奖程序体现的学术市场逻辑　/ 212

幼儿园究竟应该"公立"还是"私立"?　/ 216

国家特殊管理股与股权设计的原则　/ 221

港交所"同股不同权"的上市制度改革　/ 232

第三篇
国企混改与公司治理制度建设

从万科董事会组织看超额委派董事现象　/ 243

董事会独立性究竟应该加强还是削弱?　/ 249

"此一时,彼一时"的国企高管薪酬改革　/ 255

上市公司应该如何为独立董事制定薪酬?　/ 261

延伸阅读　民生银行独立董事差别化薪酬实践　/ 269

国企混改:如何保障参股的社会资本的权益?　/ 288

债转股:披着市场化运作外衣的"预算软约束"　/ 293

联通混改方案的"得"与"失"　/ 298

新金融语境下的公司治理理念转变(代后记)　/ 303

参考文献　/ 317

如何理解中国公司治理现实困境?
——一个逻辑分析框架*
(代序)

经过长期的问题积累,从 2015 年开始,我国资本市场进入各种"乱象"和"怪象"的集中爆发期。首先是 2015 年资本市场经历的被一些媒体形象地称为"股灾"的股价大幅波动;其次是从 2015 年 7 月起以万科股权之争为代表的系列控制权之争的集中爆发,举牌的险资以"野蛮人"的面目出现在我国资本市场,投资者和社会公众为之一时侧目;最后,险资举牌在我国资本市场掀起的腥风血雨在南玻 A 的董事会被"血洗"后达到了高潮,人人自危的实业家纷纷站出来谴责野蛮人的暴行,"破坏实体经济就是罪人"(董明珠语)。在上述"乱象"和"怪象"频发的背景下,2016 年 12 月 3 日证监会主席刘士余先生公开发声,痛批野蛮人,一度将这些举牌险资和其他兴风作浪的金融大鳄怒斥为"土豪""妖精"和"害人精"。

我们知道,控制权之争,甚至"野蛮人入侵"在各国资本市场发展历史上过去出现过,将来也会出现,并非新鲜事。但为什么发生在当下我国资本市场的控制权之争如此血腥,对抗如此激烈?我们应该如何逻辑一致地解读最近一段时间以来发生在我国资本市场上的种种"乱象"和"怪象"?本文试图为理解中国公司治理现实

---

* 本文曾以"如何理解中国公司治理现实困境:一个逻辑分析框架"为题发表在《证券市场导报》2018 年第 1 期。

当野蛮人遭遇内部人：
中国公司治理现实困境

困境提出一个统一的逻辑分析框架。

概括而言,我们认为,理解中国公司治理现实困境的关键在于把握以下三条既相互独立又相互交叉的逻辑主线:其一是我国资本市场开始从集中股权时代进入分散股权时代;其二是历史上曾经发挥作用、如今弊多利少的金字塔控股结构的盛行;其三则是长期困扰我国公司治理实践的中国式内部人控制问题。我们看到:一方面,是我国资本市场进入分散股权时代,"野蛮人频繁撞门",股权纷争频发,以及隐身在各种金字塔控股结构的金融大鳄的"兴风作浪";另一方面,则是中国式内部人控制问题的存在使公司治理结构改善举步维艰。当野蛮人遭遇"中国式"内部人,中国公司治理的现实困境出现了……三条逻辑主线的交织和冲突构成理解我国公司治理现实困境的一个可能逻辑分析框架。图1描述了理解我国公司治理现实困境的三条逻辑主线和基于三条逻辑主线形成的逻辑分析框架。

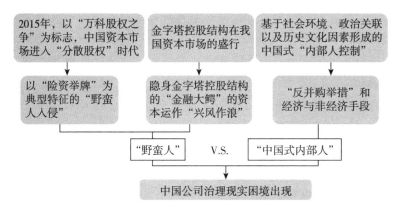

图1 理解中国公司治理现实困境的逻辑分析框架

本文以下部分内容组织如下。首先,讨论我国资本市场进入分散股权时代的内因和外因;其次,介绍我国资本市场金字塔控股结构形成的历史原因和目前暴露的主要问题;再次,讨论中国式内

如何理解中国公司治理现实困境？
——一个逻辑逻辑分析框架（代序）

部人问题形成的独特机制和中国式内部人控制问题的种种表现；最后，从三种逻辑主线出发，思考摆脱我国公司治理现实困境的可能监管应对和公司治理举措。

一、进入分散股权时代的中国资本市场

我国资本市场进入分散股权时代是理解我国现实公司治理困境的第一条，也是最重要的逻辑主线。在上市公司股权结构经历了从"一股独大"到"股权分散"的转变之后，我国资本市场开始进入分散股权时代。促成上述转变的现实因素概括而言有以下几个方面。

其一，2005—2007年的股权分置改革和股票全流通的完成使公司控制权转让在技术上成为可能。

其二，股东权利保护的事实改善和风险分担的意识加强使得原控股股东倾向于选择股权分散的股权结构。传统上，当权利得不到法律应有的保护时，股东倾向于选择集中的股权结构来对抗经理人对股东利益损害的代理行为。这是我们观察到投资者权利法律保护并不尽如人意的一些大陆法传统和新兴市场的国家选择股权集中治理模式的重要原因。经过多年的发展，我国资本市场不仅具备了一定的分散风险的功能，而且看起来能够保护股东权益的各种外部内部治理框架和法律体系初见端倪，把较大比例的股份集中在同一家公司显然并非原控股股东的最优选择。上述两个方面构成了我国资本市场进入分散股权时代的内因。

其三，随着可以投资股票的资金比例上限不断提高，险资等机构投资者开始大举进入资本市场，甚至通过在二级市场公开举牌，一度成为一些上市公司的第一大股东。2010年以来此起彼伏的险资举牌加速了我国资本市场股权分散化的过程。

其四，正在开展的以吸引民企作为战略投资者为典型特征的

当野蛮人遭遇内部人：
中国公司治理现实困境

国企混合所有制改革将进一步稀释原有相对集中的国有控股股东的股权，从而使我国资本市场分散股权结构的基本态势最终形成。我们以联通混改为例。在吸引包括中国人寿和BATJ（百度、阿里、腾讯、京东）等战略投资者持股35.19%后，联通集团合计持有中国联通的股份变为目前的36.67%，而之前则在60%以上。险资举牌和国企混改成为我国资本市场进入分散股权时代的外因。

图2表明，在过去的十多年中，我国上市公司第一大股东平均持股比例持续下降。在股权分置改革完成的2007年，我国上市公司第一大股东平均持股比例从2005年股改前的40%以上下降到35%左右；而在险资大举进入资本市场和万科股权之争爆发的2015年，我国上市公司第一大股东平均持股比例进一步下降到甚至无法实现相对控股的33%左右。截至2016年年底，在我国近3 000家上市公司中，第一大股东持股比例小于20%的公司超过500家，甚至有50家左右的上市公司第一大股东持股比例不足10%。

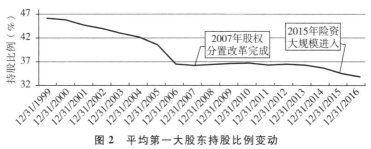

图2　平均第一大股东持股比例变动

图3表明，从2010年开始险资陆续开始举牌我国资本市场一些股权相对分散的公司。截至2016年年中，共有77家公司被举牌119次。其中，在万科股权之争爆发的2015年，就有41家上市公司被险资举牌69次。万科股权之争由此成为我国资本市场开始进入分散股权时代的标志。

资本市场进入分散股权时代成为我国公司治理现实困境发生的大的时代背景。从积极方面看，以险资为代表的机构投资者通

如何理解中国公司治理现实困境？
——一个逻辑逻辑分析框架（代序）

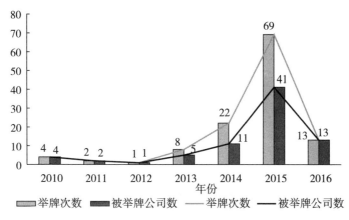

图 3 我国资本市场险资举牌年度分布

过对市场估值较低的上市公司举牌，形成对存在内部人控制问题的部分上市公司的直接接管威胁，有助于这些公司完善治理结构；从消极方面看，一些机构投资者不排除以"野蛮人"面目入侵股权相对分散的公司的可能性，争夺控制权，甚至血洗董事会，对一些公司创业团队的人力资本专用性投资激励构成挑战。

二、金字塔式控股结构与隐身其后的"资本大鳄"

被证监会主席刘士余称为"吸血鬼"和"害人精"的，除了频繁举牌的各路险资，还有隐身在复杂金字塔式控股结构背后兴风作浪的资本大鳄。这些资本大鳄通过持有控制性股份的 A 公司，（借助杠杆）收购 B 公司的控制性股份，然后通过 B 公司收购 C 公司，实现对 C 公司的控制，如此不断。通过层层股权控制链条，处于金字塔塔尖的实际控制人（资本大鳄）构建了一个个庞大的金融帝国。

当初，以我国上市公司作为控股子（或孙）公司形成金字塔式控股结构，不仅来自满足企业融资需求的组织制度设计需要，同时

当野蛮人遭遇内部人：
中国公司治理现实困境

与国企改制和产业结构调整过程中我国政府推出的一些特殊政策有关。其一，在20世纪八九十年代，我国资本市场远未成熟和有效。金字塔式控股结构此时扮演着重要的内部资本市场的角色，成为当时尚未成熟和有效的外部资本市场的补充，甚至替代。这是金字塔式控股结构最初在我国资本市场出现最直接的原因。其二，来自当年国企改制的现实需要。为了推动亏损严重同时资金缺乏的国企改制，从国企中剥离出来的优质资产优先上市，募集资金。这就是当时喧嚣一时的"靓女先嫁"理论。但"先嫁"的"靓女"未来需要承担帮助贫穷的家庭渡过时艰的隐性责任。这样，在成为上市公司的先嫁"靓女"和企业集团的其他部分之间很自然地形成了子公司与母公司的控股关系。其三，在国企管理体制改革过程中，为了避免国资委既是裁判员又是运动员的嫌疑，在上市公司与国资委之间"人为"地设立用来控股的集团公司。通过集团公司，国资委实现了对上市公司的间接控制。其四，在之后几轮并购重组和产业结构调整过程中，一些效益不好的企业被政府"拉郎配"地植入到部分相对有实力的企业集团中，以解决当时很多国企面临的效益不好、基本薪酬无法保证、职工下岗等问题。其五，鉴于上市公司上市审核时间长、排队成本高，"借壳上市"成为一些企业选择上市的变通途径。在资产注入"壳"后所形成的新的上市公司和原有公司之间自然地形成新的控制权链条。由于上述几方面的原因，在很多国资背景的企业中逐步形成了既有部分上市公司又有大批非上市公司组成的庞大金字塔式的控股结构（企业集团）。在1999年民企开始大量上市后，它们同样借鉴了国资股权结构的上述模式。这使得在我国资本市场，不仅存在国资背景的金字塔式控股结构，而且存在民企背景的金字塔式控股结构。前者的例子如旗下拥有11家上市公司的央企华润系和持股10家上市公司的中粮系，后者的例子如持股4家上市公司的明天系和早年在我国资本市场叱咤风云的涌金系等。按照邢立全发布的研究

如何理解中国公司治理现实困境？
——一个逻辑逻辑分析框架（代序）

报告《A股资本系族：现状与思考》①的研究，截至2017年2月7日，深沪两市共有各类资本系族178个，涉及上市公司1 045家，占同期A股上市公司总数的34%。该报告仅仅将两家及以上的上市公司被同一实际控制人控股或实际控制定义为"资本系族"。如果按照金字塔控股结构的"通过中间企业以股权控制方式建立的企业集团"的标准定义，我们看到，我国资本市场现实中的金字塔控股结构远比想象的多。

如果说在改革开放早期，面对不够成熟有效的外部资本市场，金字塔式控股结构所形成的内部资本市场在推动企业集团实现规模经济和快速扩张方面曾经发挥过历史性作用，那么，随着我国外部资本市场的成熟和有效，金字塔式控股结构越来越多的负面效应开始显现。

理论上，金字塔式控股结构存在容易引发诸多负面效应的制度设计根源在于，母公司的实际控制人所需承担的责任与其对处于金字塔底端的孙公司的影响并不对称。这为实际控制人利用不对称的责权利谋取私人收益、损害其他分散小股东的利益创造了条件。我们把通过董事会组织和股东大会表决实现的对公司重大决策制定的影响力称为控制权，而把由实际出资额体现的责任承担能力称为现金流权。借助金字塔式控股结构，实际控制人成功实现了控制权与现金流权利的分离。② 这事实上就是Claessens等

---

① 参见邢立全，《A股资本系族：现状与思考》，上海股票交易所资本市场研究报告。
② 我们以母公司持股子公司30%的股份、子公司同样持孙公司30%股份所形成的三级金字塔结构为例。母公司的实际控制人通过控股链条，在孙公司重大事项的表决中至少获得30%的投票支持。鉴于在孙公司董事会组织和股东大会相关议案表决的上述影响力，子公司以其他应收款方式实现的对孙公司资金占用的议案在孙公司股东大会表决中顺利通过成为大概率事件。这使得享有子公司30%的现金流权的母公司从上述资金占用中至少获得30%的收益。但由于母公司在孙公司投入的资本比例只占到孙公司全部资本的9%（30%×30%），因而母公司由于资金无偿被占用（甚至面临未来无法到期偿还的风险）的损失仅限于其投入孙公司的9%现金流权。

当野蛮人遭遇内部人：
中国公司治理现实困境

所描述的实际控制人利用金字塔式控股结构对处于低端的孙公司进行隧道挖掘的基础实现机制。之所以被称为隧道挖掘，是由于实际控制人利用对孙公司的控制权以资金占用等方式把孙公司的资源转到子公司，进而由子公司转到母公司，使这一链条看上去像一条长长的隧道。

具体到我国资本市场，金字塔控股结构日渐显现的负面效应主要体现在以下几个方面。[①]

第一，实际控制人利用复杂金字塔式控股结构，对子公司、孙公司进行隧道挖掘，分散小股东的利益无法得到有效保障，使得他们被迫选择频繁"以脚投票"。我们理解，我国资本市场散户平均持股时间较短，一方面是因为对内幕交易的监管力度不够，处罚成本不高，使很多投资者依然心存侥幸，另一方面也与在金字塔式控股结构下小股东既无法实质参与公司治理，又不愿成为被宰的羔羊而被迫"以脚投票"的心态有关。

第二，对于一些非核心控股子公司，实际控制人对资本运作，甚至市场炒作的关注程度远远高于对于公司治理和经营管理的关注程度。实际控制人频繁以资产置换、增发新股、并购重组，甚至更名等为题材进行炒作。受实际控制人主导的控股集团关注资本运作大于经营管理事实的影响，分散股东同样很难将注意力集中到价值投资本身，而是忙于通过各种途径探听内幕消息。我们看到，金字塔式控股结构下实际控制人的资本运作偏好进一步强化了小股民的投机心理。

第三，同样不能忽视的是，复杂的金字塔式控股结构不仅为监管当局监管股权关联公司的关联交易带来了困难，同时为"资本大鳄"行贿腐败官员提供了多样化的途径，最终使"资本大鳄"与部分腐败官员结成利益同盟，进行权钱交易，造成国有资产流失。近年

---

① 参见郑志刚，"向金字塔式控股结构说'不'"，FT中文网，2017年3月28日。

如何理解中国公司治理现实困境？
——一个逻辑逻辑分析框架（代序）

来我国上市公司面临的种种公司治理困境，除了频频举牌的险资，很大程度上与隐身金字塔控股结构的资本大鳄的投机性资本炒作有关。金字塔控股结构的盛行以及带来的政治、经济、社会危害是理解我国公司治理现实困境的第二条逻辑主线。

三、基于文化与历史形成的"中国式"内部人控制

我国公司治理的现实困境，一方面与我国资本市场进入分散股权时代，外部野蛮人入侵与隐身金字塔结构的资本大鳄兴风作浪有关，另一方面则与一些上市公司存在中国式内部人控制问题有关。当"内部人"遭遇"野蛮人"，我国公司治理的现实困境出现了。中国式内部人控制问题的存在构成理解我国公司治理困境的第三条逻辑主线。

那么，什么是"中国式内部人控制问题"呢？所谓内部人控制，指的是公司高管利用实际所享有的超过责任承担能力的控制权，做出谋求私人收益的决策，但决策后果由股东被迫承担，造成股东利益受损的现象。之所以把它称为"中国式"，是由于在我国一些上市公司中，内部人控制问题形成的原因并非引发英美等国传统内部人控制问题的股权高度分散和向管理层推行股权激励计划，而是与我国资本市场制度背景下特殊的政治、社会、历史、文化和利益等因素联系在一起。

第一是金字塔式控股结构的存在所导致的所有者缺位。除了第二部分指出的种种弊端，金字塔控股结构同时成为中国式内部人控制问题发生的直接制度诱因。处于金字塔顶端的大股东（特别是具有国有性质的控股股东），或者奉行"无为而治"，或者由于"鞭长莫及"，看起来似乎存在大股东，但由于所有者缺位和大股东的"不作为"，董事长往往成为一家公司的实际控制人。伴随着金字塔控股结构控制权链条的延长，"所有者缺位"从而"内部人控

当野蛮人遭遇内部人：
中国公司治理现实困境

制"现象变得更趋严重。

第二是基于政治关联形成的内部人控制。虽然在形式上需要经过董事会提名和股东大会表决的程序,但在我国的公司治理实践中,对于控股股东具有国有性质的企业,其董事长、总经理等关键岗位往往是由该企业的上级组织部门按照干部考察程序任命的。由于上述自上而下的特殊人事任免途径,任命者往往具有特殊身份。我们以恒丰银行为例。按照恒丰银行发布的相关公告,"2013年12月19日召开董事会会议,根据烟台市委、市政府有关任免推荐决定以及本行主要股东的提议,经董事会提名委员会资格审查通过,选举蔡国华先生为公司董事、董事长"。而空降恒丰银行的董事长蔡国华之前是烟台市市委常委、副市长兼国资委党委书记。我们看到,无论是作为恒丰银行的上级持股公司蓝天投资还是全资控股蓝天投资的烟台国资委,不仅不会形成对以董事长蔡国华为首的董事会内部人控制行为的有效制约,反而成为其抗衡其他股东可能提出否定议案的可资利用的力量,甚至向其他股东传递出"想反对也没有用,因为我们是第一大股东"的相反信号。

第三是基于社会连接形成的内部人控制。我们以山水水泥为例。[1] 持股比例并不高的企业家张才奎成为山水水泥的实际控制人与他是山水水泥历史上的功臣有关。连续亏损13年的山东水泥试验厂,在张才奎的带领下,逐步发展成为在香港上市、全国各地有100多家分公司的一度全国排名前四的水泥企业。可以说,没有张才奎就没有今天的山水水泥。我们看到,在我国改革开放以来并不太长的现代企业发展历程中,几乎每一个成功企业的背后都有一个张才奎式的企业家,并成为这一企业的灵魂和核心人

---

[1] 参见郑志刚,"山水水泥:野蛮人入侵V.S.内部人控制",FT中文网,2017年4月26日。

如何理解中国公司治理现实困境？
——一个逻辑逻辑分析框架（代序）

物。这构成在我国一些公司形成中国式内部人控制问题中十分重要和独特的历史因素。

第四是基于文化传统形成的内部人控制。在山水水泥案例中，那些并不情愿和张氏父子对簿公堂的职工股东很大程度上并非由于自己的利益没有受到损害，而是碍于情面，并不愿形成"背叛"的名声。虽然这一行为成就了这部分职工股东的忠诚的声誉和心理的满足，但这种行为客观上"是非不分"，一定程度上助长了中国式内部人控制问题愈演愈烈。

除了前面提到的有迹可循的链条外，也许还存在我们无法观察到的各种利益链条。上述种种链条交织在一起，使得看起来并没有持有太多股份，从而不具备相应的责任承担能力的董事长成为典型的"中国式内部控制人"。

由于国有体制对经理人股权激励计划，甚至经理人收购计划推行的种种限制，我们看到，很多企业家的历史贡献并没有以股权形式得到认同。面对门外野蛮人的"撞门"，如果把企业交给自己信赖和长期培养的管理团队，持股比例并不高的创业企业家无法说服其他股东接受自己的提议；如果利用自己的影响力持续实际控制公司，创始企业家总有老去的一天，甚至由于自己的强势，时不时去"跨界"，难免会造成自己持有的有限股份无法承担的责任。而如果简单遵循股权至上的逻辑，创业企业家放弃自己的坚持，任凭新入主股东主导新的经营管理团队组建，则有时会使多年形成的经营管理经验和理念无以为继。当面临资本市场的"野蛮人入侵"，他们心怀怨怼，反抗不仅显得无力，有时甚至显得意气用事。这无形中增加了控制权之争的对抗性。面对公众对遭受野蛮人撞门威胁的管理团队的同情，以及心怀怨怼甚至意气用事的管理团队的激烈抵抗，此时被推上了历史前台的险资举牌注定将在我国资本市场的这一发展阶段扮演并不光彩的角色。

我们看到，随着我国资本市场进入分散股权时代，当基于政治

当野蛮人遭遇内部人：
中国公司治理现实困境

关联、社会连接形成的中国式"内部人控制"遭遇"野蛮人入侵"时，我国公司治理的现实困境出现了。2016年11月15日，在经历了与举牌的宝能系之间的控制权纠纷后，包括创始人曾南在内的南玻A的8名高管相继辞职。媒体以"南玻A高管集体辞职，姚振华'血洗'董事会"为题公开报道。① 从该事件的发生我们看到，公司控制权转让和接管威胁并没有像传统公司治理理论预期的那样为我国上市公司带来公司治理改善和业绩提升，反而却出现了新入主股东"'血洗'董事会"这样一个无论普通投资者还是管理团队，甚至是并购方都不愿意看到的结果。如果说万科股权之争标志着我国资本市场开始进入分散股权时代，那么，南玻A高管的集体辞职事件则是分散股权时代公司治理事件的新高潮。在一定意义上，"'血洗'董事会"式的公司控制权转让成为习惯于"一股独大"公司治理模式的我国上市公司"仓促"进入分散股权时代被迫承担的制度成本。我们看到，当基于政治关联社会连接形成的中国式"内部人控制"遭遇"野蛮人入侵"时，我国公司治理的现实困境出现了。

四、如何制定监管和公司治理政策来积极应对？

那么，面对资本市场进入分散股权时代我国公司治理出现的现实困境，我们应该制定怎样的监管和公司治理政策来加以应对呢？概括而言：一方面，我们需要进行制度设计防范野蛮人血腥入侵，以鼓励创业团队在业务模式创新上投入更多的专用性人力资本；另一方面，则需要积极引导和规范包括险资在内的机构投资者，使接管威胁成为改善我国上市公司治理结构的重要外部力量。

---

① 参见郑志刚，"'血洗'董事会：上市公司不堪承受之重？"，FT中文网，2016年11月21日。

如何理解中国公司治理现实困境？
——一个逻辑逻辑分析框架（代序）

如何实现二者之间的平衡，成为我们制定相关公司治理政策的逻辑出发点。

第一，鼓励创新型企业推出不平等投票权的控制权安排设计，防范野蛮人血腥入侵，以鼓励创业团队在业务模式创新上投入更多的人力资本。

如果预期到辛勤创建的企业未来将轻易地被野蛮人入侵，企业家早期创业的激励将降低。没有对野蛮人入侵设置足够高的门槛无疑将挫伤企业家创业的积极性。现实中一个有助于防范野蛮人入侵的制度设计是双重股权结构股票。通过将控制权锁定在业务模式创新的创业团队，看似违反"同股同权"原则的不平等投票权股票却完成了创业团队与外部股东从短期雇佣合约到长期合伙合约的转化，实现双方的合作共赢。例如，2014年在美国纳斯达克上市的京东同时发行两类股票。其中，A类股票一股具有一票投票权，而B类股票一股则具有20票投票权。出资只占20%的创始人刘强东通过持有B类股票，获得了83.7%的投票权，实现了对京东的绝对控制。在双重股权结构下，A类股持有者把自己无法把握的业务模式创新等相关决策交给具有信息优势的持有B类股票的创业团队，实现了专业化分工深化和效率的提升；当创业团队无法实现预期价值增加时，被迫出售的B类股票将自动转化为A类股票，使公司重新回到"一股一票""同股同权"的传统治理模式，从而实现了控制权的状态依存和管理团队的平稳退出。由于具有实现从短期雇佣合约向长期合伙合约转变、控制权的状态依存等控制权安排制度设计上的优良特性，以双重股权结构为代表的不平等投票权成为Google、Facebook等美国科技类企业所青睐的上市形式。不仅如此，由于允许上市公司发行具有不平等投票权的股票，美国成为百度、京东等中国知名企业选择上市的目标市场。

除了双重股权结构股票，阿里在美国上市采取的合伙人制度同样是一种值得新兴企业借鉴的控制权安排模式。从阿里的股权

当野蛮人遭遇内部人：
中国公司治理现实困境

结构来看，第一大股东软银（日本孙正义控股）和第二大股东雅虎分别持股 31.8% 和 15.3%。阿里合伙人团队共同持股 13%，而马云本人持股仅 7.6%。我们这里显然不能按照传统的股权结构认识方法把阿里视为日资企业。根据阿里公司章程的相关规定，以马云为首的 34 位合伙人有权力任命阿里董事会的大多数成员，成为公司的实际控制人。阿里由此实现了"铁打的经理人，流水的股东"，创造了互联网时代"劳动雇佣资本"的神话。①

不平等投票权股票的发行原来被认为不利于投资者权利保护。Google、Facebook 等美国企业和阿里、百度、京东等在美国上市的众多中国企业对投票权不平等的控制权安排设计的青睐，一定程度上反映了在经历接管浪潮中野蛮人肆意入侵后美国实务界和学术界对不平等投票权的重新认识。面对野蛮人的入侵，双重股权结构股票的推出将在一定程度上鼓励创业团队围绕业务模式进行长期的人力资本投资。看似不平等的投票权一方面使持有 B 类股票的创业团队专注于业务模式创新，另一方面使持有 A 类股票的分散股东避免对自己并不擅长的业务模式指手画脚，仅仅着力于风险分担，最终在两类股东之间实现了投资回报的"平等"。我们看到，在控制权安排模式选择上，推行不平等投票权并非对投资者利益最不好的保护，而"一股一票"也并非对投资者利益最好的保护。

2017 年 3 月 2 日美国 Snap 甚至尝试同时发行 A、B、C 三类股票，成为目前世界上为数不多的发行三重股权结构股票的公司之一。② 香港联交所于 2017 年 6 月 16 日发布市场咨询文件，提出

---

① 参见郑志刚，"从万科到阿里：公司控制权安排的新革命？"，《财经》，2016 年 11 月 18 日。

② 参见郑志刚，"投资者为什么并不看好 Snap 发行的三重股权结构股票？"，FT 中文网，2017 年 4 月 11 日。

如何理解中国公司治理现实困境？
——一个逻辑逻辑分析框架（代序）

"吸纳同股不同权架构的科技网络或初创企业赴港上市"。而万科股权之争之所以引人注目，恰恰是由于并购对象万科的管理层是以王石为首的创业团队。万科股权之争很快陷入是应该遵循资本市场的股权至上的逻辑，还是应该对创业企业家的人力资本投资予以充分激励的争论之中。因此，进入分散股权时代的我国资本市场迫切需要汲取各个地区资本市场发展的成功经验，加速包括不平等投票权在内的控制权安排的制度创新，在鼓励创业团队的人力资本投资和发挥险资等机构投资者的外部治理作用之间实现很好的平衡。

第二，通过税收政策制定和必要监管措施逐步减少和消除金字塔控股结构的层数，改变隐身金字塔控股结构的"资本大鳄"投机性资本炒作的动机和途径，促使其未来向公益性和家族信托基金转换。

对于金字塔控股结构的消除和层级的减少，直接而有效的手段是通过反垄断法案进行监管，并通过税收政策提高金字塔控股结构的总体税负水平。回顾各国资本市场的发展历史，不难发现，很多国家经历了从金字塔式控股架构盛行和股权集中的股权结构向股权分散转变的过程。我们以洛克菲勒家族的标准石油公司为例。1870年创立的标准石油公司在列宁的眼中是当时典型的托拉斯（Trust），即所谓的"由许多生产同类商品的企业或产品有密切关系的企业合并组成的资本主义垄断组织形式"。20世纪初标准石油公司一度生产全美90%的石油。美国国会虽然于1890年制定了美国历史上第一部反托拉斯法《谢尔曼反垄断法》，但直到1911年，进步运动中的美国最高法院根据《谢尔曼反垄断法》才将标准石油公司拆分为埃克森美孚、雪佛龙等34个独立企业。20世纪30年代大萧条期间爱迪生联邦公司的破产导致了1935年美国《公共事业控股公司法案》（PUHCA）的出台。该法案从防范金字塔式并购带来的财务风险出发，限制公用事业控股公司拥有太多的附属

当野蛮人遭遇内部人：
中国公司治理现实困境

公司和交叉持股。除了规定控股公司控制不能超过两层，该法案同时对公用事业控股公司的行业和区域进行了限定。随着美国电力行业进入管制时代，公用事业控股公司的股权变得越来越分散，以致出现了大量的所谓"寡妇和孤儿持股"现象。

除了反垄断执法以及限制控股和交叉持股的监管政策，增加金字塔式控股结构的税负负担同样成为促成美国股权分散公司治理模式的重要举措。美国政府一方面通过公司间股利税的开征，使控制子公司、孙公司的金字塔母公司处于税负不利状态；另一方面通过制定针对持有优先股的机构投资者获得股利回报时的税收优惠政策，鼓励机构投资者更多地持有没有投票权的优先股，从而避免机构投资者对上市公司经营管理的过度干预。与此同时，通过征收遗产税，甚至馈赠税等，鼓励"金融大鳄"从股权控制向公益性和家族信托基金转变。性质转变后的公益性基金更加关注资金的安全和回报的稳定，而不再简单求公司的控制权，以及资本运作和市场炒作。2017年3月20日，美国亿万富豪戴维·洛克菲勒去世。从众多的纪念文章中我们再次感受到洛克菲勒家族实现财富百年传承的独具匠心的制度安排。通过推出家族信托基金，洛克菲勒家族一方面将财富作为整体使后世子女从中受益，从而避免了由于中国式分家导致的"富不过三代"；另一方面将资产经营权交给专业的信托基金，避免家族成员对经营权的直接干预，有效解决了家族企业传承过程中普遍面临的信任和能力冲突问题，实现了百年财富传承。洛克菲勒家族百年财富传承带给我们的直接启发是，看似放弃了控制权，却实现了财富的永生。

经过上述一系列的监管和税收政策调整，美国在20世纪二三十年代初步形成了以股权分散为典型特征的公司治理模式。尽管强制性的监管政策出台往往容易产生政策扭曲，但也许未来我们可以借鉴美国当年的做法，在某些特定行业、特定时期采取类似的监管措施，以减少甚至消除金字塔控股结构的层数。如果我们把

如何理解中国公司治理现实困境？
——一个逻辑逻辑分析框架（代序）

不平等投票权等控制权安排设计的推出理解为分散股权时代来临上市公司为了防范野蛮人入侵的被动应战，那么消除金字塔控股结构及其负面效应则成为我国资本市场对分散股权时代来临的主动顺应。

第三，通过不断完善现有公司治理机制解决中国式内部人控制问题。

中国式内部人控制问题的形成不仅有其历史原因，而且还存在复杂的现实因素。如何解决中国式内部人控制问题将是我国公司治理理论和实务界未来长期面临的挑战。在目前阶段，存在以下可资借鉴和采用的途径。其一，实现国企高管遴选薪酬制定的市场化，彻底取消行政级别，由董事会向全社会公开选聘，并给予市场化的薪酬待遇，以真正推动国企"从管企业到管资本"的转化。前不久，我国出台了两个关于国企改革的重要文件。一个是《关于进一步完善国有企业法人治理结构的指导意见》，另一个是《国务院国资委以管资本为主推进职能转变方案》。其核心是把经理层成员选聘、经理层成员业绩考核、经理层成员薪酬管理回归到董事会职权范围。"将国资委和中组部对于经营性干部即职业经理人的考核与任免权利还给国企董事会"，由此推动国企"从管企业到管资本"的转化。

其二，股东权利意识的觉醒。当内部人与野蛮人彼此争斗不休时，利益受到损害的往往是外部分散股东。股东需要意识到，手中的股票不仅是可以变现的有价证券，而且"股票就是选票"。2013年3月31日，合计持股3.15%的个人股东王振华和梁树森向东方宾馆提交了《关于罢免公司全体董事的议案》的临时提案。在4月15日召开的2013年度股东大会上，上述两位股东提交的罢免全体董事的议案虽然遭到股东大会的否决，但东方宾馆投资大角山酒店的关联交易议案在控股股东回避表决后同样在这次股东大会上被否决。上述事件一改以往在公司治理实践中由控股股东主

当野蛮人遭遇内部人：
中国公司治理现实困境

导、小股东被动选择"以脚投票"的印象，小股东不仅提出不同于控股股东的"新"议案，而且否决控股股东提出的"旧"议案，因此被一些媒体形象地称为"小股民起义"。

事实上，东方宾馆事件只是近年来在我国上市公司中发生的诸多"小股东起义"事件之一。伴随着我国资本市场法律环境的改善和中小股民权利意识的增强，"小股民起义"事件近年来呈现爆发式增长的趋势。从2010年到2015年我国上市公司中至少发生了207起所谓的"小股东起义"事件。我们理解，这些"小股民起义"事件不仅成为标志我国资本市场进入分散股权时代的典型事件之一，而且将对我国上市公司治理实践产生深远持久的影响。这同时提醒公司治理理论研究和实务工作者，如何使股东真正成为公司治理的权威，使股东大会的投票表决成为体现股东意志、保护股东权益的基本平台，应被提上重要的研究日程。

其三，以独董为主的董事会在内部人和野蛮人的控制权纷争中扮演重要的居中调节角色。在欧美等分散股权结构模式下，如果发生了内部人控制，接管方往往会通过推出"金降落伞"等计划，对实际控制权进行"赎回"，从而将纷争双方的损失降到最低。"金降落伞"计划背后体现的是妥协的策略和"舍得"的智慧。"金降落伞"由此也成为解决控制权纷争可供选择的市场化方案之一。理论上，以信息更加对称的独董为主的董事会在内部人和野蛮人的控制权纷争中将扮演重要的居中调节角色。在以独董为主的董事会的居中协调下，并最终通过股东大会表决，接管方向在位企业家推出"金降落伞"计划，使其主动放弃反并购抵抗；独董主导的董事会提名委员会在听取在位企业家和新入主股东意见的基础上，按照实现公司持续稳定发展的原则，遴选和聘任新的经营管理团队。这事实上是在英美的很多上市公司中流行除CEO外其余董事会成员全部为独立董事的董事会组织模式背后的原因。然而，由于缺乏独立性和良好的市场声誉，独董要在股权纷争中扮演好可能的

如何理解中国公司治理现实困境?
——一个逻辑逻辑分析框架(代序)

居中调节者角色,仍然有很长的路要走。

其四,让规范的险资成为我国资本市场健康发展的积极力量。在这次以险资举牌为特征的并购潮中,其积极意义在于向那些仍然沉迷于"铁饭碗"的内部人发出警醒:虽然原来国资背景的大股东可能并不会让你轻易退位,但新入主的股东则可能使你被迫离职。我们需要在借助外部接管威胁警示不作为的经理人和保护创业团队以业务模式创新为特征的人力资本投资之间实现良好的平衡,最终使包括险资、养老金等在内的机构投资者发起的接管威胁作为外部治理机制,成为完善公司治理的重要力量。

最后让我们憧憬一下在上述公司治理监管政策下我国资本市场的美好未来:上市公司的普通股主要由个人投资者直接持有,而险资等机构投资者主要持有优先股,鲜有复杂的金字塔式控股结构存在。对于个体投资者,由于并不存在被原来金字塔式控股结构实际控制人隧道挖掘的可能性,所持股公司也不会被作为市场炒作的对象,因此他们的投机动机将相应减弱,开始转向价值投资,甚至开始关心上市公司的治理和经营管理状况;而对于持有优先股从而没有投票权的机构投资者,出于保值增值的目的,既缺乏市场炒作和资本运作的激励,也缺乏相应的条件,近年来我们观察到我国资本市场频繁发生的股权纠纷将消弭于无形;缺乏复杂的金字塔式控股结构作为掩护和载体,以往部分腐败官员的权力和资本的勾结将难以为继;而上市公司由于推出双重股权结构等控制权安排等制度创新,不再担心野蛮人的入侵,将开始专注于公司治理的改善和经营管理的提升。一个健康良性发展的资本市场由此开始形成……

第一篇
"中国式"内部人控制问题

山水水泥：
野蛮人入侵 V.S. 内部人控制？*

2017年4月初，山水水泥的大股东和董事会部分成员强行进入其在山东济南的内地营运主体山水集团总部事件，引发了媒体的广泛关注。在山水水泥历史上，部分股东试图强行进入山水集团济南总部不是第一次。数年前，同样来自山水水泥的部分职工股东试图强行进入山水集团济南总部，后来在当地政府的协调下，最终"和平"进入。为什么股东进入自己的公司还需要"强行进入"？而且在短短的几年内就发生了两次"强行进入"？

由于双方控制权之争的事实和部分股东强行进入的"野蛮"行径，一些媒体和公众猜测，这次发生在山水水泥的"强行进入"事件是否是前一段风行我国资本市场的野蛮人入侵的"升级版本"：这些门外的"野蛮人"不仅"股权入侵"，而且还"肉体入侵"（真的很"野蛮"）？

对于这一问题的回答需要对一段时间以来发生在山水水泥的系列控制权纠纷进行历史的考察。我们的观察发现，在控制权纠纷现象背后可能并非一些媒体和公众理解的"野蛮人入侵"问题，而恰恰相反，是一个颇具典型性的"中国式内部人控制问题"。

在我国，一些上市公司有时并非由于股权高度分散和股权激励下的经理人持有足够高的股份，以至于外部接管很难撼动其实

---

* 本文曾以"山水水泥：野蛮人入侵 V.S. 内部人控制？"为题发表在 FT 中文网，2017年4月26日。

当野蛮人遭遇内部人：
中国公司治理现实困境

际控制地位(这是在英美等股权分散的治理模式下形成经理人内部人控制的原因)，但依然存在董事长或经理人实际权力超过其责任承担能力的"内部人控制问题"。例如，在山水水泥控制权纷争中，山水集团副董事长宓敬田不仅拒不接受山水水泥董事会做出的解聘决议，甚至解除了中国山水任命的财务总监等四名骨干干部的职务。这一现象的出现一定程度上与我国资本市场制度背景下特殊的社会、历史、文化和利益等原因有关。我们把这一现象概括为"中国式内部人控制"问题。

山水水泥事实上就是这样一个典型的"中国式内部人控制"的例子。首先，在山水水泥历史上，持股比例并不高的张才奎成为山水水泥的实际控制人与他是山水水泥历史上的功臣有关。连续亏损13年的山东水泥试验厂，在企业家张才奎的带领下，逐步发展成为在香港上市、全国各地有100多家分公司的一度全国排名前四的水泥企业。可以说，在一定意义上，没有张才奎就没有今天的山水水泥。我们看到，在我国改革开放以来现代企业并不太长的发展历程中，几乎每一个成功的企业背后都有一个张才奎式的企业家，并成为这一企业的灵魂和核心人物。这构成在我国一些公司形成中国式内部人控制问题中十分重要和独特的历史因素。

其次，中国式内部人控制的形成还有赖于广泛的社会连接和政治关联。在山水水泥的案例中，当张才奎父子的实际控制人地位受到挑战时，张氏父子请中国建材和亚洲水泥来做"白衣骑士"，一定程度上与张才奎在业界广泛的人脉不无关系。在整个围绕张氏父子退股的控制权纷争中，当地政府的态度同样耐人寻味。根据相关媒体的报道，子公司的公司章程修改在并未获得上市公司董事会和股东大会批准的情况下，在当地政府相关部门的认同下"生效"，成为引发后续控制权纷争的导火索。山水集团公章在被"非法盗用"后，重新申领，被当地政府相关部门以"涉及股权之争"为名而不予受理。我们理解，张氏父子内部人控制格局的形成一

第一篇
"中国式"内部人控制问题

定程度上与业界广泛的社会连接和与当地政府建立的政治关联存在一定关系。而这同样是我国很多公司形成中国式内部人控制问题的重要因素。

再次,事件发生地山东所盛行的忠诚文化,在山水水泥一系列的控制权纷争中同样扮演了重要角色。山水水泥的几次控制权纷争不同于以往案例的复杂之处在于部分股票是由职工集体持有,但由张才奎代持。作为企业重要的利益相关者,职工同时成为企业的股东,角色的冲突进一步增加了山水水泥控制权纷争的复杂性。在山水水泥的控制权纷争中,似乎谁能提出保护职工股东利益的主张,谁不仅将获得舆论的支持,还将获得道德的制高点。然而,一个潜在的问题是,这些职工持股比例占比并不高。能否仅仅因为这部分股东同时是职工就应该牺牲其他股东的利益值得商榷。更加令人费解的是,这些职工股东的利益看似并非"铁板一块"。围绕张氏父子退股争议在香港高等法院的诉讼中,我们观察到很大比例的职工股东并没有参与,有些是后来加入的。我们理解,那些并不情愿和张氏父子对簿公堂的职工股东很大程度上并非由于自己的利益没有受到损害,而是碍于情面,并不愿形成"背叛"的名声。虽然这一行为成就了这部分职工股东忠诚的声誉和心理的满足,但这种行为客观上"是非不分",一定程度上助长了中国式内部人控制问题。更加可笑的是,当部分职工股东的权益从香港法院在股权信托问题上公正裁决提供的有力司法救济得到保护后,居然以看似并不合法的手段来阻止其他股东的合法诉求。其前后判若两人的行径凸显了当地部分职工法制观念的淡漠和"重利轻义"的道德倾向。

最后,除了上面提到的有迹可循的链条外,也许还存在我们无法观察到的各种利益链条。上述种种链条交织在一起,使得看起来并没有持有太多股份,从而不具备相应的责任承担能力的张氏父子等成为典型的"中国式内部控制人"。需要说明的是,我们这

当野蛮人遭遇内部人：
中国公司治理现实困境

里看起来讨论的是已经成为过去式的张氏父子的"中国式内部人控制"问题形成的原因，但这些结论很大程度上同样适用于目前山水水泥控制权纷争一方的山水集团副董事长宓敬田及其管理团队中的支持者。

那么，山水水泥应该如何摆脱目前深陷其中的控制权纷争泥淖呢？其实，山水水泥历史上发生的围绕张氏父子股权信托的争议解决思路同样可以为本次纷争的解决带来直接的启发。山水水泥职工持股平台山水投资的注册地是香港，当张氏父子提出的用公司红利回购职工股东股票的退股方案受到质疑时，接受诉讼的香港法院对职工股东的权益提供了有效的保护。香港法院不仅裁决解除张才奎对部分职工股权的代持，而且宣判，在最终判决之前，参与诉讼的职工股将由独立第三方安永会计师事务所托管。我们看到，今天看似"非法"阻止大股东以及山水水泥董事会部分成员进入山水集团济南总部的部分职工股东，其当年的权益恰恰是在香港法院提供的司法正义下得到有效保障的。在上述意义上，我们认为，今天我国资本市场频繁发生的控制权纷争问题已经开始超越公司治理问题，逐步演变为法律问题本身。未来控制权纠纷的解决更多地需要依赖独立公正的司法裁决和高效有序的公开执行。

当然，在整个事件过程中，山水水泥第一大股东天瑞集团以及山水水泥董事会应该以何种方法履行董事会罢免山水集团副董事长的决议同样值得商榷。例如，是否应该通过股东大会，与其他主要股东进行协商，在主要股东之间达成共识？即使董事会决策符合相关法律和程序，是否应该以法律途径，而非暴力途径实现对山水集团济南总部的接管？等等。有媒体报道，在香港法院做出张氏父子股权代持信托的司法裁决后，山水水泥对其香港注册的中国山水等全资公司的接管畅行无阻，但对于控股链条上的全资子公司山水集团的接管仅仅因为在山东济南而变得困难重重。这事

第一篇
"中国式"内部人控制问题

实上是一些网友对山水水泥第一大股东天瑞集团以及山水水泥董事会看似野蛮的做法抱有同情的原因（一些网友甚至指出，在内地依靠目前司法程序解决内部人控制问题不仅耗时耗力，于事无补，甚至会拖垮这家稍有起色的企业）。从山水水泥历史上发生的股东维权案件执行效率的差异，我们一定程度上可以感受到内地和香港法制环境的差距。我们看到，控制权之争在内地通过法律途径解决，依靠司法公正向投资者提供切实有效的利益保护还有很长的路要走。相信随着我国资本市场进入分散股权时代，未来各种形式的控制权纷争将成为"新常态"。如何向投资者提供专业的法律保护成为我国各级司法机构将面临的新的挑战。尽管目前内地的法制环境不尽如人意，但我们依然强调，即使目前发生股权纠纷，通过法律途径解决也仍是正途。它保护的不仅是担心被内部人控制损害的外部股东的利益，同时也将防范有一天当外部股东成为内部人时，构成对其他股东利益的侵害。

除了依靠法律途径，冲突双方有效解决控制权纷争有时还需要妥协的勇气和"舍得"的智慧。在这次"强行进入"事件中，山水水泥董事会仅仅因为对配股方案存在不同的理解、违反信息披露规范等就解除山水集团管理团队核心骨干的职务显得简单粗暴。事实上，在欧美等分散股权结构模式下，如果发生了内部人控制问题，同样需要依靠"金降落伞"等政策对实际控制权进行"赎回"，由此才能使控制权之争双方遭受的损失降到最低。

2017年3月20日，美国亿万富豪戴维·洛克菲勒去世。从众多的纪念文章中我们再次感受到洛克菲勒家族实现财富百年传承的独具匠心的制度安排和对"舍得"这一东方智慧的透彻理解。通过推出家族信托基金，洛克菲勒家族一方面将财富作为整体使后世子女从中受益，从而避免由于中国式分家导致的"富不过三代"；另一方面将资产经营权交给专业的信托基金，避免家族成员对经营权的直接干预，有效解决了家族企业传承过程中普遍面临的信

当野蛮人遭遇内部人：
中国公司治理现实困境

任和能力冲突问题，实现了百年财富传承。洛克菲勒家族百年财富传承带给山水水泥控制权之争的直接启发是，看似放弃了控制权，却实现了财富的永生。我们知道，山水水泥系列控制权纷争最初的起源是张才奎家族的传承问题。如果当初张氏父子能够像洛克菲勒家族一样懂得"舍得"的智慧，进行果断取舍，也许我们并不会看到今天上演的"精彩纷呈"的控制权纷争"剧集"。

第一篇　"中国式"内部人控制问题

延伸阅读

山水水泥及其历史上的两次控制权纷争[*]

山东山水水泥集团有限公司(以下简称"山水水泥")是国家重点支持的12户全国性大型水泥企业之一,业务范围覆盖山东、辽宁、山西、内蒙古、新疆等十多个省份。其前身是成立于1972年的位于济南的国营山东水泥厂。1986年在水泥行业摸爬滚打了十多年的张才奎被任命为山东水泥厂的党委副书记,开始涉足山水水泥的经营管理。在张才奎的带领下,连续亏损13年的山水水泥开始扭亏为盈。

在从1995年到1997年短暂出任济南市建材局局长后,张才奎于1997年重新回到新组建的济南山水集团有限公司,担任党委书记、董事长和总经理。进入21世纪,山水水泥在张才奎主导下开始了以上市为内容的新一轮改制。经张才奎的提议,当时山水水泥3 947名职工共同集资成立了中国山水投资有限公司。2005年2月济南山水水泥引入摩根士丹利公司、鼎辉投资和国际金融公司三家外资公司,与由职工集资成立的中国山水共同组成山东山水水泥集团有限公司,为上市进行准备。

2008年在香港联交所挂牌上市前,除9名注册登记职工股东外,其余3 939名职工股东在设立在英属维尔京群岛的信托确认函上签字,原来的职工股东从此从股东身份转为信托受益人。看似为了加快上市流程和满足相关程序,但上述信托计划为未来山水

---

[*] 该案例由刘小娟研究整理。

当野蛮人遭遇内部人：
中国公司治理现实困境

水泥的控制权纷争留下了隐患。此后不久，山水水泥在香港联交所正式上市，股票代码0691.HK。

图1描述了山水水泥在港交所上市时主要股东的持股情况。其中，中国山水投资有限公司作为第一大股东持股32.27%；前十大股东合计持股67.07%。

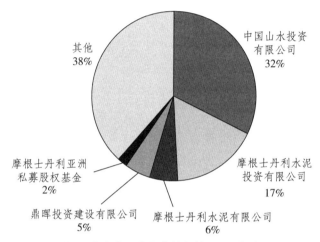

图1　山水水泥大股东持股情况（上市时）

资料来源：万得资讯客户端。

从2008年上市到2013年，山水水泥步入发展的快车道。营业收入和净利润均保持持续增长，其中营业收入由最初的41.53亿元增长到2013年的165亿元。

需要指出的是，张才奎在带领山水水泥快速发展的过程中，也为其本人积累了丰富的社会连接和政治关联，为未来形成对山水水泥的实际控制打下基础。除了在1995年11月至1997年11月期间出任济南市建材局局长，他还于2002年10月起出任中国水泥协会副会长，于2003年9月起出任中国企业家协会常务理事，并先后当选第十届及第十一届全国人大代表。

回顾在上市后不太长的发展历程，山水水泥经历了两次大的

第一篇
"中国式"内部人控制问题

控制权纷争危机。第一次危机的导火索是张才奎与张斌父子的"接班"问题。在张才奎任山水水泥董事长期间,其子张斌加入山水水泥集团。短短数年间张斌职位迅速上升,并在年仅28岁时出任山水水泥总经理一职。图2描述了以张才奎父子为核心建立起来的"山水帝国"中最核心的部分。除了张才奎亲自出任2家公司

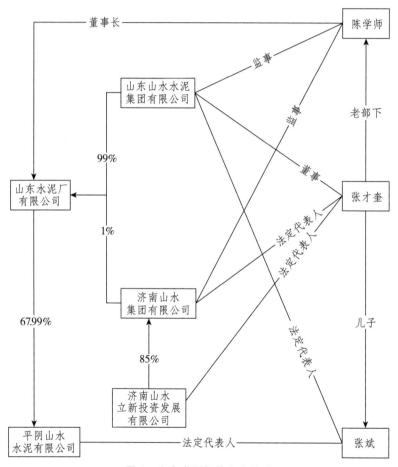

图2 山水水泥相关企业关系

资料来源:作者整理。

当野蛮人遭遇内部人：
中国公司治理现实困境

的法定代表人、9家公司的高管外，其子张斌亦担任旗下2家公司的法人、9家公司的高管。企业业务涉及水泥、建材、物流、资本运作等多个方面；涵盖地区则从山东到新疆、河北等地。

张斌出任山水水泥总经理后，在张才奎的支持下，曾推行一项重大"新政"：将物资采购集中统一。张斌的上述收权行为，引起董承田、于玉川、赵利平、赵永魁、宓敬田等5位高管的不满，并于2013年2月1日愤然离职。第二次危机的主角宓敬田从此与张才奎由曾经的"战友"转为"敌人"。

与此同时，在张氏父子的主导下，山水水泥针对信托计划中的3 939名员工和包括宓敬田在内的其他7名持股员工提出了《境外信托退出性收益分配方案》和《中国山水投资有限公司①股份回购方案》。按照这两份方案，7名持股员工的股份被回购后注销，而3 939名员工的股份将被保存到张氏信托。这意味着如果这两个方案实施，中国山水水泥的股权将全部归张氏父子所有。2014年11月，包括宓敬田在内的山水水泥前部分高管和职工在香港高等法院向前董事长张才奎发起诉讼。他们认为，山水集团上市前的信托计划侵吞了员工股份，因此向法院申请"禁制令"和"接管令"。2015年5月20日，香港法院做出裁定，将山水投资部分事宜转由永安会计师事务所托管。托管人廖耀强等及原董事于玉川随后当选山水投资董事。

除了在香港起诉，宓敬田等于2014年联合其他高管向同处水泥行业的河南天瑞集团进行要约来对抗张氏父子。天瑞集团通过在二级市场上增持，持股比例一度达到28.16%，超过由于定向增发而股权稀释的原第一大股东山水投资，成为山水水泥第一大股东。面对天瑞集团对山水水泥控制权争夺的威胁，张才奎利用多年浸淫在水泥行业建立的广泛影响和人脉说服中国建材股

---

① 中国山水投资有限公司为山水水泥的大股东，持股30.11%。

份有限公司成为挽救危局的"白衣骑士"。2014年11月,中建材持股达到16.67%,成为山水水泥第四大股东。与此同时,乘虚而入的亚洲水泥的持股比例快速上升,达到21%,成为第三大股东。原第一大股东中国山水投资的股权进一步稀释为25.09%,成为公司的第二大股东。图3描述了经过上述"并购"和"反并购"变化后新的股权结构状况。

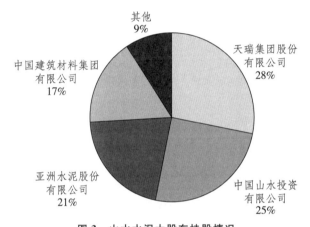

图3 山水水泥大股东持股情况

资料来源:万得资讯客户端。

在上述股权对峙的背景下,2015年5月22日,山水水泥2014年年度股东大会在"硝烟弥漫"中召开了。200多名山水水泥职工在公司原高管宓敬田的带领下聚集公司门前,希望阻止张才奎组建新董事会。受山水水泥职工维权的影响,在这次股东大会所审议的10项议案中,4项通过,6项被否决。① 其中未通过的议案大都与委任与原董事长张才奎同盟的人员相关。表1总结了该股东

---

① 据网易新闻(http://news.163.com/15/0529/13/AQPNP4TE00014AED.html)题为《山水水泥股权混战》的报道,港交所22日的晚间公告让这些维权代表感到欣慰。"股东大会基本上投出了我们满意的票,张才奎重新组建董事会的愿望落空了。"

当野蛮人遭遇内部人:
中国公司治理现实困境

大会相关决议的表决情况。

表1 2014年年度股东大会议案

通过的决议案	未通过的决议案
2014年度财务报告、董事会报告	重选王坚为董事(滕利股份公司董事)
委任常张利为新董事(中国建材副总裁、董事会秘书兼执行董事)	委任陈学师为新董事(与张氏父子同盟)
委任李冠军为新董事(远傅电信董事)	委任曾学敏为新董事(曾为独立董事,与张氏父子同盟)
聘请毕马威为本公司会计师事务所	董事会发行本公司股份
	董事会回购本公司股份
	更改股权激励计划

资料来源:作者整理。

尽管股东大会表决出现了不利于张氏父子的结果,但并没有从根本上撼动张氏父子的实际控制人的地位。这集中表现在,新晋为第一大股东的天瑞集团在2015年7月29日召开特别股东大会,计划改选公司董事会,但并没有获得成功。为了继续掌握山水水泥的控制权,张氏父子于2015年10月发起修改山水集团公司章程。拟修改的章程规定,"在董事任期届满前,股东不得解除其职务,亦不得通过修订公司章程更换任期内的董事"。如果该章程生效,张才奎到2017年6月30日才任期届满,而张斌要到2019年9月9日才能任期届满。

作为子公司的山水集团公司章程修改,按照《公司法》的相关规定,显然需要经过山水水泥股东大会的批准才能生效。但该章程修改在当地政府相关部门的认同下居然"生效"了,这使原本复杂的股权纷争变得更加充满变数。在山水水泥的诉讼下,2016年1月,香港高等法院判决章程修改无效,勒令将公司章程恢复原状。

第一篇
"中国式"内部人控制问题

但由于涉及跨境执法等问题,该判决至今未能执行。

在天瑞和中国山水托管方永安会计师事务所以及托管人廖耀强等董事的努力下,山水水泥于 2015 年 11 月 20 日终于罢免了张才奎、张斌父子的董事职位,12 月 1 日进一步罢免了原董事会其他成员,将董事会成员变更为李留法、李和平、廖耀强等人。其中李留法、李和平由天瑞集团派出,廖耀强、张家华、华国威由山水投资托管方永安会计师事务所派出,张钰明由中建投派出。领导部分职工反对张氏父子维权的宓敬田成为山水集团的副董事长。

就在张氏父子对山水水泥的控制看似行将结束之际,2015 年 12 月 27 日,张才奎的助理陈学师带领部分支持张氏父子的职工,以暴力方式占据办公总部,致使部分重要文件、印章丢失。对于这样明显的违法行为,当地政府并没有恰当地应对。在公司公章被"非法盗用"后,新组成的管理团队重新申领时,当地政府相关部门居然以"涉及股权之争"为由而不予受理。在接受《新京报》记者采访,谈及公司公章时,陈学师表示欢迎"新山水董事会"在内地法院起诉,"在内地就要按内地的规则来,什么时候内地的法院判我们还公章,我们就什么时候还"①。作为一家在开曼群岛注册、上市地在香港、总部在济南的公司,虽然存在跨境执法衔接问题,但受当地政府的默许和纵容而有恃无恐之情状溢于言表。

从 2016 年 3 月开始,在天瑞集团和山水投资托管人永安会计师事务所的支持下,宓敬田团队陆续接管山水集团旗下分布各地的 100 多家子公司。在逐步形成以宓敬田为首的经营团队实际主持山水集团的经营格局后,被"偷"的印章才自动无效,张氏父子的影响力和实际控制从此淡出山水水泥。表 2 总结了发生在山水水泥的第一次控制权争夺大事记。

---

① 《山水水泥争夺战:野蛮人联手反对派原董事长仍不认输》,《新京报》,2016 年 2 月 18 日(http://finance.sina.com.cn/stock/s/2016-02-22/doc-ifxprucu3066885.shtml)。

当野蛮人遭遇内部人：
中国公司治理现实困境

表2 第一次控制权争夺大事表

时间	事件
2015年12月4日	山水集团称,上市公司12月3日发布的公告为虚假不法公告,"本公司董事、监事、高级管理人员将继续履行职责"。
2015年12月7日	济南市成立多部门工作组进驻山水集团。
	山水集团向济南市中级人民法院提起山水水泥以及新任管理层的侵权诉讼,济南市中级人民法院立案。
2015年12月8日	山东琴岛(济南)律师事务所出具声明,张斌为山水集团董事长,陈学师为副董事长,张才奎为监事,黄克华为监事。
2015年12月9日	济南市工作组要求维护山水集团正常工作运转。
2015年12月21日	山水水泥称在济南市政府支持下,新管理团队已开始对山水集团进行接管。
2015年12月22日	山水集团称,双方仅仅是各自发表观点,并未有接管交接(官网依然频繁称原董事长张才奎依然为实际控制人)。
2015年12月27日	陈学师带领部分职工以暴力方式占据办公总部,致使部分重要文件和公司印章丢失。
2016年2月5日	山水水泥起诉前董事张氏父子侵犯官方网站、违法使用印章、保留重要文件。
2016年2月	山水水泥追责济南市政府工作组(2016年3月31日再度声明)。
2016年3月	山水水泥宣称"山水重工"为山水水泥新总部(后发布公告称此信息为虚假信息)。
2016年3月	宓敬田团队在天瑞集团和山水投资托管人永安会计师事务所的支持下接管旗下100多家子公司。

资料来源:作者根据公司公告整理。

第一篇　"中国式"内部人控制问题

然而,第一大股东天瑞集团与宓敬田的"蜜月"并没有维持多久,山水水泥很快陷入第二次控制权纠纷危机。这次控制权争夺发生在以宓敬田为首的新管理团队与第一大股东天瑞集团之间。天瑞集团原本是以宓敬田为首的部分职工为了对抗张氏父子而引入的战略同盟军。2016年6月,山水水泥董事会提出一份配股方案,"按每股现有股份可认购四股新的本公司股份",引发职工股东股份被稀释的担忧,使得山水水泥历史上第二次控制权之争出现。2016年12月14日,在未经山水水泥允许的情况下,时任公司董事和副董事长的宓敬田在新闻发布会上违规发布"公司扭亏为盈""公司违约债务处理"等相关信息。山水水泥随后在12月20日以此为由发布公告终止宓敬田的副董事长职务。然而宓敬田并没有就此停止对公司事务的实际控制,甚至经山水水泥"全资附属公司及山东山水水泥集团有限公司的唯一股东"——先锋水泥的股东大会决议,于2017年3月13日发布公告,反过来宣称免除支持天瑞的李茂桓、于玉川、赵利平、陈仲圣等山东山水的董事职务及其他职务。双方的控制权之争白热化。

2017年4月,在山水水泥的济南总部再次上演暴力占据公司总部的事件。只不过这次占领总部的一方是一年半前试图闯入总部的以宓敬田为首的部分职工,而试图凭借暴力进入的一方为之前前者的战略同盟军第一大股东天瑞集团和部分山水水泥董事。这场发生在4月8日凌晨的"武斗"事件再次使山水水泥进入公众视野。表3总结了发生在山水水泥的第二次控制权争夺大事记。

表3　第二次控制权争夺大事表

时间	事件
2016年6月3日	山水水泥董事会发布公告称"按每股现有股份可认购四股新的本公司股份"。
2016年12月14日	宓敬田在新闻发布会上发布"公司扭亏为盈""公司违约债务处理"等相关内容。

当野蛮人遭遇内部人：
中国公司治理现实困境

(续表)

时间	事件
2016年12月20日	山水水泥终止了宓敬田副董事长的职务,但宓敬田拒绝接受。
2017年3月13日	在宓敬田主导下免除了中国山水任命的财务总监等四名干部骨干的董事职务及其他职务。
2017年4月8日	山水水泥部分董事试图占据公司总部,被宓敬田率领的职工限制人身自由。

资料来源:作者根据公司公告整理。

图4总结了近期发生在山水水泥的多次暴力占领公司总部的时间轴。

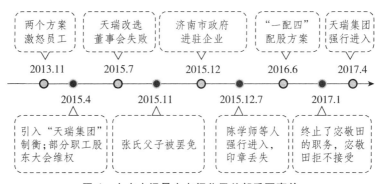

图4 山水水泥暴力占领公司总部重要事件

资料来源:作者根据公司资料整理。

我们看到,在山水水泥控制权纷争背后恰恰是基于社会连接形成的盘根错节的"中国式内部人"控制问题。在部分是非不分、盲目愚忠的职工的积极参与下,在当地政府部门的默许和纵容,以及存在利益瓜葛的其他机构投资者的支持下,在第一次控制权纷争的主角张氏父子和第二次控制权纷争的主角宓敬田周围织成一张张社会连接的大网,使得原本可以在法律框架下得到解决的控制权纠纷演变为一而再、再而三的"全武行"。

第一篇
"中国式"内部人控制问题

延伸阅读

拥有"A股最分散股权结构"的梅雁吉祥[*]

在我国资本市场长期以来以"一股独大"为主导特征的公司治理模式下,第一大股东持股比例一度为0.5%、拥有"A股最分散股权结构"的广东梅雁吉祥水电股份有限公司(股票代码:600868)(以下简称"梅雁吉祥")引起了我们的注意。从2009年上半年起,梅雁吉祥除了在2015年十大股东持股比例短暂上升至12.14%,前十大股东持股比例合计长期低于10%,最低时仅为1.32%。图1描述了梅雁吉祥上市后十大股东持股比例的变化情况。

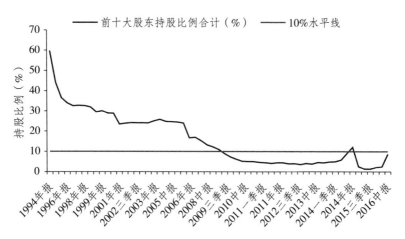

图1 梅雁吉祥十大股东持股变动情况

资料来源:作者根据万得资讯相关数据绘制。

---

[*] 该案例由李晓磊研究整理。

当野蛮人遭遇内部人：
中国公司治理现实困境

在前十大股东持股比例合计如此之低的前提下，第一大股东的频繁"易主"似乎在意料之中，甚至由于第一大股东减持而使第二大股东被迫成为第一大股东。然而，令人感到惊奇的是，无论第一大股东变更，还是恒大短暂举牌期间，这家公司的管理团队始终保持稳定。那么，是什么原因导致鲜有股东，甚至外部接管商染指该公司的实际控制权呢？除了并不被看好的绩效表现，我们也许还可以从梅雁吉祥基于社会连接形成的内部人控制中寻找到答案。

梅雁吉祥的发展历史可以追溯到1970年在广东梅县雁洋公社乡镇地区从事建筑工程的施工队。1980年，雁洋公社建筑工程队由队长杨钦欢带领尚不满百的员工开始进入城市。1984年，杨钦欢在雁洋公社建筑工程队的基础上组建成立了梅雁经济发展总公司。公司经营的业务范围非常广泛，涉及建筑、房地产、酒店、超市、旅游、水电、教育、运输等，形成了融合一、二、三产业的大型经营体系。1990年，在梅雁经济发展总公司的基础上，进一步成立广东梅县梅雁企业（集团）公司，成为一家多元化综合经营的企业集团公司。

1992年10月，广东梅雁企业（集团）公司改组为股份有限公司，并于1994年9月12日在上海证券交易所上市交易，简称"梅雁吉祥"（股票代码600868）。2004年第一大股东广东梅县梅雁经济发展总公司更名为广东梅雁实业投资股份有限公司，2012年再次更名为广东梅雁吉祥实业投资股份有限公司。

公司的主营业务为水力发电和生产制造业。从1996年起梅雁吉祥集中精力剥离盈利能力较差的中小企业，逐步朝水电行业调整。目前公司建成投产的6个水电站总装机容量为12.9万千瓦，年设计发电量约4.3亿度。由于公司所处地区广东省常年降水丰沛，对于水电行业公司具有先天的优势，综合运营成本低、毛利率较高，在发展期由于业务拓展范围集中于省内，每年的经营现金流稳定，为公司的发展奠定了良好的基础。截至2016年年底，公司的总资产为 25.28 亿元,拥有 9 家全资及控股公司和 2 家联营企业,业务涉及水电能源等多个领域,逐渐形成了"一业为主,多元发展"的经营模式。

表 1 报告了梅雁吉祥上市之初的股权结构中前十大股东。其中,梅县梅雁经济发展总公司持有梅雁吉祥 42.39% 的股权,而创始人杨钦欢则持有梅县梅雁经济发展总公司 10.39% 的股份。

表 1 梅雁吉祥上市之初十大股东股权结构

排名	股东名称	占总股本比例(%)
1	梅县梅雁经济发展总公司	42.39
2	梅县蛋鸡场	5.09
3	中国工商银行广东省信托投资公司	3.11
4	广东发展银行梅州办事处	3.11
5	梅州市通宏经济开发服务公司	1.86
6	梅县银工综合服务公司	1.86
7	广东证券公司	1.54
8	梅州市银科电子服务中心	1.24
9	梅县金钟实业发展总公司	0.93
10	广东地产公司梅州分公司	0.12
	合计	61.25

资料来源:作者根据万得资讯相关数据绘制。

从梅雁吉祥十大股东持股比例变化情况,我们大致可以将其股权变化分为三个阶段:稳定持有阶段、大股东主动减持阶段以及第一大股东频繁更换阶段,如图 2 所示。

从上市之初的 1994 年到公司股权分置改革完成的 2007 年为稳定持有阶段。在这 13 年中,第一大股东梅县梅雁经济发展总公司(2004 年后更名为梅雁实业投资股份有限公司)虽然持有的原始

当野蛮人遭遇内部人：
中国公司治理现实困境

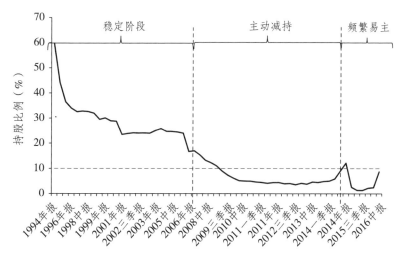

图2 前十大股东股权结构三阶段

资料来源：作者根据万得资讯相关数据绘制。

股数量并未减少，但由于向社会公众及内部职工配股送股，公司前十大股东持股比例依然呈现下降趋势。前十大股东持股比例从最初的61.25%下降至2001年的23.50%，之后的6年稳定在23%—25%的区间内。在2006年股权分置改革之前，第一大股东即当时的梅县梅雁经济发展总公司依然持有梅雁吉祥23.25%的股份，在2006年8月28日分置改革完成股票复牌时，第一大股东持有股权份额变为15.60%。

从2007年年底至2014年年底为大股东主动减持阶段。7年之间前十大股东持股比例由于第一大股东广东梅雁实业投资股份有限公司（2004年后更名，简称"梅雁实业"）不断减持而持续下降，到2009年梅雁吉祥前十大股东持股比例合计低于10%。自2007年12月24日至2011年三季报，第一大股东梅雁实业通过二级市场累计出售所持股票4.56亿股，价值超过10亿元，占公司总股本的13.4%。2008年梅雁受到退市风险警示，2009年实行其他

第一篇
"中国式"内部人控制问题

特别处理,成为"ST梅雁"。到2014年,梅雁实业仅持有"ST梅雁"2.20%的股权。值得注意的是,尽管如此,梅雁实业此时仍为"ST梅雁"的第一大股东。在2011年9月6日《上海证券报》对杨钦欢的采访中,他表示"还会继续减持,谁当(ST梅雁)的大股东都可以,不在乎控股权,谁来管理都行"①。此时公司前十大股东中,除了第四大股东银河证券客户信用交易担保证券账户和第七大股东深圳市兴德投资有限公司分别持有0.26%和0.17%股份,其余都是个人投资者。股东户数高达37.2万户,公司股权处于高度分散化状态。

从2015年开始,"ST梅雁"进入第一大股东频繁更换阶段。2015年2月4日,公司发布公告称,截至2015年1月30日,许加元持有公司股份合计41 725 205股(占总股本的2.198%),超过广东梅雁吉祥实业投资股份有限公司持有的公司股份数量,成为公司第一大股东。由于公司未收到许加元对公司的任何书面函件或通知,根据《公司法》②等法律法规对实际控制人的定义以及《上市公司收购管理办法》③中关于拥有上市公司控制权认定的相关规定,个人持有控股公司10.39%股权的杨钦欢仍然被认定为上市公司的实际控制人。因而梅雁吉祥第一大股东的变更未导致公司实际控制人发生变化。

---

① 郭成林.大股东狂抛持股不足3%,ST梅雁渐成"弃壳"[N].上海证券报,2011-9-6(F07)

② 《中华人民共和国公司法(2014)》第十二章第二百一十七条规定,实际控制人,是指虽不是公司的股东,但通过投资关系、协议或者其他安排,能够实际支配公司行为的人。

③ 《上市公司收购管理办法》第十章第八十四条规定,有下列情形之一的,为拥有上市公司控制权:(一)投资者为上市公司持股50%以上的控股股东;(二)投资者可以实际支配上市公司股份表决权超过30%;(三)投资者通过实际支配上市公司股份表决权能够决定公司董事会半数以上成员选任;(四)投资者依其可实际支配的上市公司股份表决权足以对公司股东大会的决议产生重大影响;(五)中国证监会认定的其他情形。

当野蛮人遭遇内部人：
中国公司治理现实困境

　　许加元的增持只是梅雁吉祥第一大股东频繁更换的开始。仅 2015 年上半年，梅雁吉祥就在 1 月 30 日、2 月 27 日、5 月 28 日和 5 月 29 日四次发生大股东的变更，自然人许加元、潘杰桃、孙煜和孙琴丽分别成为梅雁吉祥第一大股东。2015 年公司中报显示，上海华敏置业（集团）有限公司一度成为公司第一大股东。在 2015 年年中 A 股市场遭遇股灾侵袭，"国家队"救市期间该公司曾经买入梅雁吉祥，仅仅凭借 0.52% 的持股比例一举成为第一大股东。在 2015 年廖俊发成为第一大股东后，梅雁吉祥第一大股东持股比例跌至历史最低点 0.29%。之后公司又经历了不少于两次易主，直到"恒大系"资本的进驻。

　　2016 年 9 月 28 日至 9 月 30 日，恒大人寿通过旗下两个保险组合账户分两次集中买进梅雁吉祥合计 9 395.83 万股，占公司总股本的 4.95%，成为公司第一大股东，并接近举牌线。恒大入主后的梅雁吉祥股权结构如图 3 所示。由恒大控股的广州市仲勤投资有限公司直接持有梅雁吉祥 5% 的股份，成为第一大股东。但到 10 月 31 日，恒大又将所持股票全部卖出，在一个月的时间内，恒大人寿的操作导致梅雁吉祥股价一路走高，曾几度涨停封板，引起一大笔资金追逐。恒大人寿短期内的"快进快出"被认为是操纵市场。其后，"恒大系"资本又通过旗下广州市仲勤投资有限公司买入梅雁吉祥 5% 的股权触及举牌，持有的股权将持续 12 个月。到 2016 年年底，广州市仲勤投资有限公司仍然为梅雁吉祥的第一大股东。

　　需要说明的是，从第一大股东频繁"易主"到"恒大系"暂时居于第一大股东位置，期间公司发布的公告均称"不存在控股股东和实际控制人"。而杨钦欢作为公司董事长兼总经理实际控制着梅雁吉祥。这意味着，至少表面上没有太多股份，但对公司的经营管理决策具有重大影响力的杨钦欢成为我们关注的"内部人"。那么，究竟是什么原因使看上去没有太多股份的杨钦欢成为实际控制人呢？我们需要从围绕杨钦欢本人构建的复杂社会连接说起。

第一篇
"中国式"内部人控制问题

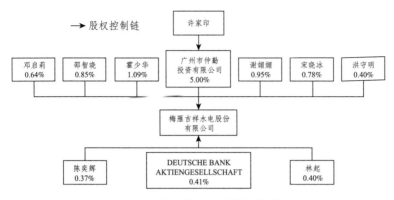

图3 梅雁吉祥2016年股权结构

资料来源:作者根据万得资讯相关数据绘制。

梅雁吉祥的灵魂人物杨钦欢是广东梅县人,1952年出生。1974年至1983年,他在梅县雁洋公社建筑工程队当工人,后任业务队长。1980年,雁洋公社建筑工程队在队长杨钦欢的带领下进入城市寻求更大的发展空间。这个由同乡构成的建筑工程队起初员工尚不满百,后来队伍逐渐壮大。在担任梅县第二建筑工程公司总经理、梅雁经济发展总公司总经理等职务后,杨钦欢于1987年联合叶新英、李忠平、李江平、黄增孝、李信贤、朱宝荣、叶侨发、李永鹏和谢明生等4 540人组建成立梅雁企业集团。从图4描述的主要股权结构来看,杨钦欢的伙伴们不仅是出资股东,而且是经营团队的重要骨干。

在1994年公司上市后至2011年,杨钦欢除了在2007—2009年短暂出任公司副董事长外,其余时间始终出任董事长和法定代表人,甚至分别于1994—2000年、2007—2016年任职总经理。虽然职务会有这样那样的变动,但杨钦欢实际内部控制人格局始终未发生改变。这在一定程度上与在董事长杨钦欢周围的三层社会连接网络给予的隐性支持有关。图5描述了以杨钦欢为核心的三层社会连接网络图。

45

当野蛮人遭遇内部人：
中国公司治理现实困境

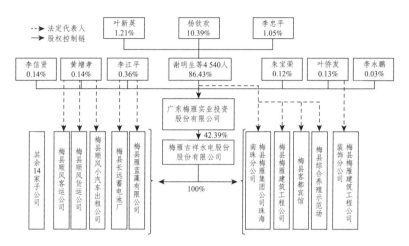

图 4　梅雁吉祥成立初期的股权结构和控股子公司

资料来源：国家企业信用信息公示系统，作者整理。

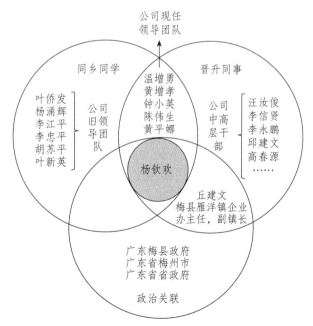

图 5　社会连接的交错性

第一篇
"中国式"内部人控制问题

在杨钦欢带领工程队在城市打拼的若干年里,和他一起奋斗的李江平、李忠平、杨涌辉、叶侨发、胡苏平和叶选荣等人既是梅雁实业的创始股东,也是上市公司梅雁吉祥最早的核心管理团队。其中,除胡苏平以外其余5人均是广东梅县人。基于同乡关系形成的社会连接是以距离企业实际控制人较近的交际关系为基础形成的。他们有相同的文化背景和价值观念,为了一致的目标共同奋斗打拼,都经历过公司成长的荣辱沉浮,相互之间的信任度较高。与此同时,创业初期的成员都有原始股份,这种确定的利益分配既可以强化成员的社会连接,同时也提升了由此种连接带来的资本价值。凭借在结构维度上天然优势建立起来的社会连接具有形成和维护成本低、稳定性高、持续性和传递性强等特点。因此,基于同乡关系建立的社会连接构成了以杨钦欢为核心的三层社会连接网络图的第一层。

与此同时,合理公平的晋升机制激励员工积极工作,忠于企业,建立起基于晋升同事的社会连接。从图5我们看到,新任管理层中有不少人是从公司的基层工作开始,逐步晋升为中高层管理干部。其中一个典型例子是,现任公司董事长兼总经理温增勇。他曾历任公司人事部长和办公室主任。内部流畅高效的晋升机制使得人尽其才,才尽其用。与此同时建立起的社会连接也在同步强化,再加上部分提拔的高管具有"梅雁人"这一标签,使得原本的基于同乡的社会连接关系更加牢固。基于同事关系建立的社会连接构成以杨钦欢为核心的三层社会连接网络图的第二层。

此外,在发展过程中,从关注基层员工民生幸福和当地人民福祉出发,梅雁大力举办公益性质的项目,与当地社区和地方政府建立了密切的社会连接。这构成了以杨钦欢为核心的三层社会连接网络图的第三层。在梅雁业务领域涉及广泛的子公司经营中,很多是为了实现员工的生活需求。雁洋公社建筑工程队在杨钦欢带领下进城后,首先面临的问题就是农民工的子女教育。为了获得

当野蛮人遭遇内部人：
中国公司治理现实困境

在城市就读的资格,杨钦欢的建筑工程队在当地光远小学捐建教学楼,得到 30 多个名额。随着工程队规模的扩大,依靠捐建教学楼的方式显然不能长久维持,于是公司后来开办了自己的学校。2002 年,公司投资 1.2 亿元用于建设梅州市梅雁中学,持有其 100%股权,并按省一级学校的办学标准进行建设,成为梅州市民营学校的一面旗帜。除了子女教学,涉及员工日常生活的方方面面,都在杨钦欢的主导下逐步开办起来。于是在梅州市出现了多个被传为佳话的第一——第一家星级宾馆、第一家民营运输公司、第一家超级市场都是梅雁吉祥的杰作。这些项目的举办,一方面"基本解决了员工子女入学和员工的住房、医疗、养老问题",使基本民生需求得到解决的内部员工心怀感激,努力工作;另一方面方便了社区居民的生活,解决了梅州市部分城镇待业人员和下岗人员再就业问题。公司通过缴纳各种税收,增强了地方政府的财力,推动了山区经济的发展,"使当地政府和群众切实受益于公司的经营宗旨'梅雁效益,众人得益'"①,由此为梅雁吉祥营造了宽松的社会环境。

作为积极履行企业社会责任、造福当地居民的回馈,梅雁吉祥在 20 世纪 90 年代初成为广东省列出的 16 家首批备选上市企业中唯一一家乡镇企业。梅雁吉祥最终于 1994 年 9 月 12 日在上海证券交易所上市。梅雁吉祥也由此从一家普通的民营企业成为广受关注的明星企业。杨钦欢本人曾任第九届广东省人大代表,第九届、第十届全国人大代表,获得过"全国劳动模范"称号,并当选为世界生产率科学院中国分院院士和世界生产率科学院院士。我们看到,从社会连接出发,杨钦欢逐步形成政治关联和社会连接交织在一起的复杂网络,形成了他对梅雁吉祥实际控制的隐性支持。

---

① 杨钦欢在 2014 年梅雁吉祥成立 20 周年会上的讲话稿《广东梅雁吉祥水电股份有限公司上市 20 周年总结与未来发展》。

第一篇
"中国式"内部人控制问题

在股权分置改革完成后,梅雁吉祥大股东在减持股权的同时,开始集中变卖旗下控股子公司的资产。资产变卖一方面与梅雁吉祥业绩一度低迷,利润来源基本依靠资产变卖维持有关。从2008年到2014年,梅雁吉祥共发生12项子公司股权转让事项,合计金额达13.6亿元之多。表2总结了2008年到2014年期间梅雁吉祥集中变卖旗下控股子公司资产的情况。其中引人注目的是,广东梅县梅雁TFT显示器有限公司和梅县梅雁电子科技工业有限公司直接转让给大股东梅雁实业。我们可以看到,大股东梅雁实业通过减持回笼资金,而回笼的资金反过来用于回购梅雁吉祥的资产,由此引发读者关于大股东隧道挖掘上市公司的联想。

表2 梅雁吉祥下属子公司股权转让时间表(2008—2014)

公告时间	转让标的	受让方	金额	备注
2008/6/7	广西柳州红花水电有限责任公司96.47%的股权	中广核能源开发有限责任公司	12.3亿元	资产净估值12.24亿元
2009/6/25	梅县洁源水电有限公司5 700万股股权	客都实业	5 700万元	—
2010/1/12	广西柳州市桂柳水电有限责任公司61.91%的股权	中广核能源开发有限责任公司	4.1亿元	获得投资收益约2.3亿元
2010/7/28	广东梅县梅雁电解铜箔有限公司66.99%的股权	梅县嘉元实业投资有限公司(51%)、赖仕昌(15.99%)	8 056.8万元	
2010/8/17	丰顺县梅丰水电发展有限公司50%的股权	丰顺县汇丰实业有限公司	7 024.5万元	
2010/12/25	广东梅县梅雁TFT显示器有限公司43.82%的股权	广东梅雁实业投资股份有限公司	6 900万元	转让完成后仍持有42.95%的股权
2010/12/25	梅县梅雁旋窑水泥有限公司30%的股权	梅县永信旋窑水泥有限公司	1 350万元	转让完成后仍持有70%的股权

当野蛮人遭遇内部人：
中国公司治理现实困境

（续表）

公告时间	转让标的	受让方	金额	备注
2010/12/25	广东金球能源有限公司10%的股权，由于未对其进行出资，公司享有其10%股权的出资权	广东梅雁实业投资股份有限公司	5万元	出资权
2011/8/16	广东梅县梅雁TFT显示器有限公司42.95%的股权	广东梅雁实业投资股份有限公司	6762.5万元	不再持有股份
2012/4/10	梅县梅雁电子科技工业有限公司75%的股权	广东梅雁实业投资股份有限公司	1.5亿元	
2012/7/3	广西融水古顶水电有限责任公司95.4%的股权及梅雁吉祥对其享有的245 984 272.95元债权	中广核能源开发有限责任公司	2.52亿元	3 500万元的投资收益
2014/10/9	梅县金象铜箔有限公司总股本42%的股权	广东嘉元科技股份有限公司	7358.4万元	公司持有嘉元科技28.01%的股权；杨钦欢的亲属持有嘉元科技5%的股权
合计	12项		13.63亿元	

资料来源：作者根据公司公告整理。

实际控制权的集中除了体现在大股东可能进行的隧道挖掘行为外，还对企业未来治理构架产生了深远的影响。在杨钦欢任期内，公司董事会、监事会和管理层的大多数成员均为广东梅县本地人。我们注意到，2010年提名为公司副总经理、2013年成为新一届董事长的温增勇与杨钦欢履历重叠，成为杨钦欢一手提拔和扶持的继承者（见图6）。

在梅雁吉祥最新治理结构组织构成中，9人组成的董事会中有6人有多年的内部基层工作经验；在由9人组成的监事会中7人是梅州人。所有监事（职工监事）都是公司多年的员工，有丰富的基

第一篇 "中国式"内部人控制问题

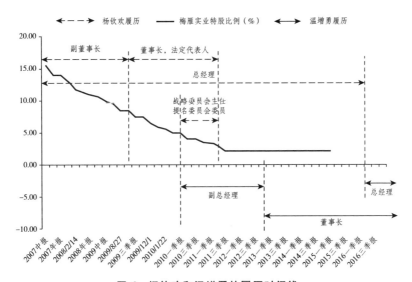

图6 杨钦欢和温增勇的履历时间线

资料来源:作者根据公告资料整理。

层经历。其中,监事会主席朱宝荣还是梅雁实业的创始人和股东之一(持有广东梅雁实业投资股份有限公司0.12%的股份)。高管团队中三位核心人——温增勇、黄增孝和胡苏平——均为广东梅县人。我们看到,新一届董事会的组成并没有改变以往来自当地同乡和来自基层内部晋升的风格。虽然作为内部晋升而成长为董事长和总经理的温增勇出身本土,扎根公司基层,对业务和经营状况熟悉,但潜在的风险是,与空降的职业经理人相比,梅雁吉祥的上述公司治理制度安排更容易受到前任杨钦欢个人意志和偏好的影响。尽管杨钦欢本人已经退出了梅雁吉祥的领导团队,但他的影响依然存在是毋庸置疑的事实。

梅雁吉祥在2013年发生过一次重大资产重组事件。收购方是深圳市垚锦投资发展有限公司,标的是第一大股东所持有的梅雁吉祥的4 170万股股权。但是在交易过程中,"由于对手方未完

51

当野蛮人遭遇内部人：
中国公司治理现实困境

成向第一大股东支付相应股权对价款等协议所约定的先决条件，导致重组无法按原定方案推进"①，此次重组失败，看似垚锦投资未履行股权对价支付，实际上则与入主后很难撼动实际控制人的影响的担心不无关系。公司市值虽然不超百亿元，但是股本接近19亿股，且股本结构复杂，公司内部员工持股占比较大。更加重要的是，公司的董事会、监事会和管理层被原始团队掌握，从高层到中层再到基层的员工，对杨钦欢（团队）及其继任领导层有高度的依赖性和凝聚度。外部投资者即使在成为第一大股东后，依然难以对公司形成实际控制。

从梅雁吉祥的案例我们看到，除了传统的正式治理构架，基于社会连接方式形成复杂社会网络构成隐性支持内部人对公司实际控制的另一条重要路径。内部人控制格局的出现并不一定意味着公司价值的降低，但它为实际控制人谋取私人利益开辟了途径，使中小股东利益损害成为可能。正是在上述意义上，我们看到以险资举牌为代表的中国并购浪潮并非仅仅是"野蛮人入侵"，而是在一定程度上成为改善内部人控制问题的重要公司治理途径。

---

① 公司公告.广东梅雁吉祥水电股份有限公司关于终止本次重大资产重组暨复牌公告[EB/OL]. 2013.10

恒丰银行的"中国式"内部人控制问题*

2017年11月28日晚间,各大主流媒体纷纷报道恒丰银行原董事长蔡国华被查一案。事实上,早在2016年,《财新周刊》和《21世纪经济报道》分别以"恒丰银行股权控制术"和"谁的恒丰银行?"为题报道了位于山东烟台的股份制商业银行恒丰银行的员工持股计划丑闻和涉嫌"高管私分公款案"。根据当时公开披露的信息,烟台国资委独资的烟台蓝天投资控股有限公司目前持有该行19.4%的股份,是该行的第一大股东。在恒丰的股东中,不仅有来自江苏、上海、北京、厦门的机构投资者,而且还有来自新加坡大华银行这样的国际战略合作伙伴。从恒丰的股权结构安排来看,无论是股权多元化程度、国际开放程度,还是股权制衡程度,都堪称股份制商业银行中的典范。但为什么股权结构堪称完美的恒丰依然让媒体发出了"谁的恒丰银行"的质疑呢?

从目前媒体的公开报道看,发生在恒丰银行的"高管私分公款案",员工持股计划丑闻以及股权谜踪等都是典型的"内部人控制"问题。公司法的常识告诉我们,涉及股权变动事项当然需要征得现有股东的同意。何况员工持股计划这种增发意味着现有股东股权的稀释。恒丰有多位前高管分到800万元、2100万元等不等的

---

* 本文曾以"恒丰银行的'中国式'内部人控制问题"为题发表在FT中文网,2017年12月4日。

当野蛮人遭遇内部人：
中国公司治理现实困境

金额,而蔡国华本人从中分到3 850万元。如果是高管正常的薪酬补偿,我们知道,不仅要以薪酬合约作为依据,而且需要经过董事会讨论,甚至要经过股东大会通过。

这里所谓的内部人控制问题,指的是高管或执行董事利用对公司的实际控制力所做出的损害股东所有者权益、挑战股东公司治理权威的行为。内部人控制问题最早爆发在英美等国的公司治理实践中。这一方面是由于英美公司股权高度分散,另一方面是希望通过股权激励来协调经理人和股东之间的利益冲突而不断给予经理人股权激励。两方面因素共同作用的结果是经理人的持股比例越来越高。这如同在经理人实际控制地位周围形成一个深挖的壕沟,以至于外部接管威胁都很难对其构成冲击和撼动。于是,被深深的壕沟所保护的经理人可以通过谋求控制权私人收益,甚至自己为自己发超额薪酬,来损害股东的利益。作为经理人代理问题的重要表现形式,内部人控制问题由此受到英美等国公司治理理论和实践的重视。

如果仔细对照发生在恒丰的内部控制人行为和英美等国传统意义上的内部控制人行为,我们会发现二者之间存在以下明显的差异。其一,形成恒丰银行内部人控制局面并非由于股权高度分散。除了前面提及的持股达19.4%的第一大股东烟台蓝天投资,尚未公开上市的恒丰第二大股东新加坡大华银行持股比例也高达12.4%;甚至第三到第五大股东持股比例均在10%左右。按照经验研究中通常采用的股权制衡计算方法,第一大股东持股比例低于第二到第五大股东持股比例之和的恒丰恰恰属于股权制衡度较高的股权结构类型。因而,这样的股权结构远谈不上股权高度分散,进而导致内部人控制。其二,在恒丰,董事长而不是CEO(行长)是内部人控制格局的核心。在英美公司治理实践中,董事长往往只是董事会的召集人,他在履行董事职责上并没有与其他董事相比特殊的权利。被称为首席执行官的CEO由于受到高的股权激励形成壕沟效应,成为英美等国家股权分散公司内部人控制的核心。而在恒丰,受第一大股东委派、代表国资委来履行国有资产监督职责的董事长才是我国制度背景下公司内部人控制格局的核心。在职能设定上和称谓上更类似于国外 CEO 的总经理则退化为董事长的执行助理。在围绕我国上市公司开展的实证研究中,董事长而不是经理人是公司治理需要关注的重点对象已经成为普遍的做法。其三,内部人控制地位的形成并非由于推行股权激励计划,形成壕沟效应,使董事长的控制权地位由此无人撼动。熟悉我国资本市场相关规定的读者不难发现,我国对于国有性质的上级持股公司所委派的董事授予股权激励具有严格的限制。从目前披露的数据看,我们并不能观察到原董事长蔡国华个人直接持股。

由于上述三方面的原因,我们看到出现在恒丰的内部人控制问题并非英美等国传统意义上的内部人控制问题。因而我们并不能从这些国家的公司治理实践经验中找到解决上述问题的现成答案。为了区分两种不同类型的内部人控制,我们借鉴现在媒体流行的说法,把发生在恒丰银行的具有典型中国制度背景特色的内部人控制概括为"中国式内部人控制"。

哈佛大学 Shleifer 教授的研究团队观察到,在全球 27 个主要国家中,大企业的股权都集中在大股东手里。他们由此认为,经理人和股东之间传统的代理冲突的重要性一定程度上已经被控股股东如何剥削小股东这一新的公司治理问题所代替。我们虽然认同 Shleifer 教授所谓股东之间的代理冲突不容忽视的观点,但基于对中国公司治理现实的理解,我们这里强调,在中国资本市场,传统的经理人和股东之间的代理冲突问题依然严重,甚至在复杂金字塔式控股结构的掩护下,经理人和股东之间的代理冲突引发的内部人控制问题变得更加复杂。而这是我国资本市场特定制度背景下,面临的公司治理"真"问题,需要我国公司治理理论和实务界在未来予以特别关注。

当野蛮人遭遇内部人：
中国公司治理现实困境

那么,引起恒丰银行"中国式内部人控制"的真正原因究竟是什么呢?从恒丰的案例看,至少来自以下两方面的原因。其一是董事长的产生机制和由此形成的董事长的独特身份。在我国的公司治理实践中,对于第一大股东为国有性质的企业,其党委书记、董事长、总经理等关键岗位往往是由该企业上级党委组织部门按照干部考察程序任命的,虽然在形式上需要经过董事会提名和股东大会表决的程序。由于上述自上而下的特殊人事任命途径,任命者往往具有特殊身份。我们以恒丰银行为例。恒丰银行发布的相关公告称:"2013 年 12 月 19 日召开董事会会议,根据烟台市委、市政府有关任免推荐决定以及本行主要股东的提议,经董事会提名委员会资格审查通过,选举蔡国华先生为公司董事、董事长。"进一步考察蔡国华任职恒丰董事长之前的身份,我们发现,空降恒丰银行的蔡国华之前是烟台市市委常委、副市长兼国资委党委书记。我们理解,对于蔡国华出任恒丰董事长的任命仅仅是烟台主要党政领导干部统筹安排中的一个环节。

其二是国有性质的第一大股东的所有者缺位。理论上,营利动机强烈的股东将有激励阻止作为股东代理人的董事会做出任何侵害股东利益的行为,这集中表现在第一大股东通常会在股东大会上对可能损害股东利益的相关决议投反对票,甚至提议及时更换损害股东利益的不称职董事会成员。但我们不难理解,无论是作为恒丰的上级持股公司的蓝天投资还是全资控股蓝天投资的烟台国资委,对于曾经担任烟台市市委常委、副市长兼国资委党委书记的制衡力量十分有限。而作为恒丰第一大股东的蓝天投资,此时不仅不会形成对以原董事长蔡国华为首的董事会内部人控制行为的有效制约,反而成为其抗衡其他股东可能提出的否定议案的可资利用的力量,甚至向其他股东传递出"想反对也没有用,因为我是第一大股东"的相反的信号。恒丰银行的案例一定程度上表明,大股东由于真正所有者缺位,并不能很好地履行监督经理人的

第一篇
"中国式"内部人控制问题

职能,形成公司治理真空,为内部人控制大开方便之门,由此不可避免地导致"中国式内部人控制"问题的出现。在上述"中国式内部人控制"格局形成后,恒丰接下来发生的员工持股计划丑闻、"高管私分公款案"和"股权谜踪"不仅在预料之内,而且在"情理"之中。

那么,如何消除"中国式内部人控制"这一我国公司治理实践中的痼疾呢?事实上,一段时期以来,作为国有企业改革的重要举措,从原来的"管企业"变革为现在的"管资本"就是解决发生在恒丰的"中国式内部人控制"问题的关键。通过上述根本性的变革,使股东真正成为公司治理的权威,以替代由于所有者缺位形成的公司治理真空。只有这样,像如今发生在恒丰银行的内部人控制现象才能在一定程度上减少,而员工持股计划丑闻、"高管私分公款案"和"股权谜踪"才能从根本上杜绝。

从 2015 年开始,我国上市公司第一大股东平均持股比例低于标志着相对控制权的 33.3%,表明我国资本市场开始进入分散股权时代。未来我国资本市场需要更加树立股东是公司治理真正权威的意识,使股东大会围绕重要事项的投票表决成为体现不同股东意愿诉求、保护股东权益的重要平台。同时应该鼓励公司聘请比例更高的来自外部的利益中性的独立董事,使其从专业角度提出防止中小股东利益受到损害的意见和建议。必要时,甚至应鼓励包括险资养老金等在内的机构投资者发起接管威胁,使其成为完善公司治理的重要外部治理力量。

延伸阅读

深陷员工持股计划丑闻和涉嫌"高管私分公款案"的恒丰银行[*]

　　总部位于山东烟台的恒丰银行,其前身为1987年成立的烟台住房储蓄银行。2003年经中国人民银行批准,由中、农、工、建四大行和中国人民保险公司等金融机构参与发起,改制为恒丰银行股份有限公司,成为12家全国性股份制商业银行之一。从设立至今十多年来,恒丰银行不仅加速分支行在全国的布局,同时积极开展海外业务。到2016年恒丰银行总资产规模达到12 085亿元。但与其他全国性股份制银行相比,恒丰银行的业务显得较为单一,存贷比较低,基础贷款客户的数量处于全国性股份制银行中的较低水平。

　　图1描述了恒丰银行与其他股份制商业银行净资产收益率的比较情况。我们看到,从2013年起恒丰银行的净资产收益率逐步下降,跌至未上市股份制商业银行的平均水平以下。从图2描述的各类银行各年不良贷款率中,我们同样看到,恒丰银行各年不良贷款率持续高于未上市股份制商业银行相应指标的均值。

　　图3描述了恒丰银行2016年年底的股权结构情况。在恒丰银行的前十大股东中,不仅有来自上海、福建、北京和四川等地的机构投资者,还有国际战略合作伙伴——来自新加坡的大华银行。截至2016年年底,烟台国资委独资的烟台蓝天投资控股有限公司持有该行20.61%的股份,为该行的第一大股东。新加坡大华银行

---

[*] 该案例由牟天琪研究整理。

第一篇 "中国式"内部人控制问题

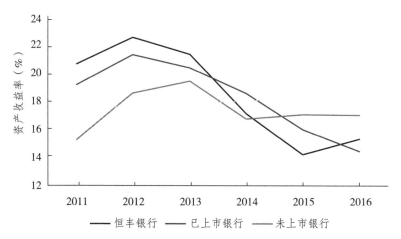

图 1　各类银行历年净资产收益率（ROE）比较

资料来源：万得资讯，各公司年报。

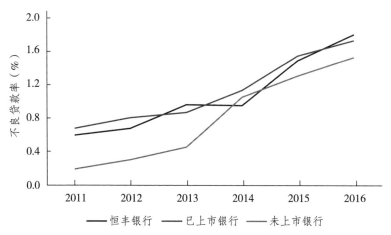

图 2　各类股份制商业银行历年不良贷款率比较

资料来源：万得资讯，各公司年报。

当时持股 13.18%，为恒丰银行第二大股东。与在我国很多商业银行采用的控股股东"一股独大"的股权结构模式相比，恒丰银行第一大股东与第二大股东持股比例相差并不大，股权制衡度较高。

当野蛮人遭遇内部人：
中国公司治理现实困境

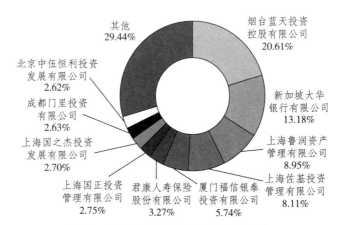

图3 恒丰银行2016年年底的股权结构

资料来源：恒丰银行2016年年报。

随着恒丰银行员工持股计划丑闻和涉嫌"高管私分公款案"的曝光，在高的股权制衡度和多元国际化的股权结构掩盖下的内部人控制问题引起了我们的关注。概括而言，与山水水泥和梅雁吉祥主要基于社会连接形成中国式内部人控制格局不同，恒丰银行的内部人控制问题一定程度上是由国企自上而下的人事任免途径、董事长的特殊身份与政治背景等所形成的政治关联导致的。

恒丰银行现任董事长蔡国华于2013年12月经过烟台市委、市政府按照干部考察任免流程"空降"恒丰银行。在出任恒丰银行董事长之前，蔡国华先后担任共青团滨州市市委书记，沾化县县长、县委书记，烟台市市委常委、副市长兼国资委党委书记，党政阅历丰富，但并无金融相关行业的直接从业经验。虽然从程序上看，围绕蔡国华的任命，恒丰银行同样经过董事会审议和股东大会表决等环节，但毫无疑问，董事长任命具有浓郁的行政任命色彩。除了担任董事长的蔡国华，出任副行长的毕继繁任职前曾为烟台市银监分局局长、党委书记，同样具有政府官员背景。表1描述了恒丰银行董事会和高管层目前的组成情况。

第一篇
"中国式"内部人控制问题

表 1　恒丰银行 2016 年董事会和管理层的基本情况

姓名	职务	年龄	工作经历
蔡国华	董事长、党委书记	51	历任沾化县县长、县委书记、县人大常委会主任,烟台市副市长,烟台市国资委党委书记
毕继繁	执行董事、副行长	54	历任人民银行淄博市中心支行副行长、党委委员、党委副书记,烟台银监分局局长、党委书记
李志云	非执行董事	52	兼任烟台市电力开发有限公司总会计师
刘智义	非执行董事	68	兼任中水烟台海洋渔业公司副董事长、副总经理
徐承耀	非执行董事	67	历任烟台市四建公司副经理,烟台华明房地产开发有限公司经理,烟台市惠安建筑工程有限责任公司董事、总经理
盖其东	非执行董事	56	历任蓬莱市印刷集团总经理、党委书记,蓬莱市汽车工业集团公司总经理、党委副书记,蓬莱市蓬达集团公司总经理、党委书记,蓬莱市蓬达房地产开发有限公司总经理;山东省第九届人大代表,烟台市第十四、十五届人大代表,烟台市工商联房地产联合会副会长
李建平	非执行董事	62	历任福山回里镇镇长,烟台开发区房地产有限公司董事长、总经理
王世荣	非执行董事	66	历任新加坡大华银行政府证券与债券部、黄金和期货部、外汇资金部、国际银行业务部执行副总裁,新加坡大华银行有限公司董事总经理、环球金融与投资管理部总裁
郭华庆	董事会秘书	43	曾任滨州高新区党工委副书记、纪工委书记
宋恒继	监事长	56	历任招远市商业局财会科长,中国工商银行招远支行任副行长、党支部副书记

当野蛮人遭遇内部人：
中国公司治理现实困境

(续表)

姓名	职务	年龄	工作经历
陆国胜	职工监事	66	历任蓬莱市委副秘书长(正科)、烟台住房储蓄银行蓬莱支行行长、恒丰银行蓬莱支行行长
穆范敏	监事	64	历任烟台市大柳行乡政府副乡长,蓬莱市黄金矿业集团公司总经理、党组书记,现任山东黄金金创集团有限公司董事长、总经理
朱建进	股东监事	53	历任大成国际实业公司分公司经理、路峰市政工程公司经理,现任烟台市路峰房地产开发有限公司董事长
崔扬	独立董事	72	历任中国工商银行金融研究所副所长,人民银行总行银行司副司长,人民银行安徽省分行行长、党委书记,人民银行天津分行副行长、副书记
黄辉	独立董事	52	曾在江苏省南通市人民政府、深圳市人大常委会法律委员会、深圳市唐人律师事务所工作,现任广东盛唐律师事务所首席合伙人
齐大庆	独立董事	52	历任香港中文大学会计学院任助理教授、副教授(终身教职),长江商学院会计学副教授、教授、副院长及长江 EMBA 创建主任、长江 EMBA/EDP 学术主任;现任长江商学院会计学教授

资料来源:作者根据恒丰银行2016年年报及网上资料整理。

接手恒丰银行后,蔡国华从2014年开始陆续设立了上海"佐衍"系壳公司,或者作为高管员工持股的投资平台,或者作为资金流动的中转平台。图4描述了这些持股投资平台和中转平台与恒丰银行的关系。我们以上海佐基为例。其股东是由恒丰银行多位高管参股成立的上海佐沣,其中蔡国华本人持股75%,毕继繁持股3%,邢秀生持股1%。作为一个重要的投融资平台,它把所吸收的员工持股以及来自恒丰银行的其他资金,投资于诸如上海佐瀚等其他"佐衍"系公司。而后来据记者调查发现,一些"佐衍"公司按照工商资料登记的注册地并没有实体公司存在。因而据猜测,这些无实际业务的壳公司的主要功能是帮助恒丰银行现任高管实现对恒丰银行的间接控制。①

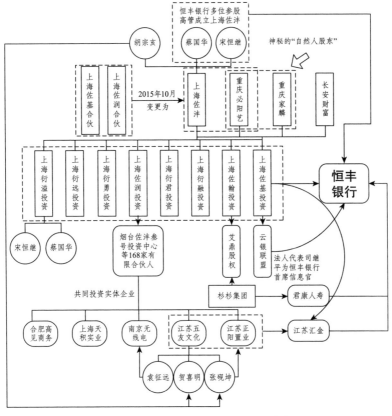

图4 上海"佐衍系"金字塔式股权结构框架

资料来源:作者根据恒丰银行公司年报及网络公开资料整理。

---

① 参见《财新周刊》于2016年11月21日以"恒丰银行股权控制术"为题的相关报道。

当野蛮人遭遇内部人：
中国公司治理现实困境

图 5 中的江苏汇金则是理解恒丰复杂控股结构的另一个关键点。江苏汇金是目前主要股东中为数不多的经历了两任董事长的公司。参股恒丰银行多年的江苏汇金长久以来与恒丰银行有密切的资金往来。2015 年江苏汇金对恒丰银行一度增持至 11.01%，成为公司第三大股东。但 2016 年，江苏汇金所持股权突然全部转移至上海佐基与君康人寿，正式退出大股东行列。其股东也变更为上海佐基，资金链条"穿透"后实为蔡国华等恒丰银行高管控制。此外，江苏汇金通过鄞州鸿发间接持有了君康人寿 19.2% 的股权，而君康人寿则是恒丰银行的直接持股股东。

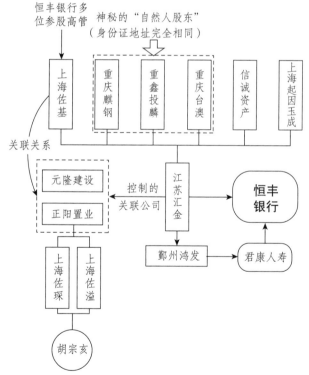

图 5　江苏汇金及其关联公司与恒丰银行股权结构关系
资料来源：作者根据恒丰银行公司年报及网络公开资料整理。

第一篇
"中国式"内部人控制问题

需要说明的是,作为蔡国华成为董事长后新引入的战略投资平台,君康人寿在恒丰高管们建立复杂金字塔式控股结构的过程中同样扮演了重要角色。由恒丰银行资管部提供资金,通过设立壳公司收购君康人寿,再以君康人寿名义受让了间接持有其19.2%股权的江苏汇金持有的恒丰银行股权,君康人寿最终持有恒丰银行2.74%的股权。此后,恒丰银行资管部再次通过设立两个资管计划间接持有君康人寿71.44%的股份。① 君康人寿的原大股东杉杉集团也许看到恒丰银行的背景过于复杂,提出了停止与恒丰银行的交易,并将持有的君康人寿股权全数卖出。

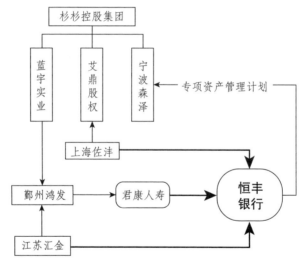

图6 新引入君康人寿战略投资者购入恒丰银行股份
资料来源:作者根据恒丰银行公司年报及网络公开资料整理。

恒丰银行所构建的错综复杂的金字塔式控股结构为管理层操控银行内部资金流动提供了多样化的途径。虽然从目前的资料

---

① 参见《21世纪经济报道》2016年10月20日以"独家调查:谁的恒丰"为题和《财新周刊》2016年11月21日以"恒丰银行股权控制术"为题的相关报道。

当野蛮人遭遇内部人：
中国公司治理现实困境

看,管理层建立一系列壳公司的相关安排,似乎并没有违反《公司法》等相关法律规定,但其做法是否履行了管理层对股东的诚信责任则有待进一步观察。管理层进行控股结构构建操作过程中的资金来源的合规性同样有待调查。如果像一些媒体所猜测的那样,管理层通过使用银行理财资金、员工持股计划以及设立的资管计划筹集的资金,从中受益,而让恒丰银行承担所有的资金成本,使银行经营风险急剧上升,则显然违背了银监会关于银行资金使用的相关规定。① 此外,恒丰管理层通过建立壳公司、设置资管计划进行委托投资,再通过购入银行股权间接控制银行,这种复杂隐蔽的持股方式将为相关部门监管股权关联公司的关联交易带来困难。

我们看到,在第一大股东为烟台国资委全资控股的国有法人的背书下,通过复杂隐蔽的金字塔式控股结构,恒丰银行以现任管理层为核心的内部人控制格局就这样形成了。进入 2015 年,积极准备上市的恒丰银行在上市溢价巨大利益的诱惑下,引发舆论风波的员工持股计划丑闻和涉嫌"高管私分公款案"发生了。

为筹备银行上市,2015 年 1 月恒丰银行董事会审议通过了《员工股权激励计划方案》,并相应制定了《员工股权管理办法》。员工股权激励计划的具体内容见表 2。从表 2 我们看到,该计划的认购价格设定为 3 元/股,低于同年每股净资产。《关于规范金融企业内部职工持股的通知》(财金〔2010〕97 号)第(二)条第 2 款规定:"对购股价格低于当时净资产的,差额部分予以补缴,计入资本公积。"《关于规范金融企业内部职工持股的通知》(财金〔2010〕97 号)第(三)条第 1 款同时规定:"公开发行新股后内部职

---

① 参见《21 世纪经济报道》2016 年 10 月 20 日以"独家调查:谁的恒丰"为题,《财新周刊》2016 年 11 月 21 日以"恒丰银行股权控制术"为题和《新京报》2017 年 1 月 4 日以"谁的恒丰银行?"为题的相关报道。

第一篇 "中国式"内部人控制问题

工持股比例不得超过总股本的10%,单一职工持股数量不得超过总股本的1%或50万股(按孰低原则确定),否则不予核准公开发行新股。"而恒丰银行此次仅董事长个人就认购2 000万股。因而上述员工股权激励计划存在低于净资产认购、超限额认购等多处违规问题。

表2 恒丰银行员工股权激励计划具体内容

	具体内容
定向增发股份	不超过52亿股
激励对象	核心员工和价值员工
每股认购价格	3元
2013年每股净资产	3.87元
2014年每股净资产	4.47元
2014年年末总股本	100.49亿股
2015年年末总股本	118.95亿股
员工认购股权资金	通过兴业银行烟台分行进行配资
认购额度及配资比例	视员工级别而定

资料来源:作者根据《中国产经新闻》记者获取的《恒丰银行股份有限公司员工股权管理办法》及其他网络公开资料整理。

为实施该计划,恒丰银行向核心员工定向增发股份不超过52亿股。其中,认购股权的资金是通过兴业银行烟台分行进行配资的,配资比例以及员工认购额度视员工级别而定。表3报告了根据员工级别设定的认购额度与配资比例要求情况。按照当时银行总股本100.49亿股计算,若员工股权激励计划实施完成,员工持股份额将超过增发后总股本的30%,达到对恒丰银行的绝对控股。

当野蛮人遭遇内部人：
中国公司治理现实困境

表3 根据员工级别设定的认购额度与配资比例要求

	分类标准	具体类别	认购数额(元)
认购额度	董事长		2 000万
	总行高管层		500万以上
	B类	一级分行行长 总行部门总裁 总行事业部总经理 职能部门总经理	100万-500万
	C类	2类	不明
	D类	入行满10年 入行满5年不足10年 入行不足5年 劳务派遣员	0-50万 0-30万 0-20万 0-5万
配资比例	员工层级不同，自筹和融资部分的比例亦不相同，比例分别是1∶9,2∶8,3∶7,4∶6,级别越高，个人出资比例越低		

资料来源：作者根据《中国产经新闻》记者获取的《恒丰银行股份有限公司员工股权管理办法》及其他网络公开资料整理。

在上述股权激励方案的具体实施过程中，兴业银行针对该计划向恒丰银行配资贷款共计100亿元，获得8.44亿元利息。然而，按照相关媒体的报道，该项利息支出并未经过恒丰银行董事会审议，而直接以"董事会占款"名义支付给兴业银行。更加令那些采访的记者感到不可思议的是，员工持股资金最后以268亿元入账，但截至2016年6月退股，该计划只实行了89亿元左右的规模，退股后考虑还贷时，仍然有168亿元资金不知去向。媒体因而怀疑这与恒丰银行在其他各投资平台的资金注入有关。此前，恒丰银行内部也表示计划将员工持股资金用于战略投资，其中上海佐沣为其重要投资平台之一。①

---

① 参见《财新周刊》2017年2月13日以"恒丰银行面临重组"为题的相关报道。

第一篇
"中国式"内部人控制问题

我们看到,股权激励计划由于涉及股权变动等重大事项,需获得相关监管部门的批准。同时,员工持股计划中增发将稀释现有股东股份,通常需要征得股东大会的同意。然而,我们从目前公开的信息中无法看到股东大会关于员工股权激励计划的表决情况,虽然有媒体曾报道称,在此前的股东大会上有股东反对这一议案,但遭到董事长蔡国华的驳斥。①

无独有偶。除了雇员股权激励计划丑闻,2016年5月恒丰银行高管私分巨款事件被举报,随后遭《华夏时报》《中国产经新闻》及腾讯财经等媒体曝光。按照相关报道,2015年3月至4月间,恒丰银行为部分高管在东亚银行上海分行办理银行卡。同年5月上海衍溢以"代发工资"为汇款理由,向上述新办银行卡汇入巨款。该巨款在之后20天内全部转出。在这些资金转出的同时,搭桥帮助资金转移的上海"佐衍"系公司在很短时间内完成股东与法人信息变更,使原本实际持股的若隐若现的恒丰银行高管完全隐身。②这笔没有通过董事会而违规发放的资金因前行长栾永泰承认曾收到2 000多万奖金而被间接证实。③ 在恒丰银行时任高管召开党委扩大会议动员全行1.1万名员工以签公开信等方式揭发栾永泰后,栾永泰实名举报董事长蔡国华"侵吞公款3 800万元""违规运作员工股权激励机制"及"违规控制恒丰银行",私分公款案随之升级。④

2017年4月,经过调查,银监会对恒丰银行做出处罚决定。按

---

① 参见《时代周报》2016年5月26日以"一封举报信,让这家银行从全员持股到全员退股,董事长深陷漩涡"为题的相关报道。
② 参见《财新周刊》2016年11月21日以"恒丰银行股权控制术"为题的相关报道。
③ 参见《南方都市报》2016年9月11日以"恒丰银行前行长承认瓜分上亿公款,其独得2100万"为题的相关报道。
④ 参见《财新周刊》2016年9月21日以"恒丰银行私分公款案升级,高管互发公开信"为题和2016年9月26日以"恒丰银行内讧"为题的相关报道。

当野蛮人遭遇内部人：
中国公司治理现实困境

照处罚意见，由于恒丰银行"非真实转让信贷资产；腾挪表内风险资产；将代客理财资金违规用于本行自营业务，减少加权风险资产计提；未按业务实质对代理银行承兑汇票转贴现业务进行准确会计核算；银行承兑汇票转贴现资金账户管理不严；利用结构性理财产品，将多笔同业存款变相纳入一般性存款核算；以保险类资产管理公司为通道，违规将同业存款变相纳入一般性存款核算；违规变相接受同业增信；未在规定时间内披露年报信息"，同时"变更持有股份总额5%以上的股东未按规定报银监会审批""关联交易未提交关联交易控制委员会和董事会审查审批"及"未在规定时间内披露更换行长信息"等，对恒丰银行做出处罚，罚款共计800万元。山东省政府于2017年同时表示将对恒丰银行进行股权重组，通过国有企业鲁信投资控股集团承接公司原有股东持有股权，成为其第一大股东，将对其的管辖权从烟台市政府上收至省政府。

向金字塔式控股结构说"不"*

除了被证监会主席刘士余先生称为"吸血鬼"和"害人精"的各路险资,近年来在我国资本市场兴风作浪的还有隐身在复杂金字塔式控股结构背后形形色色的"资本大鳄"。这些"资本大鳄"通过持有控制性股份的 A 公司,(借助杠杆)收购 B 公司的控制性股份,然后通过 B 公司收购 C 公司,实现对 C 公司的控制,如此不断。除了上市公司,通过控股链条,它们还控制或参股数量庞大的非上市公司。通过层层股权控制链条,处于金字塔塔尖的实际控制人("资本大鳄")构建了一个个庞大的金融帝国。习惯上,我们把"资本大鳄"借助复杂的控股链条所建立的庞大金字塔式股权结构通俗地称为"××系"。通过对上市公司的股权结构考察,我们不难发现,在我国资本市场中,很大比例的上市公司或者置身于国资背景的企业集团中,或者与"资本大鳄"构建的金融帝国存在千丝万缕的关系。前者的例子如旗下拥有 11 家上市公司的央企华润系和持股 10 家上市公司的中粮系,后者的例子如持股 4 家上市公司的明天系和早年在我国资本市场叱咤风云的涌金系等。

应该说,当初以我国上市公司作为控股子(或孙)公司形成金字塔式控股结构,不仅来自满足企业融资需求的组织制度设计需要,同时与国企改制和产业结构调整过程中我国政府推出的一些特殊政策有关。其一,在 20 世纪八九十年代,我国资本市场远未

---

* 本文曾以"向金字塔式控股结构说'不'"为题发表在 FT 中文网,2017 年 3 月 28 日。

当野蛮人遭遇内部人：
中国公司治理现实困境

成熟和有效。金字塔式控股结构此时扮演着重要的内部资本市场，成为当时尚未成熟和有效的外部资本市场的补充，甚至替代。这构成金字塔式控股结构最初在我国资本市场出现最直接的理由。其二则来自当年国企改制的现实需要。为了推动亏损严重同时资金缺乏的国企改制，从国企中剥离出来的优质资产优先上市，募集资金。这就是当时喧嚣一时的"靓女先嫁"理论。但先嫁的"靓女"未来需要承担帮助贫穷的家庭渡过时艰的隐性责任。这样，在成为上市公司的先嫁"靓女"和企业集团的其他部分之间很自然地形成了子公司与母公司的控股关系。其三，在国企管理体制改革过程中，为了避免国资委既是裁判员又是运动员的嫌疑，在上市公司与国资委之间"人为"地设立了用来控股的集团公司。通过集团公司，国资委实现对上市公司的间接控制。其四，在之后几轮并购重组和产业结构调整过程中，一些效益不好的企业被政府"拉郎配"地植入部分相对有实力的企业集团中，以解决当时很多国企面临的效益不好、基本薪酬无法保证、职工面临下岗等问题。其五，鉴于上市公司上市审核排队成本的漫长，"借壳上市"成为一些企业选择上市变通的途径。在资产注入"壳"后所形成的新的上市公司和原有公司之间自然地形成新的控制权链条。由于上述几方面的原因，在很多国资背景的企业中逐步形成了既有部分上市公司又有大批非上市公司组成的庞大金字塔式的控股结构（企业集团）。1999年民企开始大量上市后，同样借鉴了国资股权结构的上述模式。这使得在我国资本市场不仅存在国资背景的金字塔式控股结构，而且存在民企背景的金字塔式控股结构。

如果说在改革开放早期，面对不够成熟有效的外部资本市场，金字塔式控股结构所形成的内部资本市场在推动企业集团实现规模经济和快速扩张方面曾经发挥过历史性作用，那么随着我国外部资本市场的成熟和有效，金字塔式控股结构越来越多的负面效应开始显现。

第一篇
"中国式"内部人控制问题

理论上,金字塔式控股结构容易引发诸多负面效应的制度设计根源在于,母公司的实际控制人所需承担的责任与其对处于金字塔底端的孙公司的影响并不对称。这为实际控制人利用不对称的责权利谋取私人收益、损害其他分散小股东的利益创造了条件。我们以母公司持股子公司30%的股份,子公司同样持股孙公司30%股份所形成的三级金字塔结构为例。母公司的实际控制人,通过控股链条,在孙公司重大事项的表决中至少获得30%的投票支持。鉴于在孙公司董事会组织和股东大会相关议案表决的上述影响力,子公司以其他应收款方式实现的对孙公司资金占用的议案在孙公司股东大会表决中顺利通过成为大概率事件。这使得享有子公司30%的现金流权的母公司从上述资金占用中至少获得30%的收益。但由于母公司在孙公司投入的资本比例只占到孙公司全部资本的9%(30%×30%),因而母公司由于资金无偿被占用(甚至面临未来无法到期偿还的风险)的损失仅限于其投入孙公司的9%现金流权。我们把通过董事会组织和股东大会表决实现的对公司重大决策制定的影响力称为控制权,而把由实际出资额体现的责任承担能力称为现金流权。我们看到,借助金字塔式控股结构,实际控制人成功实现了控制权与现金流权的分离。这事实上就是Johnson和Shleifer等所描述的实际控制人利用金字塔式控股结构对处于底端的孙公司进行隧道挖掘的实现机制。之所以被称为隧道挖掘,是由于实际控制人利用对孙公司的控制权以资金占用等方式把孙公司的资源转到子公司,进而由子公司转到母公司,使这一链条看上去像一条长长的隧道。

具体到我国资本市场,金字塔式控股结构日渐显现的负面效应主要体现在以下几个方面。

第一,实际控制人利用复杂金字塔式控股结构,对子公司、孙公司进行隧道挖掘,分散小股东的利益无法得到有效保障,使得他们被迫选择频繁"以脚投票"。我们理解,我国资本市场散户平均

当野蛮人遭遇内部人：
中国公司治理现实困境

持股时间较短，一方面是因为有待加强的对内幕交易的监管力度和处罚成本使很多投资者依然心存侥幸，另一方面也与在金字塔式控股结构下小股东既然无法实质参与公司治理，但又不愿成为被宰的羔羊而被迫"以脚投票"的心态有关。

第二，对于一些非核心控股子公司，实际控制人对资本运作，甚至市场炒作的关注程度远远高于对于公司治理和经营管理的关注程度。实际控制人频繁以资产置换、增发新股、并购重组，甚至更名等为题材进行炒作。受实际控制人主导的控股集团关注资本运作大于经营管理事实的影响，分散股东同样很难将注意力集中到价值投资本身，而是忙于通过各种途径探听内幕消息。我们看到，金字塔式控股结构下实际控制人的资本运作偏好进一步加剧了小股民的投机心理。

第三，复杂的金字塔式控股结构不仅为监管当局监管股权关联公司的关联交易带来了困难，同时为实际控制人行贿腐败官员提供了多样化的途径，最终使"资本大鳄"与部分腐败官员结成利益同盟，进行权钱交易，造成国有资产流失。涌金系和明天系的前车之鉴未远。

如果回顾各国资本市场的发展历史，我们不难发现，金字塔式的控股结构不仅是家族企业盛行的亚洲和欧洲国家流行的股权控制模式，而且在一些目前以股权分散为典型治理模式的英美等国家的历史上都曾出现过。而美国企业的股权控制模式从列宁眼中的洛克菲勒等托拉斯演变为目前股权高度分散的公司治理模式，事实上与进步运动时代美国政府意识到金字塔式控股结构的上述负面效应，并采取的一系列改革措施有关。因而，今天我国资本市场在消除金字塔式控股结构及其负面效应上可以借鉴美国历史的成熟经验。

第一，通过公司间股利税的开征，使控制子公司、孙公司的金字塔母公司处于税负不利状态。这被认为是美国 20 世纪初一些

第一篇
"中国式"内部人控制问题

庞大的托拉斯组织解体的最重要因素之一。结合我国目前企业税负偏高与扩张的财政支出需要广开税源二者之间矛盾突出,以及我国资本市场健康发展需要对金字塔式控股结构抑制的事实,借鉴美国历史上的经验,未来我国资本市场一个可行的做法是:一方面,减少企业层面税负,使企业充满生机活力;另一方面,则通过征收公司间股利税以弥补财政支出的资金不足,以此来抑制金字塔式的控股结构的蔓延和发展。

第二,通过制定针对持有优先股的机构投资者获得股利回报时的税收优惠政策,鼓励机构投资者更多持有上市公司发行的没有控制权的优先股,从而有效避免机构投资者对上市公司经营管理的过度干预。最近一段时期以来,一些受盈利压力驱使的险资在举牌成为第一大股东后,不仅无意长期价值投资,甚至不惜罢免曾经带领企业从困难中走到今天的全体董事,"血洗"董事会,成为这方面的惨痛教训。这是普通投资者、监管当局、管理团队,甚至险资本身都不愿意看到的结果。而如果当时这些险资仅仅持有的是优先股,则不仅从制度上可以规避对微观经济主体的干预,从而避免"血洗"董事会式的悲剧发生,而且客观上有利于险资更好地实现保值增值的目的。对于目前正在积极推进的国企混改,上述讨论的一个启发是,部分国有企业也许可以考虑把部分普通股转为优先股。在上述针对优先股的税收优惠政策推出后,以优先股为主的国有资本一方面可以利用税收优惠和优先股的股息优先发放,实现国有资本的保值增值目的,另一方面则有助于从根本上实现我国国企改革从"管企业"向"管资本"转变的目标。

第三,通过征收遗产税等鼓励"金融大鳄"从股权控制向公益性基金转变。性质转变后的公益性基金更加关注资金的安全和回报的稳定,而不再简单谋求公司的控制权,以及资本运作和市场炒作。

现在让我们设想我国资本市场上上市公司的普通股主要由个

当野蛮人遭遇内部人：
中国公司治理现实困境

人投资者直接持有,而险资等机构投资者主要持有优先股,从而鲜有复杂的金字塔式控股结构存在的情形。对于个体投资者,由于并不存在被原来金字塔式控股结构实际控制人隧道挖掘的可能性,所持股公司也不会被作为市场炒作的对象,他们的投机动机将相应减弱,被迫转向价值投资,甚至开始关心上市公司的治理和经营管理状况;而对于持有优先股从而没有投票权的机构投资者,出于保值增值的目的,既缺乏市场炒作和资本运作的激励,也缺乏相应的条件,近年来我们观察到我国资本市场由于险资举牌掀起的腥风血雨将消弭于无形;缺乏复杂的金字塔式控股结构作为掩护和载体,以往部分腐败官员的权力和资本的勾结将难以为继;而上市公司由此不再担心野蛮人的入侵,将开始专注于公司治理的改善和经营管理的提升。一个健康良性发展的资本市场由此开始形成……

中国公司治理困境：当"内部人"遭遇"野蛮人"*

《财新周刊》和《21世纪经济报道》不久前分别以"恒丰银行股权控制术"和"谁的恒丰银行？"为题报道了恒丰银行"员工持股计划丑闻"和"高管涉嫌私分公款案"。无独有偶，2017年4月初，山水水泥大股东和董事会部分成员试图强行进入其在内地的营运主体山水集团总部事件在媒体曝光后，引发了围绕山水水泥"控制权纷争"的广泛讨论。

我们看到，无论是发生在恒丰银行的"员工持股计划丑闻"和"高管涉嫌私分公款案"，还是山水水泥部分高管和员工强占厂房的事件，都无法摆脱"内部人控制"问题的嫌疑。这里所谓的内部人控制指的是高管利用实际所享有的超过责任承担能力的控制权，做出谋求高管私人收益的决策，但决策后果由股东被迫承担，从而损害股东利益的行为。在英美等国的公司治理实践中，内部人控制问题的发生往往是由于以下两方面因素：一方面，股权高度分散，不存在明显的大股东；另一方面，为了协调经理人和股东之间的利益冲突，不断向经理人提供高能的股权激励，结果使经理人持股的相对比例越来越大，成为"最大的股东"。结果看上去如同在经理人周围形成一个深挖的壕沟，以致外部接管威胁都很难撼

---

* 本文曾以"中国公司治理困境：当'内部人'遭遇'野蛮人'"为题发表在FT中文网，2017年6月9日。

当野蛮人遭遇内部人：
中国公司治理现实困境

动其实际控制地位。在公司治理文献中，我们把由于上述两方面因素引发的内部人控制问题称为"壕沟效应"。

简单对照发生在恒丰银行和山水水泥的内部控制人行为和英美等国传统意义上的"壕沟效应"，我们不难发现二者形成的原因截然不同。其一，形成恒丰银行和山水水泥内部人控制局面并非由于股权高度分散，无论恒丰银行和山水水泥都存在大股东。其二，内部人控制地位的形成并非由于向管理层推行股权激励计划，而使管理层形成壕沟效应。上述独特的内部人控制问题的形成一定程度上与我国资本市场制度背景下特殊的政治、社会、历史、文化和利益等因素有关。为了区分两种不同类型的内部人控制，我们借鉴现在媒体流行的说法，把发生在恒丰银行和山水水泥等具有典型中国制度背景特色的内部人控制问题概括为"中国式内部人控制"。

具体而言，"中国式内部人控制问题"是由以下因素导致的。首先是金字塔式控股结构的存在和所有者缺位。持有 A 公司控制性股份的最终所有者，通过 A 公司持有 B 公司的控制性股份，然后通过 B 公司进而持有 C 公司控制性股份，实现对 C 公司的控制，如此不断。伴随着金字塔控股结构控制权链条的延长，"所有者缺位"现象变得趋于严重。处于金字塔顶端的大股东或者奉行"无为而治"，或者"鞭长莫及"，看起来似乎存在大股东，但由于所有者缺位和大股东的"不作为"，董事长往往成为一家公司的实际控制人。在股权分置改革完成后，一些国有控股股东甚至对原来控股的非核心业务纷纷减持。

其次是基于政治关联形成的内部人控制。虽然在形式上需要经过董事会提名和股东大会表决的程序，但在我国的公司治理实践中，对于控股股东具有国有性质的企业，其董事长、总经理等关键岗位往往是由该企业的上级组织部门按照干部考察程序任命。由于上述自上而下的特殊人事任免途径，任命者往往具有特殊身

第一篇
"中国式"内部人控制问题

份。按照恒丰银行发布的相关公告,"2013 年 12 月 19 日召开董事会会议,根据烟台市委、市政府有关任免推荐决定以及本行主要股东的提议,经董事会提名委员会资格审查通过,选举蔡国华先生为公司董事、董事长"。而空降恒丰银行的前董事长蔡国华之前是烟台市市委常委、副市长兼国资委党委书记。我们看到,无论是作为恒丰银行的上级持股公司蓝天投资还是全资控股蓝天投资的烟台国资委,不仅不会形成对以前董事长蔡国华为首的董事会内部人控制行为的有效制约,反而成为其抗衡其他股东可能提出的否定议案的可资利用的力量,甚至向其他股东传递出"想反对也没有用,因为我们是第一大股东"的相反信号。

最近,两个关于国企改革的重要文件出台。一个是《关于进一步完善国有企业法人治理结构的指导意见》,另一个是《国务院国资委以管资本为主推进职能转变方案》。其核心是把经理层成员选聘、经理层成员业绩考核、经理层成员薪酬管理回归到董事会职权范围。"将国资委和中组部对于经营性干部即职业经理人的考核与任免权利还给国企董事会","实现国企高管的市场化,彻底取消行政级别,由董事会向全社会'真正公开'选聘,并给予市场化的薪酬待遇",以真正推动国企"从管企业到管资本"的转化。[①]

除了国企高管任命形成的直接政治关联,一些非国有企业的董事长则通过成为人大代表、政协委员建立间接的政治关联。即使持股比例较低,但董事长的"内部人控制地位"由此变得难以撼动,成为"中国式内部人控制"问题出现的重要因素之一。

再次是基于社会连接形成的内部人控制。我们以山水水泥为例。持股比例并不高的张才奎成为山水水泥的实际控制人与他是山水水泥历史上的功臣有关。连续亏损 13 年的山东水泥试验厂,

---

① 参见李锦,"从两个重磅文件看国企改革向核心领域的推进",《经济观察报》,2017 年 5 月 26 日。

当野蛮人遭遇内部人：
中国公司治理现实困境

在张才奎的带领下,逐步发展成为在香港上市、全国各地有100多家分公司的一度全国排名前四的水泥企业。可以说,没有张才奎,就没有今天的山水水泥。我们看到,在我国改革开放以来现代企业并不太长的发展历程中,几乎每一个成功的企业背后几乎都有一个张才奎式的企业家,并成为这一企业的灵魂和核心人物。这构成在我国一些公司形成中国式内部人控制问题中十分重要和独特的历史因素。山水水泥的几次控制权纷争不同于以往案例的复杂之处在于部分股票是由职工集体持有,但由张才奎代持。作为企业重要的利益相关者,作为雇员的职工同时成为企业的股东,角色的冲突进一步增加了山水水泥控制权纷争的复杂性。当张才奎父子的实际控制人地位受到挑战时,张氏父子请中国建材和亚洲水泥来做"白衣骑士"。容易理解,张氏父子内部人控制格局的形成一定程度上与历史原因形成的社会连接、业界广泛人脉和当地政府的支持有关。

最后是基于文化传统形成的内部人控制。在山水水泥案例中,那些并不情愿和张氏父子对簿公堂的职工股东很大程度上并非由于自己的利益没有受到损害,而是碍于情面,并不愿形成"背叛"的名声。虽然这一行为成就了这部分职工股东的忠诚的声誉和心理的满足,但这种行为客观上"是非不分",一定程度上助长了中国式内部人控制问题。

在上述的两个案例中,除了前面提到的有迹可循的链条外,也许还存在我们无法观察到的各种利益链条。上述种种链条交织在一起,使得看起来并没有持有太多股份,从而不具备相应的责任承担能力的董事长成为典型的"中国式内部控制人"。

在我国一些公司由于所有者缺位等原因逐步形成"中国式内部人控制"的同时,我国资本市场开始进入分散股权时代,传说中的"野蛮人入侵"近在咫尺。从2010年开始,险资陆续开始举牌我国资本市场上一些股权相对分散的公司,截至2016年年中共有77

第一篇
"中国式"内部人控制问题

家公司被举牌119次。其中在2015年就有41家上市公司被险资举牌69次。险资举牌客观上加速了我国资本市场股权分散化的进程。以万科股权之争发生的2015年为临界点,我国上市公司第一大股东平均持股比例下降到33%左右。

由于国有体制对经理人股权激励计划,甚至经理人收购计划推行的相关限制,我们看到,很多企业家的历史贡献并没有以股权形式得到认同。当面临资本市场的控制权之争时,他们的反抗不仅显得无力,有时甚至显得意气用事。这无形中增加了控制权之争的对抗性。不仅失去公司治理的法理正当性,同时面对公众对遭受野蛮人"撞门"威胁的管理团队的同情,而且受到心怀怨怼,甚至意气用事的管理团队的激烈抵抗,此时被推上了历史前台的险资举牌注定将在我国资本市场的这一发展阶段扮演并不光彩的角色。我们看到,当基于政治关联、社会连接形成的"内部人"遭遇"野蛮人"时,中国公司治理的新困境出现了。

那么,我们应该如何完善我国公司的治理结构以摆脱目前很多企业面临的公司治理困境呢?具体可以从以下几方面入手:

第一,法律对投资者权利保护的加强。今天我国资本市场频繁发生的控制权纷争问题一定程度上已经开始超越公司治理问题,逐步演变为法律问题本身。未来控制权纠纷的解决更多需要依赖独立公正的司法裁决和高效有序的公开执行。如何向投资者提供专业的法律保护将成为我国各级司法机构面临的新的挑战。

第二,股东权利意识的觉醒。当内部人与野蛮人彼此争斗不休时,利益受到损害的往往是外部分散股东。股东需要意识到,手中的股票不仅是可以变现的有价证券,而且"股票就是选票"。2013年3月31日,合计持股3.15%的个人股东王振华和梁树森向东方宾馆提交了《关于罢免公司全体董事的议案》的临时提案。在4月15日召开的2013年度股东大会上,上述两位股东提交的罢免全体董事的议案虽然遭到股东大会的否决,但东方宾馆投资大角

当野蛮人遭遇内部人：
中国公司治理现实困境

山酒店的关联交易议案在控股股东回避表决后同样在这次股东大会上被否决。上述事件一改以往在公司治理实践中由控股股东主导、小股东被动选择"以脚投票"的印象，小股东不仅提出了不同于控股股东的"新"议案，而且否决了控股股东提出的"旧"议案，因此被一些媒体形象地称为"小股民起义"。东方宾馆事件事实上只是近年来在我国上市公司中发生的诸多"小股东起义"事件之一。伴随着我国资本市场法律环境的改善和中小股民权利意识的增强，"小股民起义"事件近年来呈现爆发式增长的趋势。从2010年到2015年，我国上市公司中至少发生了207起所谓的"小股东起义"事件。我们认为，这些"小股民起义"事件不仅成为标志我国资本市场进入分散股权时代的典型事件之一，而且将对我国上市公司治理实践产生深远持久的影响。这同时提醒公司治理理论研究和实务工作者，如何使股东真正成为公司治理的权威，使股东大会的投票表决成为体现股东意志、保护股东权益的基本平台，应被提上重要的研究日程。

第三，以独董为主的董事会在内部人和野蛮人的控制权纷争中扮演重要的居中调节角色。在董事会的居中协调下，并最终通过股东大会表决，接管方向原管理团队实施"金降落伞"计划，使原管理团队主动放弃反并购抵抗；独董主导的董事会提名委员会在听取原管理团队和新入主股东意见的基础上，按照实现公司持续稳定发展的原则，实现对新的经营管理团队的遴选和聘任。在欧美等分散股权结构模式下如果发生了内部人控制问题，同样需要依靠"金降落伞"等政策对实际控制权进行"赎回"，以此将控制权之争双方的损失降到最低。而以来自外部、利益中性的独董为主的董事会的居中调节变得至关重要。

第四，让规范的险资成为我国资本市场健康发展的积极力量。在这次以险资举牌为特征的并购潮中，其积极意义在于向那些仍然沉迷于"铁饭碗"的经理人发出警醒：虽然原来国资背景的大股

第一篇
"中国式"内部人控制问题

东可能并不会让你轻易退位,但新入主的股东则可能使你被迫离职。我们需要在借助外部接管威胁警示不作为的经理人和保护创业团队以业务模式创新为特征的人力资本投资之间实现良好的平衡,最终使包括险资养老金等在内的机构投资者发起的接管威胁作为外部治理机制,成为完善公司治理的重要力量。

第五,通过公司间股利税等税收政策的制定使金字塔式控股结构处于税负不利状态,逐步减少金字塔控股结构的层数,避免出现由于控制链的延长而出现所有者的缺位。不仅如此,由于并不存在被原来金字塔式控股结构实际控制人隧道挖掘的可能性,所持股公司也不会被作为市场炒作的对象,外部分散股东目前普遍存在的投机动机将相应减弱,开始转向价值投资。因而,如何引导和规范金字塔控股结构的发展,同样是我国未来公司治理实践面临的重要挑战之一。

第六,摆脱目前中国公司治理的困境同样依赖观念的转变。洛克菲勒家族能实现财富百年传承,离不开独具匠心的制度安排和对"舍得"这一东方智慧的透彻理解。通过推出家族信托基金,洛克菲勒家族一方面将财富作为整体使后世子女从中受益,从而避免由于中国式分家导致的"富不过三代";另一方面将资产经营权交给专业的信托基金,避免家族成员对经营权的直接干预,有效解决了家族企业传承过程中普遍面临的信任和能力冲突问题,实现了百年财富传承。洛克菲勒家族百年财富传承带给我们的直接启发是,看似放弃了控制权,却实现了财富的永生。

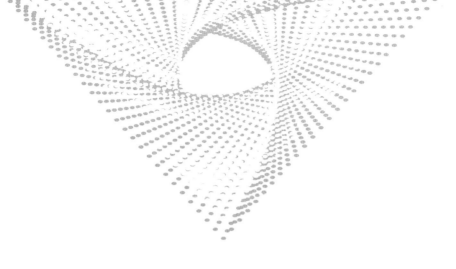

第二篇
防范"野蛮人"入侵的机制设计和制度环境

从万科到阿里：公司控制权安排的新革命*

2015年7月10日，宝能系通过连续举牌，持股比例增至15.7%，超过华润，成为万科第一大股东，万科股权之争爆发。这场股权之争从开始就注定了不是一场普通的并购。并购对象万科的管理层是以王石为首的创业团队，使万科股权之争很快陷入是应该遵循资本市场的股权至上的逻辑，还是应该对创业团队的人力资本投资进行鼓励的争论之中。万科究竟是谁的万科？是王石创业团队，是原第一大股东华润，还是举牌后的新股东宝能？我们用"悲催"两个字来形容面对控制权之争的万科。

万科股权之争在股权结构上呈现出一些不同于以往的新特点。例如，不存在绝对控股的大股东，"一股独大"成为历史；同时存在两个，甚至多个持股比例接近的股东；门外的"野蛮人"不断在撞门；而管理层也不再是温顺的待宰羔羊。无独有偶，在我国资本市场进入后股权分置时代，随着全流通带来股权变更、实现资产重组的便利，第二大股东通过在二级市场公开举牌，一举成为第一大股东的现象屡见不鲜。不仅如此，我国资本市场频繁发生"小股民起义"，个别公司甚至同时出现两个董事会（参见"'股票就是选票'，股民也是股东"，《南方周末》，2014-07-04）。我们由此判断，

---

* 本文曾以"从万科到阿里：公司控制权安排的新革命"为题发表于《财经》，2016年11月18日。

当野蛮人遭遇内部人：
中国公司治理现实困境

随着我国资本市场从股权集中进入到股权分散的发展阶段，万科股权之争一定意义上标志着我国资本市场股权分散时代的来临。

如果说万科股权之争预示着伴随并购活动的日趋活跃，门外野蛮人入侵现象会频繁发生，那么，我们应该如何保护和鼓励创业团队以业务模式创新为特征的人力资本投资呢？

与"悲催"的万科陷入"谁的万科"的争论不同，不仅过去和现在，即使在未来很长一段时期依然会控制在马云创业团队手中的阿里则显得比万科"庆幸"得多。2014 年 9 月 19 日，阿里在美国纽交所成功上市。从阿里的股权结构来看，第一大股东软银（日本孙正义控股）和第二大股东雅虎分别持股 31.8% 和 15.3%，远超阿里合伙人团队所共同持有的 13%，而马云本人持股仅 7.6%。然而，根据阿里公司章程的相关规定，以马云为首的 34 位合伙人有权力任命董事会的大多数成员，成为公司的实际控制人。

收获"庆幸"的事实上远不止阿里。2014 年在美国纳斯达克上市的京东同时发行两类股票。其中，A 类股票一股具有一票投票权，而 B 类股票一股则具有 20 票投票权。出资只占 20% 的创始人刘强东通过持有 B 类股票，获得 83.7% 的投票权，实现了对京东的绝对控制。京东加入到 Google、Facebook 等众多企业行列，选择发行具有不平等投票权的双层股权结构股票来实现创业团队对公司的实际控制，演绎了互联网时代"劳动雇佣资本"的新神话。而美国等一些国家由于允许发行双层股权结构股票，成为百度、奇虎、搜房、优酷、猎豹移动、YY 语音等中国知名企业选择上市的目标市场。

我们看到，无论是京东的双层股权结构股票还是阿里的合伙人制度，它们的共同特征是以有限的出资额，通过实际或变相推出"不平等投票权"，实现了对企业的实际控制，形成了"铁打的经理人，流水的股东"的局面。那么，我们如何理解阿里和京东的控制权安排设计背后的理念呢？

对于这一问题，我们首先要从 2016 年诺贝尔经济学奖得主哈

第二篇
防范"野蛮人"入侵的机制设计和制度环境

特(Hart)教授发展的不完全合约理论和"现代股份公司之谜"说起。股份有限责任公司被经济学家巴特勒(Bulter)理解为"近代人类历史中一项最重要的发明",这是因为在过去的250年中人类财富"几乎是垂直上升的增长"(Delong, Maddison)是与股份有限公司的出现联系在 起的。以往学者从风险分担,以及借助股份有限责任公司实现的资本社会化与经理人职业化的专业化分工带来的效率提升来解释现代股份公司的出现。但上述视角始终不能解释为什么外部分散投资者愿意把自有资金交给陌生的经理人来打理。更何况伯利(Berle)和米恩斯(Means)早在1932年就明白无误地指出,由于外部分散股东将面临所聘请的经理人挥霍的公司治理问题,将使股东蒙受巨大损失,不仅"对过去三个世纪赖以生存的经济秩序构成威胁",同时成为20世纪二三十年代大萧条爆发的重要诱因之一。我们把上述问题概括为"现代股份公司之谜"。

直到哈特与他的合作者格罗斯曼(Grossman)和摩尔(Moore)等共同发展了不完全合约理论,才对投资者为什么愿意出资组成股份公司并聘请职业经理人的"现代股份公司之谜"给出了系统一致的解释。我们看到,在决定是否组建现代股份公司的一刻,无论是外部投资者还是职业经理人都无法预期公司未来是否会发生重大资产重组和经营战略的调整。由于合约不完全,外部投资者一旦投资,实际控制公司的经理人可能通过资产重组等掏空公司资产的行为,使投资者的利益受到损害。我们把经理人通过资产重组等掏空公司资产等行为称为经理人机会主义。预期到由于合约不完全导致的经理人机会主义行为的存在,投资者显然并不愿意出资,这使得利用资本社会化和经理人职业化提升效率的现代股份公司无法形成。但如果投资者享有该公司受法律保护的剩余控制权,即投资者有权通过股东大会投票表决的方式对未来可能出现的诸如资产重组等事项进行最终裁决,投资者就变得愿意出资,成为该公司的股东。通过上述控制权安排(习惯上称为"产权安

当野蛮人遭遇内部人：
中国公司治理现实困境

排"），现代股份公司一定程度上解决了以往由于合约不完全导致的投资者投资激励不足问题，使得现代股份公司成为名副其实的"近代人类历史中一项最重要的发明"。"股权至上""同股同权"等由此成为长期以来各国企业控制权安排实践的标准范式。

不完全合约理论很好地解释了为什么股东成为现代股份公司的所有者，从而揭示了同样作为出资人，股东与债权人权利不同背后的原因。但哈特的理论似乎并不能对持股比例低于主要股东软银、雅虎的马云创业团队却实际控制阿里的现象做出更多解释。如果马云创业团队的人力资本投资是专用性投资，需要通过控制权安排进行专用性投资激励，难道软银、雅虎的投资就不是专用性投资，因而就不需要相应的控制权安排来进行专用性投资激励吗？

由于合伙人制度和双层股权结构等均采用"不平等投票权"的控制权安排，在形式上似乎突破了以往流行的"股东利益保护导向"范式，被一些学者认为是公司治理从传统"股东利益保护导向"范式转向"利益相关者利益保护导向"范式的新证据。按照布莱尔（Blair）等利益相关者论的观点，企业的经营决策影响到所有利益相关者，经理人应该对所有利益相关者负责，而不能只对股东（一部分利益相关者）负责。梯若尔（Tirole）把其特征概括为经理人广泛的任务和利益相关者之间控制权的分享。专用性资产被利益相关者论认为是决定公司控制权的核心因素，不仅软银和雅虎等投资的物质资本，马云创业团队的人力资本同样可以成为阿里的专用性资产。随着阿里中马云创业团队资产专用性和资源关键程度的提高，阿里的控制权应该由马云创业团队与软银雅虎等股东分享，而不是由软银雅虎等股东独享。利益相关者理论看似可以为以"不平等投票权"为特征的新兴控制权安排模式提供部分解释。

然而，新兴控制权安排模式呈现出一些与利益相关者理论与预测不尽相同的特征。其一，在双层股权结构和合伙人制度推出之前，无论马克思从阶级斗争的视角揭示资本对劳动的剥削，还是

第二篇
防范"野蛮人"入侵的机制设计和制度环境

布莱尔呼吁应该由利益相关者"共同治理",都反映了一个基本事实:资本对公司控制权的放弃显得不情不愿。例如,1990年美国宾州议会通过强调"董事应该考虑受他们决策影响的所有利益相关者的利益"的36号法案后,在该州注册上市的公司总数的33%的企业宣布"退出"至少部分条款。而合伙人制度、双层股权结构这些新兴控制权安排模式的出现却表明,不仅阿里主要股东软银、雅虎心甘情愿地把控制权交给马云的创业团队,而且持有A股股票的外部分散股东用实际购买行动表明愿意接受持有B股的创业团队对公司控制的事实。其二,通过合伙人制度和双层股权结构所实现的不平等投票权并非像利益相关者理论所预期的那样由利益相关者共同分享控制权,经理人向全体利益相关者共同负责,而是将控制权更加集中地掌握到阿里合伙人团队或持有B股的创业团队手中。因而,以不平等投票权为特征的新兴控制权安排模式选择一定意义上已经超越了资产"谁"更专用,或资源"谁"更重要的"孰优孰劣"的争论,以及"优方"雇用"劣方",或"劣方"被迫让渡部分控制权给"优方"的模式,而是开启了"合作共赢"新模式。在上述意义上,我们把阿里的合伙人制度和Google、京东等的双层股权结构股票发行所实现的以"不平等投票权"为特征的新兴控制权安排模式,称为现代股份公司控制权安排的一场"新革命"。

我们因此需要发展新的理论来回应上述"新革命"对传统不完全合约理论与利益相关者理论的新挑战。

第一,我们需要了解这次控制权安排实践"新革命"发生的时代背景。其一,在互联网时代,大数据的出现在投融资双方的信息不对称问题有所减缓,但与此同时,新兴产业的快速发展反而使创业团队与外部投资者之间围绕业务发展模式的信息不对称加剧。当外部投资者习惯于基于现金流分析、利用净现值法来判断一个生命周期特征明显的传统产业项目是否可行时,以互联网为代表的新兴产业的快速发展使得他们甚至很难理解特定业务模式的现

当野蛮人遭遇内部人：
中国公司治理现实困境

金流是如何产生的。我们看到：一方面，技术产生的不确定性使得投资者之间的观点变得更加不一致，以至于认为股价虚高的股东很容易将所持有的股票转手给认为股价依然有上升空间的潜在投资者，使得现在"股东"与将来"股东"之间的利益冲突严重。另一方面，由于缺乏专业的知识和分析能力，外部投资者的总体精明程度下降，不得不转而依赖引领业务模式创新的创业团队。

其二，在股权分散时代，以往经理人利用资产重组掏空公司资产等传统经理人机会主义行为倾向，逐步被门外野蛮人入侵等股东机会主义行为威胁所代替。随着人类社会财富的积累和资本市场制度的发展成熟，特别是互联网金融时代所带来的大数据等数据基础和云计算等分析技术使得信息不对称程度缓解，外部融资门槛降低，以往相对稀缺的资本退化为普通的生产资料。需要资金支持的项目可以借助基于互联网的多种新金融模式实现外部融资，而不再受到资本预算瓶颈的限制。业务模式竞争更多反映的是"人力资本的竞争"。"劳动（创新的业务模式）雇佣资本（通过互联网实现外部融资）"的时代悄然来临。在劳动雇佣资本的时代，作为新兴产业业务发展模式的引领者与管理效率的提升者的创业团队的人力资本逐渐成为稀缺资源，合约不完全所引发的事前专用性投资激励不足问题、以往经理人利用资产重组掏空公司资产等传统经理人机会主义行为倾向，逐步被门外野蛮人入侵等股东机会主义行为威胁所代替。这集中体现在，最近几十年伴随着并购浪潮，资本市场频繁发生门外野蛮人闯入现象。美国的并购浪潮不仅使理论和实务界认识到并购重组在缓解产能过剩、接管威胁在改善公司治理方面的重要作用，同时也使人们意识到外部接管对创业团队人力资本投资的巨大威胁。例如，乔布斯同样由于控制权的不当安排一度被迫离开自己亲手创办的苹果公司。而近期爆发的万科股权之争开始使中国资本市场意识到"门外野蛮人闯入"威胁的真实存在。宝能通过举牌成为万科的第一大股

第二篇
防范"野蛮人"入侵的机制设计和制度环境

东,并一度曾提议召开特别股东大会,罢免以王石为首的万科创业团队。我们看到,"门外野蛮人入侵"同重大资产重组和经营战略调整一样,都是合约通常无法预期和涵盖的内容,因而一定程度上都与合约的不完全有关。如果预期到辛勤打拼创建的企业未来将轻易地被野蛮人闯入,以业务模式创新为特征的创业团队的人力资本投资激励将大为降低。因而,没有对野蛮人入侵设置足够高的门槛将不仅挫伤创业团队人力资本投资的积极性,甚至会伤及整个社会创新的推动和效率的提升。

我们看到,上述控制权安排新模式的出现正是"阿里们"在新兴产业快速发展过程中面对信息不对称加剧和野蛮人入侵的股东机会主义行为频繁发生的时代背景下,所做出的自发选择和形成的内生决定的市场化解决方案。

第二,上述时代背景下,最优的控制权安排是在具有可承兑收入的创业团队与主要股东之间的状态依存。按照哈特的不完全合约理论,除了剩余控制权,产权所有者还具有剩余索取权,以此来实现剩余控制权与剩余索取权的匹配。这里所谓的剩余索取权指的是产权所有者将拥有在扣除固定的合约支付(例如雇员的薪酬、银行贷款的利息等)后企业收入剩余的要求权。受益顺序排在合同支付者之后,决定了产权所有者享有剩余索取权的实质是承担企业生产经营的风险。一定程度上,我们可以把剩余控制权理解为权利,而把剩余索取权理解为义务,二者的匹配意味着权利和义务的对称。如果没有资金投入的其他利益相关者(诸如普通雇员等)与软银和马云合伙人团队一起分享阿里控制权,由于他们缺乏足够的以持股体现的可承兑收入来表明其所做出的未来承担风险的承诺是可置信的,因此将对软银等股东的未来投资激励产生影响。因而,成为产权所有者需要具备的基本前提是持有足够高的股份,从而具有可承兑收入。我们以阿里为例。持股只有7%的马云可以借助合伙人制度成为阿里的实际控制人,但并不持股的普

当野蛮人遭遇内部人：
中国公司治理现实困境

通雇员、消费者等利益相关者则并不能与马云合伙人分享控制权。按照阿里公司章程，当马云持股比例不低于1%时，阿里合伙人对阿里董事会拥有特别提名权，可任命半数以上的董事会成员。在目前组成阿里董事会的11位董事中，除了5位独立董事和1位由第一股东软银委派的观察员，其余5位执行董事全部由阿里合伙人提名。不仅如此，除了总裁Michael Evans外，其余4位执行董事均由阿里合伙人出任。

而所谓控制权的状态依存指的是，以提名主要董事为特征的阿里控制权，或者在企业经营正常时由马云创业团队掌握，或者在马云持股比例低于1%时由软银、雅虎等主要股东掌握。对于双层股权结构，持有B级股票的股东在上市之后选择出售股份，这些股票将被自动转换为A级股。如果创业团队对未来业务模式的创新仍然有信心，那就由创业团队继续成为公司的实际控制人，引领公司向前发展。如果创业团队对业务模式创新和新兴产业发展趋势不再具有很好的理解和把握，通过把B级股转为A级股，创业团队重新把控制权"归还"给股东，由股东根据价值最大化原则以及相关公司治理最优实践来选择能够为股东带来高回报的全新管理团队。

第三，上述状态依存的控制权安排的实质是完成了创业团队与外部投资者之间从短期雇佣合约到长期合伙合约的转化，实现了交易成本的节省。具体而言，它又体现在以下四个方面。

其一，"不平等投票权"成为信息不对称下外部投资者在潜在项目中识别"阿里们"独特业务模式的信号。由于新兴产业快速发展使创业团队与外部投资者之间围绕业务发展模式的信息不对称加剧，一方面，希望获得外部资金支持来加速独特业务模式发展的"阿里们"很难获得外部融资，而另一方面，外部投资者则很难找到具有投资价值的项目，出现逆向选择的困境。此时，"阿里们"通过合伙人制度或双层股权结构向外部投资者发出新的信号。通过这

第二篇
防范"野蛮人"入侵的机制设计和制度环境

一信号,创业团队明白无误地告诉外部投资者,"业务模式你们不懂,但我们懂,你们只需要做一个普通出资者就够了"。这一信号使"阿里们"与其他基于"同股同权"的传统控制权安排模式的项目相区别,由此成为投资者关注的投资对象,并进一步成为主要股东选择与创业团队建立长期合作共赢的"合伙人"关系的开始。

其二,借助合伙人制度所实现的长期合伙合约对短期雇佣合约的替代,软银等股东可以把自己无法把握的业务模式相关决策交给具有信息优势同时值得信赖的"合伙人"马云创业团队,实现信息的分享。在新的时代背景下,围绕业务模式的信息不对称在创业团队与外部投资者之间开展的新的博弈均衡是:一方面,软银等股东理性地选择把无法把握的业务模式相关决策交给具有信息优势的阿里创业团队;另一方面,引领业务模式创新的马云合伙人团队为软银等股东带来更加丰厚的投资回报。于是,在马云创业团队和软银雅虎等股东之间通过认同合伙人制度彼此确立了长期合作共赢的"合伙人"(合作伙伴)关系,实现了从短期雇佣合约向长期合伙合约的转化和信息的分享。这最终促使软银、雅虎等股东可以放心地把自己无法把握的业务模式相关决策交给具有信息优势,同时值得信懒的"合作伙伴"马云创业团队。

其三,合伙人制度也成为合约不完全下阿里创业团队防御野蛮人入侵等股东机会主义行为的重要门槛,因而成为鼓励创业团队进行更多人力资本投资的控制权安排模式。在软银、雅虎等股东的认同下,阿里创业团队以合伙人制度实现对阿里的实际控制,使得他们可以对不完全合约中尚未涉及事项的事后处置具有重要的影响力。由于阿里创业团队预期到公司未来的运营管理将牢牢地控制在自己手中,因此他们对未来被控股股东扫地出门,甚至外部野蛮人入侵等股东机会主义行为威胁变得不再担心。这样,合伙人制度把马云创业团队与软银等股东之间的雇佣关系转变为风险共担的合伙人关系,由此鼓励了他们在充满不确定性的阿里业

当野蛮人遭遇内部人：
中国公司治理现实困境

务发展模式中积极进行人力资本投资。

其四，在合伙人制度或双层股权结构这一"长期合伙合约"下，合伙人或持有B股的创业团队成为公司中事实上的"不变的董事长"或者说"董事会中的董事会"，实现了"铁打的经理人，流水的股东"局面。我们以阿里为例。一方面，通过管理团队的"事前组建"，合伙人制度提升了阿里的管理效率。我们看到，阿里80%的执行董事和几乎全部高管都由阿里合伙人出任，合伙人团队不仅事前形成阿里上市时管理团队的基本构架，以此避免以往团队组建过程中因磨合而发生的各种隐性和显性成本，而且成为阿里未来管理团队稳定的人才储备库。另一方面，通过"事前组建"的管理团队，合伙人制度也同时实现了公司治理机制的前置。对于无法回避的公司治理问题，现代股份公司通过董事会监督、经理人薪酬合约设计等公司治理机制来减缓代理冲突，降低代理成本。而阿里通过"事前组建"的管理团队，预先培育共同认同的价值文化体系和推行雇员持股计划，使私人收益不再成为合伙人追求的目标，从而使代理问题一定程度上得到事前解决。

阿里合伙人制度通过长期共同文化价值体系的构建、收入分配构架和对合伙人持股的相关限定，将所有合伙人从精神到物质（利益）紧紧捆绑在一起，与软银、雅虎等股东共同作为阿里的最后责任人来承担阿里未来经营风险。在一定意义上，软银、雅虎等阿里主要股东之所以愿意放弃坚持资本市场通行的"同股同权""股权至上"等原则，是向具有良好声誉和巨大社会资本，同时"事前组建管理团队"和"公司治理机制前置"的阿里创业团队支付溢价。

第四，并非所有的创业团队都可以通过推出合伙人制度或发行双层股权结构股票来形成不平等投票权的控制权安排模式，它需要一定的前置条件。我们仍然以阿里为例。在2014年美国上市使合伙人制度引起广泛关注之前，创立于1999年的阿里早已成为驰名全球的企业间电子商务（B2B）的著名品牌。由于在2004年

第二篇
防范"野蛮人"入侵的机制设计和制度环境

推出第三方支付平台——支付宝,阿里进一步在互联网移动支付业务声名鹊起。从2009年起人为打造的"双十一"网购狂欢节,在2015年11月11日创下了全天交易额912.17亿元的纪录。它不仅成为中国电子商务行业的年度盛事,并且逐渐影响到国际电子商务行业。这些电子商务业务发展"领头羊"的良好声誉使得阿里在与外部投资者合作的讨价还价过程中居于十分有利的地位。此外,马云创业团队不仅作为阿里股份的实际持有人具有可承兑收入,而且通过与员工、供货商、银行和政府建立长期稳定关系形成巨大的社会资本。这些因素共同构成了阿里创业团队与软银、雅虎等股东构建长期合伙合约关系的基础。

我们把不同控制权安排模式下交易成本的节省途径总结在表1中。

表1 不同控制权安排模式下交易成本的节省途径

控制权模式 交易成本 节省途径	股权至上	合伙人制度	双层股权结构	利益相关者
控制权安排模式	同股同权	不平等投票权	不平等投票权	控制权分享
控制权是否分享	股东独享	股东与创业团队控制权状态依存	股东与创业团队控制权状态依存	控制权在不同利益相关者之间分享
信息不对称	信息不分享	信息分享	信息分享	信息分享
合约不完全	风险不共担	风险共担	风险共担	风险不共担
管理团队事前组建	否	是	否	否
公司治理机制前置	否	是	否	否
短期雇佣合约/长期合伙合约	短期雇佣合约	长期合伙合约	长期合伙合约	长期合伙合约

当野蛮人遭遇内部人：
中国公司治理现实困境

阿里合伙人制度和京东等双层股权结构实现的以不平等投票权为特征的控制权安排新革命带给我们的启示是：

首先，无论阿里合伙人制度还是京东等双层股权结构，都是以"在具有可承兑收入之间的创业团队与主要股东之间的状态依存"为形式，以"通过创业团队与外部投资者之间从短期雇佣合约到长期合伙合约的转化，实现交易成本的节省"为内容的控制权安排新革命。它的核心依然是面对合约不完全，如何通过控制权安排模式的选择来鼓励专用性投资，以解决合约不完全下的专用性投资的激励不足问题。

其次，控制权安排新革命的出现是"阿里们"在新兴产业快速发展过程中面对信息不对称和合约不完全问题时自发形成的市场化解决方案。"阿里们"的实践再次告诉我们，理论是灰色的，但生命之树常青。这事实上同样是我国从改革开放以来持续进行市场导向的经济转型的背后原因，因为市场总会内生地创造出一些新的控制权安排模式，以更加有效地适应外部环境的变化。

再次，在我国公司治理实践中，我们应该摒弃"你雇用我"还是"我雇用你"的思维，而是应该建立全新的合作共赢的合作伙伴的新思维。我们看到：一方面，软银等股东理性地选择把无法把握的业务模式相关决策交给具有信息优势的阿里创业团队。软银并没有像通常预期的一样强调自己的第一大股东的身份，而是选择放弃控制权，在某些人看来不可思议地成为被马云创新团队这一"劳动"雇用的"资本"。另一方面，引领业务模式创新的马云合伙人团队为软银等股东带来更加丰厚的投资回报。当王石团队、华润和宝能围绕"谁的万科"争论不休时，我们从阿里合伙人制度运行中看到的却是，"阿里不仅是软银和雅虎的，也是马云合伙人的"。从万科到阿里，我们看到，谁的控制权安排模式更加有利于创业团队与主要股东之间开创互利互惠、合作共赢的新局面，谁将收获更多的庆幸。

第二篇
防范"野蛮人"入侵的机制设计和制度环境

最后,未来中国资本市场应逐步放松对"一股一票"原则的要求,允许新兴产业创业团队发行具有双层股权结构的股票上市,甚至像阿里一样推出合伙人制度。至于是否有投资者愿意购买形式和/或实质具有不平等投票权的股票,以及以什么价格购买,市场将会形成理性的判断。而上述制度的实际推出则不仅需要中国资本市场在法律层面突破上市公司只能发行"一股一票"的限制,而且需要赋予上市公司在公司章程制定上更多的自由裁量权。

阿里在美国上市时,时任 CEO 的陆兆禧先生在阿里放弃中国香港上市后曾提到,"今天的中国香港市场,对新兴企业的治理结构创新还需要时间研究和消化"。阿里最终选择了允许以"合伙人制度"变相推出不平等投票权的美国纽交所上市。有趣的是,当初以违反"同股同权"原则为由拒绝阿里巴巴上市的港交所在 2015 年年中发布公告,拟有条件允许公司采用"同股不同权"架构在港上市。

延伸阅读

阿里的合伙人制度与创业团队控制权安排模式选择*

2014年9月19日,阿里巴巴(以下简称"阿里")在美国纽交所成功上市。从阿里的股权结构来看,第一大股东软银(日本孙正义控股)和第二大股东雅虎分别持股31.8%和15.3%,远超阿里合伙人团队所共同持有的13%,而马云本人仅持股7.6%。然而,根据阿里公司章程的相关规定,以马云为首的34位合伙人有权任命董事会的大多数成员,成为公司的实际控制人。传统上,我们习惯把外部分散股东对管理团队的聘用概括为"资本雇佣劳动",而把上述管理团队成为实际控制人的现象概括为"劳动雇佣资本"。

无独有偶,最近十多年来包括Google、Facebook等在内的越来越多的新兴企业选择发行具有不平等投票权的双层股权结构股票(dual-class stocks)来实现创业团队对公司实际控制的目的,频繁演绎互联网时代"劳动雇佣资本"的神话。而美国等一些国家由于允许发行双层股权结构股票,成为百度、奇虎、搜房、优酷、猎豹移动、YY语音等中国知名企业选择上市的目标市场。以京东为例,2014年在美国纳斯达克上市的京东同时发行两类股票。其中,A类股票一股具有一票投票权,而B类股票一股则具有20票投票权。出资规模只占20%的创始人刘强东通过持有B类股票,获得83.7%的投票权,实现了对京东的绝对控制。

---

* 郑志刚、邹宇、崔丽,"合伙人制度与创业团队控制权安排模式选择——基于阿里的案例研究",《中国工业经济》,2016年第10期。

第二篇
防范"野蛮人"入侵的机制设计和制度环境

由于合伙人制度和双层股权结构等通过"不平等投票权"的控制权安排在形式上似乎突破了以往流行的"股东利益保护导向"范式,被一些学者认为是公司治理从传统"股东利益保护导向"范式转向"利益相关者利益保护导向"范式的新证据。然而,本文注意到上述控制权安排模式呈现出一些与利益相关者理论和预测不尽相同的特征。第一,在双层股权结构和合伙人制度推出之前,无论马克思(1968)从阶级斗争的视角揭示资本对劳动的剥削,还是Blair(1995)呼吁应该由利益相关者"共同治理"都反映了一个基本事实:资本对公司控制权的放弃显得不情不愿。而合伙人制度这一新控制权安排模式的出现却表明,主要股东软银和雅虎心甘情愿地把阿里的实际控制权交给马云创业团队。第二,通过合伙人制度和双层股权结构所实现的不平等投票权,并非像利益相关者理论所预期的那样由利益相关者共同分享控制权,经理人向全体利益相关者共同负责(Blair, 1995),而是将控制权更加集中地掌握到阿里合伙人团队或持有B股的创业团队手中。上述新特征迫使我们去思考以不平等投票权为特征的新的控制权安排模式出现的现实合理性和理论逻辑。

基于阿里合伙人制度的案例研究,本文的研究表明,阿里创业团队在进行以业务模式创新为特征的人力资本投资时,同时面临信息不对称和合约不完全问题。借助合伙人制度,阿里完成了创业团队与外部投资者之间的长期合伙合约对短期雇佣合约的替代,实现了信息不对称下的信息共享和合约不完全下的风险分担,最终节省了交易成本。面对一些有潜质的项目存在被外部投资者逆向选择的可能性,合伙人制度首先成为信息不对称下外部投资者在众多潜在项目中识别阿里独特业务模式的信号和双方建立长期合作共赢"合伙人"关系的开始;而面对创业团队具有谋取私人利益损害股东利益的道德风险倾向,通过合伙人制度实现长期合伙合约对短期雇佣合约的替代,外部投资者可以放心地把自己无

当野蛮人遭遇内部人：
中国公司治理现实困境

法把握的业务模式相关决策交给具有信息优势同时值得信赖的"合伙人"马云创业团队；而对于由于合约不完全导致的创业团队未来遭受"外部野蛮人入侵"等股东机会主义行为的可能性增加的问题，合伙人制度通过对未来剩余分配具有实质影响的特殊的控制权安排，把马云创业团队与大股东之间的雇佣关系转变为风险共担的合伙人关系，由此鼓励了他们在充满不确定性的阿里业务发展模式中积极进行人力资本投资；与此同时，"长期合伙合约"下的马云合伙人团队成为阿里事实上的"不变的董事长"或"董事会中的董事会"，实现了"管理团队事前组建"和"公司治理机制前置"。前者通过优秀人才的储备和管理团队磨合成本的减少，后者通过雇员持股计划的推出和共同认同的企业文化的培育，共同使阿里的管理效率得到极大提升，进而实现了交易成本的进一步节省。在一定意义上，阿里主要股东软银和雅虎之所以愿意放弃对"同股同权"原则和传统股东主导的控制权安排模式的坚持，事实上是向具有"业务模式发展引领者"的良好声誉和拥有以"与员工、供货商、银行和政府建立长期稳定关系"为特征的巨大社会资本，同时通过"管理团队事前组建"和"公司治理机制前置"极大提升管理效率的阿里创业团队——阿里合伙人团队支付溢价。

虽然在"管理团队事前组建"和"公司治理机制前置"等方面优于双层股权结构，然而，合伙人制度并不具有后者从 B 股转为 A 股的退出机制。合伙人制度中依靠文化和价值观形成的"软"约束，以及创始人独一无二、不可替代的作用都会为未来合伙人制度的执行带来某种不确定性。

本文以下部分的内容组织如下。第一部分在回顾利益相关者理论的基础上，结合来自控制权安排新实践的挑战，提出本文的理论假说；第二部分介绍阿里合伙人制度及其基本运行情况；第三部分利用阿里合伙人制度的实践来检验第一部分提出的理论假说；最后总结全文。

第二篇
防范"野蛮人"入侵的机制设计和制度环境

一、理论假说的发展

长期以来,公司治理实践围绕公司控制权的安排存在着股东利益和利益相关者利益保护两种不同的导向。在 20 世纪 90 年代美国发生的 29 个州公司法变革被认为是公司治理实践中利益相关者利益保护导向新的开始。按照 1990 年美国宾州议会通过的 36 号法案,董事应该考虑受他们决策影响的所有利益相关者的利益,"高层管理者是受托人,其管理责任是在股东、客户、员工、供货商、社区的利益之间求得最好的平衡"。由于包括合伙人制度和双层股权结构实现的"不平等投票权"控制权安排看似突破了以往股东利益保护导向,而被一些学者认为是公司治理从传统"股东利益保护导向"范式转向"利益相关者利益保护导向"范式的新证据。

利益相关者理论强调,既然企业的经营决策影响到所有利益相关者,经理人就应该对所有利益相关者负责,而不能只对股东(一部分利益相关者)负责(Aoki, 1980, 1984; Donaldson and Preston, 1995)。企业决策应该是平衡所有利益相关者的利益。在公司治理的目标选择上应该遵循利益相关者价值最大化原则,而不是传统的股东价值最大化原则。

我国学术界在 20 世纪 90 年代后期围绕公司治理的股东价值导向和利益相关者价值导向同样展开了激烈的学术争论。崔之元(1996)认为,美国 29 个州公司法的变革将使各方"利益相关者"都能够参与经济过程的控制和收益,因而美国公司法变革的大方向是"经济民主化",公司法改革"突破了似乎是天经地义的私有制逻辑"。张维迎(1996)则指出,由于混淆了财产所有权与企业所有权等概念,同时没有汲取现代产权理论和委托代理理论新的研究成果,崔之元(1996)所提出的"要求公司经理为公司所有的'利益相关者'服务"的政策建议将在实际操作中引起混乱,是对公司治理

当野蛮人遭遇内部人：
中国公司治理现实困境

理论和实践的误导。Tirole(2001)指出,"毫无疑问,绝大多数经济学家并不反对利益相关者理论的支持者所鼓吹的目标。一个科学的争论焦点应该集中于如何实现这些目标,而不是这些目标本身"。

事实上,对于1990年美国宾州议会通过的喧嚣一时的36号法案,《华尔街日报》认为这是"一个丑陋的立法";《费城资讯报》则认为这一法律并不是出于保护本州商业利益的目的而精心设计的,而是为了保护Armstrong World Industries Inc.和其他几家面临被兼并命运的公司。到1990年10月15日,有99家公司宣布退出至少部分条款,占该州注册上市公司总数的33%;在宾州注册上市的标准普尔500公司中有56%宣布退出,而《财富》500强公司中的这一指标则高达61%。从1989年10月12日美国国内首次对此议案开始报道,到1990年1月2日该议案提交州议会为止,在宾州注册上市公司的股票业绩比标准普尔500公司大约逊色5.8%;这项法案的颁布导致该州注册上市公司的股价平均下降了4%(郑志刚,2016)。

正如Easterbrook和Fischel(1993)所说,"把环境污染,以及其他道德、社会问题看作治理问题本身误导了公司治理的正确方向"。Tirole(2001)区分了两种不同的利益相关者论。Drucker等(1974)从建立公平声誉的角度,大力倡导企业在商业实践中应该向雇员提供工作安全保障和训练设施等。而企业形成公平声誉的目的恰恰是吸收更优秀的员工,鼓励员工与企业建立长期的关系,使员工有激励进行更多专用性投资。由于上述做法仅仅是股东通过牺牲短期利益来换取长期利益,因此其本质上仍与股东价值导向的目标一致。而真正与股东价值导向冲突的是强调对社会负责(socially responsible)的利益相关者论。Tirole(2001)把其特征概括为经理人广泛的任务(a broad mission of management)和利益相关者之间控制权的分享(the sharing of control by stakeholders)。

第二篇
防范"野蛮人"入侵的机制设计和制度环境

从 Blair(1995)开始,利益相关者理论沿着以下两个方向扩展。其一,对决定控制权安排的专用性资产概念内涵的延拓。专用性资产被认为是决定公司控制权的核心因素(Hart,1995,2000)。新的利益相关者理论强调,不仅物质资本是专用性资产,而且经理人和雇员的人力资本同样是专用性资产。因而控制权应该在不同的利益相关者之间分享,而不是由股东独享。其二,资源依赖理论(Pfeffer and Salancik,1978)。该理论强调组织的存在依赖于其所处的环境中的资源。对于在企业环境里可以提供企业持续生存所必需的重要资源的人,企业组织必须关注他们的需求;企业组织需要也应该尽量满足那些在企业环境中掌握关键资源的组织、团体的需求。

利益相关者理论围绕资产专用性和资源关键程度的新扩展看似可以用来部分解释为什么持股比例微弱的马云及其合伙人团队却可以获得对阿里的实际控制。例如,马云创业团队的人力资本与软银和雅虎的投资一样全都是阿里的专用性资产;不仅如此,马云创业团队的人力资本还成为"在企业环境里可以提供企业持续生存所必需的重要资源的人",因而"企业组织必须关注这些人的需求"。按照上述理论的一个简单预测是,由于马云创业团队资产专用性和资源关键程度的提高,阿里的控制权应该由马云创业团队与软银、雅虎等股东分享,而不是由软银、雅虎等股东独享。

然而,以不平等投票权为特征的新兴控制权安排模式选择实践却呈现出与利益相关理论预期相反的一些特征:①在双层股权结构和合伙人制度推出之前,无论是马克思(1968)从阶级斗争的视角揭示资本对劳动的剥削,还是 Blair(1995)呼吁企业应该由利益相关者"共同治理"都反映了一个基本事实:资本对公司控制权的放弃显得不情不愿。1990年美国宾州议会通过36号法案后很多企业宣布"退出"的反应很好地表明了这一点。而合伙人制度、双层股权结构这些新兴控制权安排模式的出现却表明,不仅阿里

当野蛮人遭遇内部人：
中国公司治理现实困境

的主要股东软银、雅虎心甘情愿把控制权交给马云的创业团队，而且愿意购买并持有 A 股股票的外部分散股东用行动表明愿意接受持有 B 股的创业团队对公司实际控制的事实。②通过双层股权结构和合伙人制度所实现的不平等投票权并非像利益相关者理论预期的那样，由利益相关者共同分享控制权，经理人向全体利益相关者共同负责，而是将控制权更加集中地掌握到合伙人或持有 B 股的创业团队手中。

我们的问题是：难道软银、雅虎等股东不再认为其投资具有专用性，或者说不再认为其投资是阿里的关键资源？软银、雅虎之所以心甘情愿（而不是不情不愿）地放弃控制权原因如下：①正如 Hart 所指出的，在利益相关者之间并不能通过简单的"控制权分享"来实现各自利益的保障（Hart，1995，2000）。如果没有资金投入的其他利益相关者（诸如普通雇员等）与软银和马云合伙人团队一起分享阿里控制权，由于他们缺乏足够的可承兑收入（pledgeable income）来表明其所做出的未来承担风险的承诺是可置信的，由此将对软银等股东的未来投资激励产生影响。②让经理人向所有利益相关者负责将加剧经理人的道德风险倾向。向所有利益相关者负责的结果是使经理人具有一个扩大的诚信责任，原本在法律上难以证实的诚信责任变得更加模糊和无法证实。由于不同利益相关者的利益并不一致，当损害一个利益相关者的利益时，经理人完全可以以保护另一个利益相关者的利益为借口。经理人所负责的利益相关者越多，经理人实际决策的自由度越大；对所有人负责，则可能意味着对任何人都不必负责。③利益相关者理论新扩展中所提出的资产专用性程度和资源关键程度由于缺乏经济研究十分看重的可检验的意蕴（testable implication）和明确的公司治理政策含义而在实践中缺乏可操作性。不难理解，确定哪个资源在企业环境中更重要，事实上如同确定哪种投资是专用性资产一样困难，企业的利益相关者各方将围绕资产专用性程度的高低和资源关键

第二篇
防范"野蛮人"入侵的机制设计和制度环境

程度陷入无休无止的争论中。因此，我们有必要发展新的理论来解释以不平等投票权为特征的新兴控制权安排模式出现的现实合理性和理论逻辑。

从公司治理控制权安排的新实践中，我们看到，以不平等投票权为特征的新兴控制权安排模式选择在一定意义上已经超越了资产"谁"更专用，或资源"谁"更重要的"孰优孰劣"的争论和"优方"雇用"劣方"，或"劣方"被迫让渡部分控制权给"优方"的模式，而是开启了"合作共赢"新模式。马云创业团队不仅作为阿里股份的实际持有人具有可承兑收入，而且通过与员工、供货商、银行和政府建立长期稳定关系形成了巨大的社会资本，同时长期以来在新兴产业形成了"业务模式发展引领者"的良好声誉。这些因素共同构成了阿里创业团队与软银、雅虎等股东构建长期合伙合约关系的基础。而借助合伙人制度阿里最终从以下三个方面完成了马云创业团队与软银、雅虎等股东从短期雇佣合约到长期合伙合约的转换，实现了交易成本的节省。

（1）通过合伙人制度，马云创业团队成为软银、雅虎等投资者值得信赖的合作伙伴，由此缓解了由于信息不对称引发的逆向选择和道德风险问题。伴随着新兴产业的快速发展，阿里创业团队与外部投资者之间围绕业务发展模式的信息不对称程度加剧。这使得阿里创业团队不仅面临一些有潜质的项目被外部投资者逆向选择的可能性，而且创业团队本身具有谋取私人利益、损害股东利益的道德风险倾向。而合伙人制度成为外部投资者在众多潜在项目中识别阿里独特业务模式的信号，进而成为马云创业团队与软银等股东建立长期合作共赢的"合伙人"关系的开始。借助合伙人制度所实现的长期合伙合约对短期雇佣合约的替代，软银等股东可以把自己无法把握的业务模式相关决策交给具有信息优势同时值得信赖的"合伙人"马云创业团队，实现信息的分享。

（2）合伙人制度成为合约不完全下阿里创业团队防御野蛮人

当野蛮人遭遇内部人：
中国公司治理现实困境

入侵等股东机会主义行为的重要门槛，因而成为鼓励创业团队进行更多的人力资本投资的控制权安排模式。除了信息不对称，马云创业团队与软银、雅虎等外部投资者所签订的合约是不完全的。这使得创业团队未来遭受外部野蛮人入侵等股东机会主义行为的可能性增加。而合伙人制度的出现通过对未来剩余分配具有实质影响的特殊的控制权安排，把马云创业团队与软银等股东之间的雇佣关系转变为风险共担的合伙人关系，由此鼓励了他们在充满不确定性的阿里业务发展模式中积极进行人力资本投资。

（3）"长期合伙合约"下的马云合伙人团队事实上成为阿里"不变的董事长"或"董事会中的董事会"，通过"管理团队事前组建"和"公司治理机制前置"，实现了交易成本的进一步节省。前者通过优秀人才的储备和管理团队磨合成本的减少，后者通过雇员持股计划的推出和共同认同的企业文化的培育，两者使阿里的管理效率得到极大提升。在一定意义上，阿里主要股东软银和雅虎之所以愿意放弃对"同股同权"原则和传统股东主导的控制权安排模式的坚持，事实上是向具有"业务模式发展引领者"的良好声誉和拥有以"与员工、供货商、银行和政府建立长期稳定关系"为特征的巨大社会资本，同时通过"管理团队事前组建"和"公司治理机制前置"极大提升管理效率的阿里创业团队——阿里合伙人支付溢价。

基于以上讨论，本文尝试提出以下理论假说：以不平等投票权为特征的新的控制权安排模式选择通过从短期雇佣合约向长期合伙合约的转换，实现了交易成本的节省。

二、案例介绍：阿里合伙人制度

2014年9月，阿里在美国纽交所上市。按照公司章程，在开曼

第二篇
防范"野蛮人"入侵的机制设计和制度环境

群岛注册的阿里巴巴集团可变利益实体(VIE)①通过股权或协议(直接或间接)控制阿里巴巴集团旗下的320个子公司及其在中国运营不同网站的许可证和牌照等。图1为阿里的VIE组织架构,其中实线为股权控制,虚线为协议控制。这里我们看到,阿里在纽交所发行的并非Facebook、Google等国际IT巨头以及京东、百度等中国企业在美国上市通常选择的双层股权结构模式,而是普通股,实行一股一票。

从持股比例看,软银和雅虎分别持股31.8%和15.3%,成为阿里的第一和第二大股东。阿里永久合伙人马云和蔡崇信分别持股7.6%和3.1%,其他高管和董事个人持股比例均低于1%。阿里合伙人团队合计持股比例达13.1%。我们看到,无论是马云本人,还是阿里合伙人团队整体,持股比例不仅远低于第一大股东软银,甚至低于第二大股东雅虎。虽然在公司治理制度层面,在美国上市的阿里同样设立了董事会、董事会委员会和高级管理层,但如果这里按照"一股一票"的传统思维把软银理解为阿里的控股股东,从而认为阿里董事会的实际组织和运行受到软银的影响,那就大错特错。原因是,马云和他的永久合伙人蔡崇信与软银和雅虎在阿里上市前达成了一致行动协议。按照上述一致行动协议,软银超出30%的股票投票权将转交马云、蔡崇信代理,而在30%权限内的投票权将支持阿里合伙人提名的董事候选人。作为交换,只要软银持有15%以上的普通股,即可提名一位董事候选人出任董事会观察员,履行投票记录等事宜。该候选人将得到马云、蔡崇信的

---

① 可变利益实体(variable interest entity, VIE)是指境外上市实体与境内运营实体相分离,境外上市实体通过协议的方式控制境内运营实体,使该运营实体成为上市实体的安排。这种安排可以通过控制协议将境内运营实体的利益转移至境外上市实体,使境外上市实体的股东(即境外投资人)实际享有境内运营实体经营所产生的利益。一方面将利润、资产的合并报表呈报给境外投资者,另一方面以境内运营实体的身份面对法律和监管。

当野蛮人遭遇内部人：
中国公司治理现实困境

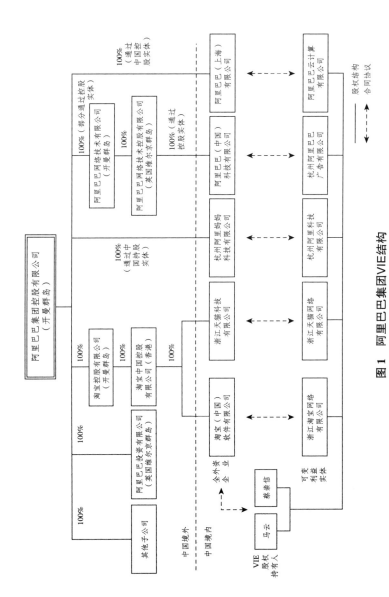

图 1 阿里巴巴集团VIE结构

资料来源：阿里巴巴2014年年报。

第二篇
防范"野蛮人"入侵的机制设计和制度环境

投票支持。雅虎则统一将至多 1.215 亿普通股（雅虎当时所持的 1/3，约占阿里总股本的 4.85%）的投票权交由马云、蔡崇信代理。以上协议在马云持股比例低于 1% 时自动终止。上述一系列一致行动协议最终以公司章程等法律文件形式公布于众，并在软银、雅虎等主要股东的支持下获得了股东大会的批准。按照阿里公司章程的相关规定，以马云为首的合伙人团队拥有对董事的特别提名权，可任命半数以上的董事会成员。而上述规定只有在获得 95% 以上的股东选票（本人或代理）时方可修改。通过上述制度安排，阿里确立了以马云为首的合伙人团队对阿里董事会组织发挥重要影响，从而实际控制阿里的法律地位和股东认同。这事实上构成了阿里合伙人制度运行的制度基础。这同时也是本文把合伙人制度与双层股权结构并列作为创业团队可资选择的"不平等投票权"控制权安排实现模式的重要原因。

需要说明的是，阿里合伙人制度并非为了在美国上市而临时推出的制度安排。这一制度最早创立于 2010 年 7 月。因其创建于湖畔花园，故阿里合伙人制度又被称为"湖畔花园合伙人制度"。该制度设立的初衷是延续马云等联合创始人最初创立公司的理想，实现公司既定的使命和愿景，希望通过合伙人制度的推出打破传统管理体系的等级制度，改变以往合伙人之间简单雇佣关系的治理模式，使不同合伙人形成共同的价值观和愿景，反过来培育阿里独特的企业文化，以提升阿里的管理效率。

按照阿里合伙人制度的相关规定，合伙人每年可以推选一次。推选时，需要由现任合伙人向合伙人委员会推荐和提名，并须获得至少 3/4 合伙人的同意，才能成为新的合伙人。阿里在 2014 年美国上市时合伙人的成员仅为 27 人，经过几轮推选，目前合伙人成员已达 34 人。被推荐的候选合伙人需要满足以下基本要求：品德高尚，正直诚实；认同阿里的企业文化和价值观；在阿里或附属公司至少连续工作五年；对阿里有突出贡献；持有一定比例的阿里

当野蛮人遭遇内部人：
中国公司治理现实困境

股票。不容忽视的是，在成为合伙人后，合伙人被要求任期前三年持股总数不能低于任职日所持股票的 60%，三年后则不得低于 40%。

按照 2014 年阿里发布的有合伙人年龄信息的公告，在当时的 30 位合伙人中，合伙人的平均年龄为 43.6 岁，平均工作年限为 13.3 年。2015 年后新增的 4 位合伙人全部为 80 后，因此阿里合伙人年轻的优势保持不变。在阿里目前的 34 位合伙人中，有 25 人来自阿里管理层，6 人来自蚂蚁金融服务管理层（其中 1 人兼任集团管理层），1 人来自菜鸟科技管理层，1 人来自阿里妈妈管理层（兼任集团移动事业群总裁），1 人来自农村淘宝。表 1 描述了目前阿里合伙人的基本情况。

表 1　阿里合伙人基本信息

名字	性别	年龄	入职年份	现任职务	所在关联公司
Jingxian CAI（蔡景现）	男	39	2000	首席工程师	
Li CHENG（程立）	男	41	2005	首席技术官	蚂蚁金服
Trudy Shan DAI（戴珊）	女	39	1999	首席客户官	
Luyuan FAN（樊路远）	男	43	2007	总裁，支付业务	蚂蚁金服
Yongxin FANG（方永新）	男	42	2000	总监，人力	
Simon Xiaoming HU（胡晓明）	男	46	2005	总裁	阿里云计算
Fang JIANG（蒋芳）	女	42	1999	副总裁，公司信誉与人力资源副执行官	
Peng JIANG（姜鹏）	男	42	2000	总裁	云 OS

第二篇
防范"野蛮人"入侵的机制设计和制度环境

(续表)

名字	性别	年龄	入职年份	现任职务	所在关联公司
Jianhang JIN(金建杭)	男	46	1999	总裁	
Eric Xiandong JING(井贤栋)	男	43	2007	总裁	蚂蚁金服
Zhenfei LIU(刘振飞)	男	44	2006	首席风控官	
Jonathan Zhaoxi LU(陆兆禧)+	男	46	2000	副主席	
Jack Yun MA(马云)+	男	51	1999	执行主席	
Xingjun NI(倪行军)	男	38	2003	首席工程师	蚂蚁金服
Lucy Lei PENG(彭蕾)+	女	42	1999	首席人力官,阿里集团;首席执行官,蚂蚁金服	蚂蚁金服
Sabrina Yijie PENG(彭翼捷)	女	37	2000	经理,国际业务	蚂蚁金服
Xiaofeng SHAO(邵晓峰)	男	50	2005	高级副总裁,总监,主席办公室	
Timothy A. STEINERT	男	56	2007	法律顾问与秘书	
Lijun SUN(孙利军)	男	—	2002	经理	农村淘宝
Judy Wenhong TONG(童文红)	女	45	2000	总裁	菜鸟科技
Joseph C. TSAI(蔡崇信)+	男	52	1999	执行副主席	
Jian WANG(王坚)	男	53	2008	技术委员会主席	
Shuai WANG(王帅)	男	41	2003	高级副总裁	

当野蛮人遭遇内部人：
中国公司治理现实困境

(续表)

名字	性别	年龄	入职年份	现任职务	所在关联公司
Sophie Minzhi WU（吴敏芝）	女	40	2000	市场批发业务总裁	
Maggie Wei WU（武卫）	女	48	2007	首席财务官	
Eddie Yongming WU（吴泳铭）	男	41	1999	主席	阿里健康
Sara Siying YU（俞思瑛）	女	41	2005	中华区法律顾问助理	
Yongfu YU（俞永福）	男	40	2014	移动事业群及阿里妈妈总裁	阿里妈妈
Ming ZENG（曾鸣）+	男	47	2006	执行副主席	
Jeff Jianfeng ZHANG（张建锋）	男	42	2004	中台业务总裁	
Daniel Yong ZHANG（张勇）	男	44	2007	首席执行官	
Yu ZHANG（张宇）	女	46	2004	副总裁,公司发展	
Ying ZHAO（赵颖）	女	—	2005	客户资金部经理	蚂蚁金服
Jessie Junfang ZHENG（郑俊芳）	女	—	2010	财务副总监,市场主管	

注：+表示为合伙人委员会成员；—表示无公开资料。
资料来源：作者根据阿里集团官网整理。

同样需要说明的是，在阿里合伙人内部，并非没有科层等级，虽然合伙人制度推出的初衷是为了打破传统管理体系的等级制度。阿里合伙人至少可以分为三个层次。第一层次为目前只有马云、蔡崇信两人的阿里永久合伙人。永久合伙人可一直作为合伙人直到其退休、身故、丧失行为能力或被选举除名。永久合伙人在达到最低持股比例要求的合伙人中由即将退休或现任的永久合伙

第二篇
防范"野蛮人"入侵的机制设计和制度环境

人指定产生。第二层次是作为阿里合伙人中的"常设机构"的合伙人委员会。目前该委员会由马云、蔡崇信、彭蕾、陆兆禧和曾鸣五名合伙人组成。该委员会负责主持合伙人遴选及其年终奖金分配等事宜。三年任期的合伙人委员会成员,经合伙人投票差额选举产生,可以连选连任。选举时,在目前合伙人委员会人数的基础上按照超额三人的人数限制提名下一届合伙人委员会成员候选人名单。票数最少的三人将无缘合伙人委员会,剩余候选人将组成新一届合伙人委员会。第三层次才是在合伙委员会下面目前人数为34人的合伙人。不同于永久合伙人,一般合伙人一旦年满60岁或离职都必须退出合伙人。正常情况下,满足一定的年龄条件或服务要求的合伙人在退出后可被合伙人委员会推举成为荣誉合伙人。荣誉合伙人有权获得延期奖金作为退休金,但不具有合伙人的相应权利。对于那些未能履行合伙人的义务,不能践行公司的使命、愿景和价值观,存在欺诈、严重不当行为或重大过失的合伙人,可以经过半数出席的合伙人同意,免去其合伙人资格。通过以上三个层次,阿里事实上建立了以马云为核心的层级式的合伙人组织结构。图2描述了阿里合伙人层级式组织结构。

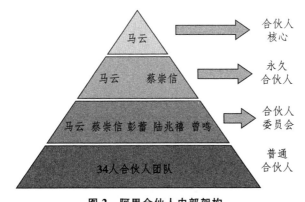

图2 阿里合伙人内部架构

资料来源:作者根据公司公开信息整理。

当野蛮人遭遇内部人：
中国公司治理现实困境

合伙人的收入则由两部分组成。一部分是承担阿里管理层实际工作获得的岗位薪酬,另一部分则是作为合伙人的分红收入。作为阿里管理层的一员,合伙人岗位薪酬部分的薪酬计划制订和实施与其他高管一样,由阿里董事会决定。除了岗位薪酬,合伙人另外一个重要的收入来源是从合伙人奖金池中拿到的分红收入。每年年终,该分配比例由合伙人委员会按照每位合伙人对阿里文化、价值观、使命的贡献程度决定。合伙人资金池则是从公司累计留存收益中按照与股东事先商定的比例并经董事会同意注入。从上述薪酬和奖金分配顺序上,我们看到,合伙人排在非合伙人的管理层之后,成为阿里的剩余索取者。通过上述收入分配构架和对合伙人持股的相关限定,阿里合伙人制度将所有合伙人团队成员与软银、雅虎等股东的利益紧紧捆绑在一起,共同作为剩余索取者和最后责任人来承担阿里未来的经营风险。

按照阿里在美国上市后发布的公司章程,合伙人对阿里董事会拥有特别提名权,可任命半数以上的董事会成员。被提名的董事候选人在股东大会上接受股东的投票选举。如果阿里合伙人提名的董事候选人未通过股东大会的批准,或因任何原因在选举后退出董事会,阿里合伙人则有权推荐新的人选出任临时董事填补空缺,直至下一次股东大会召开。而由阿里合伙人提名的董事候选人或临时指派者原则上需为阿里合伙人成员,且需要获得半数以上合伙人同意。包括独立董事在内的阿里其他董事则由阿里董事会中的提名与公司治理委员会提名,并经年度股东大会以简单多数原则表决同意产生。值得注意的是,公司章程规定,阿里合伙人的提名权等相关条款只有获得95%以上的股东选票(本人或代理)方可修改。这意味着马云合伙人团队对阿里的实际控制格局在正常情形下很难撼动。

表2报告了目前阿里董事会和管理层的组成情况。在目前组成阿里董事会的11位董事中,5位执行董事全部由阿里合伙人提

第二篇
防范"野蛮人"入侵的机制设计和制度环境

名。不仅如此,除了总裁 Michael Evans 外,其余 4 位执行董事均由阿里合伙人出任。合伙人身份的执行董事占到全部执行董事的 80%。董事会中 5 位独立董事的提名则由阿里董事会提名和公司治理委员会负责。董事会成员中还同时包括由第一大股东软银提名和委派的董事会观察员。我们注意到,在阿里集团的董事和高管中,除了阿里合伙人提名的 4 名执行董事由合伙人出任外,其他诸如首席财务官、首席人力官等主要高管同样来自阿里合伙人。表 2 的阿里董事会和管理团队的构成和来源表明,合伙人在阿里管理团队的组建和维持阿里正常营运中处于举足轻重的地位。按照 2015 财年报告的相关说明,董事会分为三个组,每组任期 3 年。

表 2 阿里董事会和管理层的情况

	名字	年龄	职位	董事会所在委员会	是否合伙人	由谁提名
董事会（11人）	Jack Yun MA（马云）	51	执行主席,高管层	提名和公司治理委员会	是	合伙人
	Joseph C. TSAI（蔡崇信）	52	执行副主席,高管层	薪酬委员会	是	合伙人
	Jonathan Zhaoxi LU（陆兆禧）	46	副主席	—	是	合伙人
	Daniel Yong ZHANG（张勇）	44	董事兼首席执行官,高管层	—	是	合伙人
	Masayoshi SON（孙正义）	58	董事	委员会观察员	—	软银
	Chee Hwa TUNG（董建华）	79	独立董事	提名和公司治理委员会	—	提名和公司治理委员会
	Walter Teh Ming KWAUK（郭德明）	63	独立董事	审计委员会,薪酬委员会	—	提名和公司治理委员会

当野蛮人遭遇内部人：
中国公司治理现实困境

	名字	年龄	职位	董事会所在委员会	是否合伙人	由谁提名
董事会（11人）	J. Michael EVANS	58	董事兼总裁，高管层	—	—	合伙人
	Jerry YANG（杨致远）	47	独立董事	薪酬委员会，提名和公司治理委员会	—	提名和公司治理委员会
	Börje E. EKHOLM	54	独立董事	审计委员会	—	提名和公司治理委员会
	WanLing Martello（龚万仁）	58	独立董事	审计委员会	—	提名和公司治理委员会
其他高管（12人）	Lucy Lei PENG（彭蕾）	42	首席人力官	—	是	—
	Maggie Wei WU（武卫）	48	首席财务官	—	是	—
	Zhenfei LIU（刘振飞）	44	首席风险官	—	是	—
	Trudy Shan DAI（戴珊）	39	首席客户官	—	是	—
	Timothy A. STEINERT	56	首席法务官兼秘书	—	是	—
	Jianhang JIN（金建杭）	46	总裁	—	是	—
	Jian WANG（王坚）	53	技术委员会主席	—	是	—
	Jeff Jianfeng ZHANG（张建锋）	42	中国零售市场总裁	—	是	—
	Yongfu YU（俞永福）	39	移动互联和阿里妈妈总裁	—	是	—

第二篇
防范"野蛮人"入侵的机制设计和制度环境

（续表）

	名字	年龄	职位	董事会所在委员会	是否合伙人	由谁提名
其他高管（12人）	Simon Xiaoming HU（胡晓明）	46	阿里云计算总裁	—	是	—
	Sophie Minzhi WU（吴敏芝）	40	批发市场总裁	—	是	—
	Peng JIANG（姜鹏）	42	云OS总裁	—	是	—

注：董事会和管理层于2015会计年度共收到16 900万元、13 000 000股认购权和3 801 500股的限制股权。

资料来源：阿里2015年年报，阿里官网，作者整理。

三、基于阿里合伙人制度案例的理论假说检验

从第二部分的案例介绍中不难发现，阿里合伙人制度呈现出与以往控制权安排模式不同的新特点：（1）与传统模式由某一特定自然人成为公司董事长不同，阿里以合伙人团队集体履行正常董事会组织中的董事长的部分功能，成为阿里事实上的"不变的董事长"或者说"董事会中的董事会"，实现了"铁打的经理人，流水的股东"局面；（2）主要由合伙人团队成员来出任阿里的董事和高管，负责阿里管理团队的组建和维持阿里正常营运管理；（3）阿里合伙人收入分配构架和对合伙人持股的相关限定将所有合伙人团队成员与软银等股东的利益紧紧捆绑在一起，共同作为剩余索取者和最后责任人来承担阿里相应的经营风险；（4）直到2014年在美国上市时才广为人知的阿里合伙人制度事实上早在2010年就已建立，只不过在上市时以公司章程的形式明确了其在阿里董事会组织中的特殊作用。我们看到，以马云为首的阿里创业团队通过合伙人制度这一特殊的控制权安排形式，以有限的出资额，实现了对资产

当野蛮人遭遇内部人：
中国公司治理现实困境

规模庞大的阿里集团的控制，演绎了互联网时代"劳动雇佣资本"的新神话。

本部分基于阿里合伙人制度的案例来检验第一部分提出的理论假说：以不平等投票权为特征的新的控制权安排模式选择通过从短期雇佣合约向长期合伙合约的转换，实现了交易成本的节省。

（一）构建长期合伙合约的基础：阿里创业团队作为"业务模式发展引领者"的良好声誉

在2014年美国上市使合伙人制度引起广为关注之前，创立于1999年的阿里早已成为驰名全球的企业间电子商务（B2B）的著名品牌。由于在2004年推出第三方支付平台——支付宝，阿里进一步在互联网移动支付业务声名鹊起。从2009年起人为打造的"双十一"网购狂欢节，在2015年11月11日创下全天交易额912.17亿元的纪录。它不仅成为中国电子商务行业的年度盛事，并且逐渐影响到国际电子商务行业。这些电子商务业务发展"领头羊"的良好声誉使得阿里在与外部投资者合作的讨价还价过程中居于十分有利的地位。此外，马云创业团队不仅作为阿里股份的实际持有人具有可承兑收入，而且通过与员工、供货商、银行和政府建立长期稳定关系形成巨大的社会资本。这些因素共同构成了阿里创业团队与软银、雅虎等股东构建长期合伙合约关系的基础。

（二）长期合伙合约替代短期雇佣合约：信息不对称下的信息共享

当外部投资者习惯于基于现金流分析利用净现值法来判断一个生命周期特征明显的传统产业项目是否可行时，以互联网为代表的新兴产业的快速发展使得他们甚至很难理解特定业务模式的现金流是如何产生的。我们看到：一方面，技术产生的不确定性使得投资者之间的观点变得更加不一致，以至于认为股价虚高的股东很容易将所持有的股票转手给认为股价依然有上升空间的潜在

第二篇
防范"野蛮人"入侵的机制设计和制度环境

投资者,使得现在"股东"与将来"股东"之间的利益冲突严重;另一方面,由于缺乏专业的知识和分析能力,外部投资者总体精明程度下降,不得不转而依赖引领业务模式创新的创业团队。因而,在互联网时代,在大数据的出现使投融资双方的信息不对称问题有所减缓的同时,新兴产业的快速发展反而使创业团队与外部投资者之间围绕业务发展模式的信息不对称加剧。

在围绕新兴产业业务发展模式问题上,马云创业团队与外部投资者同样面临信息不对称问题。这显然是由于马云创业团队长期引领业务模式的创新,与外部投资者相比,他们对业务模式的现状以及未来发展趋势具有更多的了解和把握。因而,与外部投资者相比,阿里创业团队对业务发展模式拥有更多的私人信息。面对资本市场各种鱼龙混杂的项目,希望寻找到具有潜在投资价值的项目的外部投资者由于信息不对称将面临逆向选择问题。我们这里可以把寻求外部资金支持的阿里创业团队与软银、雅虎等寻找具有潜在投资价值的项目的外部投资者之间围绕信息不对称产生的逆向选择问题描述为如下的博弈过程。当马云并非以合伙人制度实现的"不平等投票权"而是以传统的"股权至上""同股同权"控制权安排模式来进行外部融资时,由于信息不对称,业务模式的独特之处并不为外部投资者所知的阿里创业团队不得不向外部投资者让渡与出资比例对称的控制权,以换取外部资金支持。而失去控制权进而独特业务模式开发的主导权(这一问题事实上还与合约不完全下的控制权安排有关,我们在接下来的讨论中将进一步展开)显然并非马云创业团队所愿意看到的结果。作为由于信息不对称所导致的逆向选择的后果,一方面,希望获得外部资金支持来加速独特业务模式发展的阿里创业团队很难获得外部融资,而另一方面,外部投资者则很难找到具有投资价值的项目。此时,阿里通过合伙人制度向这些对业务模式缺乏了解的外部投资者发出了不同于以往"同股同权"控制权安排模式的新的信号。通

当野蛮人遭遇内部人：
中国公司治理现实困境

过要求"不平等投票权"实现的对公司的实质控制，马云创业团队明白无误地告诉外部投资者，"业务模式你们不懂，但我们懂，你们只需要做一个普通出资者就够了"。这一信号使阿里与其他基于"同股同权"的传统控制权安排模式的项目相区别，并在众多的项目中脱颖而出。我们看到，合伙人制度能够成为识别具有潜质项目的信号，与阿里创业团队所具有的良好声誉和巨大社会资本不无关系。在识别马云创业团队通过合伙人制度发出的信号后，外部投资者将进一步通过研究机构的分析和媒体的解读建立对马云创业团队进一步的信任，最终为马云创业团队与外部投资者建立长期合作共赢的"合伙人"关系打下坚实的基础。

从媒体的报道看，软银成为阿里第一大股东具有一定的戏剧性和偶然性（例如，孙正义和马云的合作始于2000年的一次谈话，而且双方仅仅谈了6分钟）。但我们相信，包括软银在内的阿里股东之所以愿意选择阿里作为投资对象和合作伙伴，甚至不惜放弃控制权，离不开对马云创业团队所拥有的良好声誉和巨大社会资本的了解和信任。而在这一过程中，马云创业团队所推出的"合伙人制度"无疑成为向这些外部投资者发送的重要信号之一。合伙人制度由此成为外部投资者在潜在项目中识别阿里独特业务模式的信号，并进一步成为与马云创业团队建立长期合作共赢的"合伙人"关系的开始。

除了可能导致的逆向选择问题，马云创业团队与外部投资者之间围绕业务模式的信息不对称，在传统的股权至上的控制权安排模式下，还可能使创业团队通过隐蔽的业务流程进行关联交易以谋取私人利益。我们看到，围绕业务模式的信息不对称在创业团队与外部投资者之间开展的新的博弈均衡是：一方面，软银等股东理性地选择把无法把握的业务模式相关决策交给具有信息优势的阿里创业团队。另一方面，引领业务模式创新的马云合伙人团

第二篇
防范"野蛮人"入侵的机制设计和制度环境

队为软银等股东带来更加丰厚的投资回报。① 换句话说,在信息不对称条件下,软银和雅虎等外部投资者以放弃控制权的方式向具有业务发展模式私人信息的阿里合伙人团队支付"信息租金",鼓励他们"讲真话""办实事",以此来改变他们可能具有的道德风险倾向。于是,在马云创业团队和软银、雅虎等股东之间通过认同合伙人制度确立了长期合作共赢的"合伙人"(合作伙伴)关系,实现了从短期雇佣合约向长期合伙合约的转化。这最终促使软银、雅虎等股东可以放心地把自己无法把握的业务模式相关决策交给具有信息优势,同时值得信赖的"合作伙伴"马云创业团队。这事实上是我们观察到的随着以互联网为代表的新兴产业的快速发展,外部投资者开始逐渐放弃对"同股同权"和"股权至上"原则的坚持,转而接纳并允许创业团队以双层股权结构、合伙人制度等方式实现"不平等投票权"控制权安排背后的原因。毕竟,对于这些外部投资者,业务模式的把握并非所长。通过控制权分享甚至独占实现的对业务发展模式的主导有时不是增加,反而是减少了外部投资者可能获得的高额投资回报。

我们注意到,在解决围绕新兴产业业务发展模式的信息不对称引发的道德风险和逆向选择问题上,双层股权结构具有与阿里合伙人制度类似的功能。一方面,双层股权结构构成持有 B 股的创业团队向外部投资者发出识别项目潜在投资价值的信号的"市场解决方案",成为分别持有 A 股和 B 股的股东建立长期合作共赢的"合伙人"(合作伙伴)关系的开始。另一方面,面对令人眼花缭

---

① 据新浪科技(http://tech.sina.com.cn/it/2016-07-18/doc-ifxuapvs8728520.shtml)报道,2000 年,软银向当初仍然是一家小型电子商务公司的阿里巴巴投资 2 000 万美元,获得了阿里巴巴 34.4%的股份。然而 14 年之后,当阿里巴巴在美国纽约证券交易所上市时,孙正义的软银所持有的股份市值达到 580 亿美元。孙正义几乎一夜暴富成为日本首富。该报道同时提到,股神巴菲特从 14 岁开始投资,到 83 岁近 70 年的时间,个人财富才超过 580 亿美元,而孙正义在阿里巴巴投资 14 年就达到了 580 亿美元。

当野蛮人遭遇内部人：
中国公司治理现实困境

乱、应接不暇的新兴产业业务模式创新，把具有更大投票权比例的B类股票交给引领业务模式创新的创业团队持有，将是外部投资者的理性选择。由此，在持有B股的创业团队和持有A股的外部分散股东之间建立长期合作共赢的合伙人关系。通过借助创业团队对业务发展模式的把握，外部投资者从基于互联网的新兴产业的快速发展中分到一杯羹。上述功能的存在使得双层股权结构在美国等一些国家不仅没有由于受到对外部投资者权利保护不足的指责而衰减，反而逆势上涨，成为很多新兴产业创业团队优先考虑的控制权安排模式。

（三）长期合伙合约替代短期雇佣合约：合约不完全下的风险分担

除了信息不对称，马云创业团队面临的同样重要的挑战是与外部投资者签订的合约总是不完全的。传统的合约不完全理论主要用来解释为什么股东以在股东大会投票表决的方式对公司资产重组等重要事项进行裁决，从而成为现代股份公司的最终控制者。容易理解，在决定是否投资该公司的一刻，无论是投资者还是现代股份公司所聘用的职业经理人，都无法预期企业未来是否会发生重大资产重组和经营战略的调整，因而外部投资者与职业经理人之间签订的投资合约总是不完全的。由于合约不完全，一旦投资，投资者将遭受职业经理人以资产重组等之名行掏空公司之实的机会主义行为。预期到这一点，投资者显然并不愿意出资，这使得利用资本社会化和经理人职业化提升效率的现代股份公司无法形成。反过来，如果外部投资者享有该公司受法律保护的剩余控制权，即投资者有权通过股东大会投票表决的方式对未来可能出现的诸如资产重组等事项进行最终裁决，投资者就开始愿意出资，成为该公司的股东。通过上述控制权安排，现代股份公司一定程度上解决了以往由于合约不完全所导致的投资者专用性投

第二篇
防范"野蛮人"入侵的机制设计和制度环境

资激励不足问题,名副其实地成为"近代人类历史中一项最重要的发明"。

传统不完全合约理论的理论分析和政策含义主要针对资本相对稀缺,在与经理人形成的委托代理关系中投资者处于信息劣势,因而资本处于资源配置中心的所谓"资本雇佣劳动"的制度背景。随着人类社会财富的积累和资本市场制度的发展成熟,特别是互联网金融时代所带来的大数据等数据基础和云计算等分析技术使得信息不对称程度缓解,外部融资门槛降低,以往相对稀缺的资本退化为普通的生产资料。需要资金支持的项目可以借助基于互联网的多种新金融模式实现外部融资,而不再受到资本预算瓶颈的限制。业务模式竞争背后更多的是"人力资本的竞争"。"劳动(创新的业务模式)雇佣资本(通过互联网实现外部融资)"的时代悄然来临。在劳动雇佣资本的时代,作为新兴产业业务发展模式的引领者与管理效率的提升者的创业团队的人力资本逐渐成为稀缺资源,合约不完全所引发的事前专用性投资激励不足问题,以往经理人利用资产重组掏空公司资产等传统经理人机会主义行为倾向,逐步转化为门外野蛮人入侵等股东机会主义行为威胁。我们可以把上述分析总结为不完全合约理论在互联网时代的新扩展。

随着人类社会从原来的"资本雇佣劳动"占据主导演进到"资本雇佣劳动"和"劳动雇佣资本"并重,甚至"劳动雇佣资本"占据主导,控制权安排的关键从倾向于物质资本转为倾向于人力资本。但这并不意味着不完全合约理论的逻辑发生根本的改变。合约不完全下的控制权安排的重点依然在于解决面临机会主义行为威胁下专用性投资一方投资激励不足的问题,即通过把控制权交给进行专用性投资一方,以避免其在合约不完全下被敲竹杠,以此鼓励其进行专用性投资。只不过这里的专用性投资既可以指物质资本,也可以指人力资本。在"资本雇佣劳动"范式下,物质资本成为专用性投资的激励对象,而在"劳动雇佣资本"范式下,人力资本则

当野蛮人遭遇内部人：
中国公司治理现实困境

成为专用性投资的激励对象，从而成为控制权安排的关键。

不完全合约下控制权安排关键发生的上述转变事实上还与最近几十年资本市场出现的门外野蛮人闯入现象的频繁发生这一大的时代背景有关。发生在20世纪七八十年代的美国并购浪潮不仅使理论和实务界认识到并购重组在缓解产能过剩、接管威胁在改善公司治理方面的重要作用，同时也使人们意识到外部接管对创业团队人力资本投资的巨大威胁。这就是近期通过万科股权之争而使中国资本市场开始熟悉的"门外野蛮人闯入"现象。宝能通过举牌成为万科的第一大股东，一度曾提议召开特别股东大会，罢免以王石为首的万科创业团队。在美国等一些成熟市场经济国家，这种利用外部接管实现对企业的控制，甚至将创业团队扫地出门的"门外野蛮人闯入"现象更是屡见不鲜。其中最著名的例子是，乔布斯同样由于控制权的不当安排一度被迫离开自己亲手创办的苹果公司。如果预期到辛勤打拼创建的企业未来将轻易地被野蛮人闯入，以业务模式创新为特征的创业团队的人力资本投资激励将大为降低。因而，没有对野蛮人入侵设置足够高的门槛，不仅会挫伤创业团队人力资本投资的积极性，甚至会伤及整个社会创新的推动和效率的提升。

正如我们已经意识到的，"门外野蛮人入侵"如同重大资产重组和经营战略调整一样，都是合约通常无法预期和涵盖的内容，因而一定程度上都与合约的不完全有关。那么，面对合约不完全下"门外野蛮人入侵"等股东机会主义行为威胁，如何改变创业团队由于担心被"扫地出门"而人力资本投资激励不足的现状呢？经历接管并购浪潮和对野蛮人入侵现象的反思，一度被认为违反"同股同权"原则、不利于投资者权利保护的双层股权结构在鼓励创业团队在合约不完全下进行人力资本投资的价值重新获得了公司治理理论和实务界的认同，并成为以互联网为代表的新兴产业中流行的控制权安排模式。

第二篇
防范"野蛮人"入侵的机制设计和制度环境

美国互联网巨头 Facebook、Google，以及我国著名互联网企业京东和百度全都选择发行具有不平等投票权的双层股权结构股票上市。而阿里在美国上市采用的合伙人制度很大程度上类似于 Facebook、京东等采用的双层股权结构，即以有限的出资额实现了对公司的实际控制。给定面对不完全合约下创业团队未来被控股股东随时"扫地出门"等风险，以马云为首的创业团队并不情愿进行太多的以业务模式创新为特征的人力资本投资，这将使得阿里未来的发展后劲不足。而这同样并不是包括软银和雅虎在内的股东愿意看到的结果。在软银、雅虎等股东的认同下，阿里创业团队以合伙人制度实现了对阿里的实际控制，使得他们可以对不完全合约中尚未涉及的事项的事后处置具有重要的影响力。按照公司章程，合伙人对阿里董事会拥有特别提名权，可任命半数以上的董事会成员。在阿里目前由 11 人组成的董事会中，5 位执行董事全部由合伙人提名。阿里大部分的执行董事和几乎全部高管都由阿里合伙人团队出任。而阿里合伙人团队的董事提名权等相关条款只有获得 95% 以上的股东选票（本人或代理）方可修改。这意味着合伙人团队对阿里的实际控制格局在正常情形下难以被撼动。预期到阿里未来的运营管理将牢牢地控制在以马云为首的创业团队手中，他们对未来被控股股东"扫地出门"，甚至外部野蛮人入侵等股东机会主义行为威胁变得不再担心。阿里合伙人团队由此将以极大的热情进行人力资本投资，不断创新业务模式，持续引领互联网行业的"天之骄子"阿里稳健发展。如果说，面对合约不完全，在资本雇佣劳动范式下，为了鼓励资本的专用性投资应该通过产权安排使其成为拥有剩余控制权和剩余索取权的股东，那么，我们看到，在劳动雇佣资本范式下，则应该鼓励创业团队通过合伙人制度或双层股权结构等控制权安排形式来对公司未来不确定情形的事后处置具有更大的影响力。合伙人制度由此和双层股权结构一样，不仅构成了防御野蛮人入侵等股东机会主义行为的重要门槛，而且成为合约不完全下激励创业团队人力资本投资的重要控制权安排实现形式。

在一定意义上,不完全合约理论在互联网时代的新扩展是对利益相关者理论关于决定控制权安排的专用性资产概念内涵的延拓以及资源依赖理论等思想的借鉴。但需要说明的是,不同于利益相关者理论强调控制权在不同利益相关者之间根据资产专用性程度或资源关键程度进行分享,遵循不完全合约理论的传统,我们这里强调控制权安排在给定的状态下是排他的,只不过在不同的状态下控制权安排可以进行状态依存(state-contingent)。回到阿里的场景,以提名主要董事为特征的阿里控制权或者在企业经营正常时由马云创业团队掌握,或者在马云持股比例低于1%时由软银、雅虎等主要股东掌握。但绝不会出现,控制权同时在阿里创业团队、股东以及普通雇员等其他利益相关者之间分享,从而管理团队同时向所有利益相关者共同负责的局面。之所以是马云创业团队与软银、雅虎等股东之间控制权的状态依存,而不涉及其他利益相关者,则与普通雇员等其他利益相关者缺乏足够的可承兑收入有关。按照 Hart(1995,2000),如果没有投入资金的其他利益相关者同样成为剩余权利的所有者,由于其缺乏足够的可承兑收入来使外部投资者相信他们所做出的承担未来风险的承诺是可置信的,将影响外部投资者的未来投资激励。

我们看到,合伙人制度的出现通过对未来剩余分配具有实质影响的特殊的控制权安排,把马云创业团队与软银等股东之间的雇佣关系转变为风险共担的合伙人关系,由此鼓励了马云创业团队在充满不确定性的阿里业务发展模式中积极进行人力资本投资。

(四)长期合伙合约替代短期雇佣合约:通过"董事会中的董事会"实现管理效率的提升

前面的分析表明,与双层股权结构类似,阿里合伙人制度通过

第二篇
防范"野蛮人"入侵的机制设计和制度环境

长期合伙合约对短期雇佣合约的替代,实现了在信息不对称下的信息共享和合约不完全下的风险分担。除了上述共同之处,我们还注意到阿里合伙人制度不同于双层股权结构的独特之处。

(1) 与通常由某一特定自然人成为公司董事长不同,"长期合伙合约"下的阿里合伙人团队集体履行正常董事会组织中的董事长的部分功能。按照公司章程,阿里合伙人不仅负责董事会中执行董事的提名,而且对董事会成员的更迭过程负有责任。例如,董事会成员任期内由于意外原因无法履行董事职责,阿里合伙人需要负责从合伙人团队中推荐新的人选出任临时董事,完成过渡,直至依据公司章程的相关规定新董事的产生。上述一系列规定使得阿里创业团队不再以雇佣者身份而是以合伙人(合作伙伴)身份成为阿里中事实上的"不变的董事长"或者说"董事会中的董事会",实现了"铁打的经理人,流水的股东"局面。

(2) 通过管理团队的"事前组建",合伙人制度提升了阿里的管理效率。绝大多数的公司是按照在上市时根据公司章程的相关规定,由代表不同股东利益的董事会提出候选管理团队名单,经股东大会批准这一流程来组建管理团队的。我们设想,阿里如果由第一大股东软银主导在公司成立时通过全球招聘形成一支管理团队,则来自不同地域和文化的个性鲜明有时甚至桀骜不驯、傲慢自负的高管在形成一个高效率的管理团队前不可避免地需要经过长时间的磨合。在磨合过程中所形成的各种隐性和显性成本最终都将由股东"埋单"。例如,股东往往需要向经理人提供强的薪酬激励计划,以协调经理人与股东之间的代理冲突等。然而,如果观察阿里管理团队的组建过程,我们则发现,在美国上市相关发布提及合伙人制度并使其为人所知之前,阿里很早就开始运行合伙人制度。因而阿里是典型的"先有管理团队,后有公司上市"。阿里合伙人制度创立于2010年7月,合伙人的人数也从早期的二十几人,增加到目前的34人。按照阿里公司章程的相关规定,由阿里合伙

当野蛮人遭遇内部人：
中国公司治理现实困境

人提名的董事候选人或临时指派者原则上均需为阿里合伙人成员，且需获得半数以上合伙人同意。表2表明，在阿里目前由11人组成的董事会中，5名执行董事全部由阿里合伙人提名。阿里80%的执行董事和几乎全部高管都由阿里合伙人出任。我们看到，合伙人团队不仅事前形成阿里上市时管理团队的基本构架，而且成为阿里未来管理团队稳定的人才储备库。

（3）通过"事前组建"的管理团队，合伙人制度事实上同时实现了公司治理机制的前置。对于无法回避的公司治理问题，现代股份公司通过董事会监督、经理人薪酬合约设计等公司治理机制来减缓代理冲突，降低代理成本。而阿里通过"事前组建"的管理团队，预先通过共同认同的价值文化体系的培育和雇员持股计划的推行，使公司治理制度设计试图降低的私人收益不再成为合伙人追求的目标，从而使代理问题一定程度上得以事前解决。我们看到，成为阿里合伙人的高管往往来自公司的核心团队，工作年限平均在10年以上。经过长期磨炼，其文化价值观念与公司保持一致。这使得传承公司文化理念、延续公司的价值创造力成为可能。同样重要的是，阿里合伙人团队成员同时是雇员持股计划的实施对象，持有公司为数不少的股票。阿里合伙人制度由此通过事前长期共同文化价值体系的构建、收入分配构架和对合伙人持股的相关限定，将所有合伙人从精神到物质(利益)紧紧捆绑在一起，与软银、雅虎等股东共同作为阿里的最后责任人来承担阿里的未来经营风险。通过公司治理机制的前置，阿里进一步实现了管理效率的提升。

我们看到，借助合伙人制度实现的在阿里创业团队与软银等股东之间从短期雇佣合约向长期合伙合约的转换，"长期合伙合约"下的合伙人团队成为阿里中"不变的董事长"和"董事会中的董事会"。通过"事前组建管理团队"和"前置公司治理机制"，合伙人制度使管理效率得到极大的提升。这是合伙人制度优于同样可以实现不平等投票权的控制权安排的双层股权结构的地方。在一定意义上,软银、雅虎等阿里主要股东之所以愿意放弃坚持资本市场通行的"同股同权""股权至上"等原则,是向具有良好声誉和巨大社会资本,同时"事前组建管理团队"和"前置公司治理机制"的阿里创业团队支付溢价。以上四个方面的讨论一定程度上支持了本文第二部分提出的理论假说,即以不平等投票权为特征的新的控制权安排模式选择通过从短期雇佣合约向长期合伙合约的转换,实现了交易成本的节省。

四、合伙人制度面临的挑战

合伙人制度与双层股权结构一样体现了面对新兴产业快速发展带来的业务模式的信息不对称和合约不完全下公司治理制度创新,成为新兴企业创业团队可资借鉴的实现"不平等投票权"的控制权安排模式。如果说通过"管理团队事前组建"和"公司治理机制前置"实现的管理效率提升是阿里合伙人制度与Google、Facebook、京东等采用的双层股权结构相比的优势,那么,阿里合伙人制度与双层股权结构相比存在哪些不足呢?概括而言,阿里合伙人制度作为控制权安排的实现形式主要存在以下不足。

(1)缺乏明确规范的退出机制。与双层股权结构相比,缺乏明确规范的退出机制是阿里合伙人制度设计存在的潜在缺陷之一。我们观察发现,Facebook在发行双层股权结构股票时同时规定:持有B级股票的股东在上市之后选择出售股份,那么这些股票将被自动转换为A级股。这意味着,如果创业团队对未来业务模式的创新仍然有信心,那就由创业团队继续成为公司的实际控制人,引领公司向前发展;如果创业团队对业务模式创新和新兴产业发展趋势不再具有很好的理解和把握,适时的退出则成为明智之举。此时,通过把B股转为A股,创业团队重新把控制权"归还"给

当野蛮人遭遇内部人：
中国公司治理现实困境

股东,由股东根据利益原则以及相关公司治理最优实践来选择能够为股东带来高回报的全新管理团队。因此,对于双层股权结构,控制权是在持有B股的创业团队与持有A股的外部分散投资者之间状态依存的。我们看到,与合伙人制度相比,不平等投票权在鼓励创业团队进行人力资本投资的同时,还设置了功能完善、自由转换的退出机制,实现了从人力资本投资激励保护到物质资本投资保护的自然过渡。

（2）制度中充斥"软"的标准。除了实现公司控制的目的外,阿里合伙人制度设计的初衷还包括"避免官僚主义和等级制度",有利于"保证合伙人精神,确保公司的使命、愿景和价值观的持续发展"。按照阿里合伙人制度的相关规定,新的合伙人将依据"品德、价值观、对公司的贡献"等产生,"合伙人既是公司的营运者、业务的建设者,又是文化的传承者,同时又是股东"。然而,上述"软"的无法在法律上证实,甚至不可观察的标准和规定很难在实际执行过程中达成共识,势必影响实际执行效果。这将为未来的阿里合伙人制度的持续推行带来某种不确定性。

（3）制度的实施需要满足声誉良好等先决条件。我们注意到,并非所有的创业团队都可以通过推出合伙人制度而实现对公司的实际控制,而是需要满足一些先决条件。例如,创业团队在新兴市场是否已经具有类似于阿里的"业务模式发展引领者"的良好声誉,并形成以"与员工、供货商、银行和政府建立长期稳定关系"为特征的巨大社会资本。这使得一些人担心,阿里推出的合伙人制度可能并不完全适合所有的新兴产业创业团队的控制权安排选择,而是具有一定的不可复制性。出于同样的理由,创始人马云在阿里独一无二、不可替代的核心作用也使我们担心阿里合伙人制度无法复制。毕竟,离开马云的阿里还能否是阿里值得怀疑。值得庆幸的是,马云和他的阿里巴巴天然带着"市场"这一良好的"基因",也许可以通过未来进一步的制度创新来克服今天公司治理制

第二篇
防范"野蛮人"入侵的机制设计和制度环境

度创新过程中所面临的新挑战。

我们把阿里合伙人制度与其他控制权安排的表现形式的主要差异总结在表 3 中。

表 3 不同控制权模式下的表现形式差异

表现形式 \ 控制权模式	股权至上	合伙人制度	双层股权结构	利益相关者
控制权安排模式	同股同权	不平等投票权	不平等投票权	控制权分享
控制权是否分享	股东独享	股东与创业团队控制权状态依存	股东与创业团队控制权状态依存	控制权在不同利益相关者之间分享
信息不对称	信息不分享	信息分享	信息分享	信息分享
合约不完全	风险不共担	风险共担	风险共担	风险不共担
管理团队事前组建	否	是	否	否
公司治理机制前置	否	是	否	否
短期雇佣合约/长期合伙合约	短期雇佣合约	长期合伙合约	长期合伙合约	长期合伙合约

资料来源：作者分析整理。

在近期发生的万科股权之争中，万科以项目跟投和员工持股为特征的事业合伙人制度被一些媒体批评为管理层掏空上市公司、实现内部人控制的手段。需要说明的是，阿里在美国上市推出的合伙人制度与包括万科在内的中国很多企业推行的事业合伙人制度并不完全相同。前者通过与控股股东的一致行动协议和公司章程的明确规定，使合伙人对阿里董事会组织具有实质性影响。这使得阿里合伙人制度成为受法律保护的控制权安排行为。而万科等推行的事业合伙人制度则由于缺乏法律和股东的认同，很大程度上演变为一种员工自组织行为。

当野蛮人遭遇内部人：
中国公司治理现实困境

五、结论

有利于中小投资者利益保护的"同股同权""股权至上"等原则长期以来是各国企业控制权安排实践的标准范式。然而，最近几十年来各国涌现出来的许多新实践不断挑战这些旨在保护外部投资者利益的通行原则。除了Google、京东等所选择的发行双层股权结构外，阿里2014年在美国上市采用的合伙人制度同样成为"不平等投票权"控制权安排模式的新典范。持股比例远远低于软银和雅虎的马云通过合伙人制度实现了对阿里的实际控制，演绎了互联网时代"劳动雇佣资本"的新神话。

阿里之所以选择合伙人制度作为其控制权安排实现形式，很大程度上体现了马云创业团队在进行以业务模式创新为特征的人力资本投资时，尝试解决由于新兴产业快速发展所引起的信息不对称与合约不完全问题的努力。我们看到，以不平等投票权为特征的新的控制权安排模式通过用长期合伙合约替代短期雇佣合约，实现了长期合作伙伴之间信息的共享和风险的分担，节省了交易成本。

（1）围绕新兴产业业务模式的信息不对称，阿里合伙人制度的推出使阿里与为数众多的基于"同股同权"的传统控制权安排模式的项目相区别，成为信息不对称下外部投资者识别阿里独特业务模式的信号。合伙人制度由此成为面对信息不对称问题困扰的创业团队寻找到的逆向选择问题的"市场解决方案"，并成为阿里创业团队与软银等股东建立长期合作共赢的"合伙人"关系的开始。

（2）由于新兴产业快速发展所带来的创业团队与外部投资者围绕业务发展模式的信息不对称，软银、雅虎等外部投资者将理性地选择把无法把握的业务模式的相关决策交给不断引领业务模式

第二篇 防范"野蛮人"入侵的机制设计和制度环境

创新实践、具有信息优势的马云创业团队,自己在放弃部分控制权后一定程度上退化为类似于"储户"的资金提供者。在一定意义上,外部投资者以放弃部分控制权的方式向对业务模式具有专业知识,从而具有私人信息的创业团队支付"信息租金",以此来解决由于信息不对称导致的道德风险问题。而通过合伙人制度在马云创业团队和软银、雅虎等股东之间所建立的长期合伙合约使软银、雅虎等股东可以放心地把自己无法把握的业务模式相关决策交给具有信息优势,同时值得信赖的"合伙人"(合作伙伴)马云创业团队。

(3)面对由于合约不完全存在的创业团队被"扫地出门"、外部野蛮人闯入等股东机会主义行为威胁,合伙人制度的出现通过对未来剩余分配具有实质影响的特殊的控制权安排,把马云创业团队与软银等股东之间的雇佣关系转变为风险共担的合伙人关系,由此鼓励了创业团队在充满不确定性的阿里业务发展模式中积极进行人力资本投资。合伙人制度因而不仅构成了创业团队防御野蛮人闯入的重要门槛,而且成为合约不完全下激励创业团队人力资本投资的重要控制权安排实现形式。

(4)"长期合伙合约"下的阿里合伙人事实上成为阿里"不变的董事长"和"董事会中的董事会",实现了"管理团队事前组建"和"公司治理机制前置",使公司的管理效率得到极大提升。前者通过优秀人才的储备和管理团队磨合成本的降低来实现,后者则通过雇员持股计划的推出和共同认同的企业文化的培育来推动。外部投资者之所以愿意放弃对"同股同权"原则的坚持,事实上是向具有"业务模式发展引领者"的良好声誉和拥有以"与员工、供货商、银行和政府建立长期稳定关系"为特征的巨大社会资本,同时通过"管理团队事前组建"和"公司治理机制前置"极大提升管理效率的创业团队支付溢价。

虽然在"管理团队事前组建"和"公司治理机制前置"方面优于

当野蛮人遭遇内部人：
中国公司治理现实困境

双层股权结构,然而,合伙人制度并不具有双层股权结构从B股转为A股的退出机制。合伙人制度中关于文化和精神层面等在法律上无法证实,甚至不可观察的"软"约束,以及创始人独一无二、不可替代的核心作用都会为未来的阿里合伙人制度的执行带来某种不确定性。

本文对于我国公司治理实践具有以下政策含义。

(1)合伙人制度的出现是阿里在新兴产业快速发展过程中面对信息不对称和合约不完全问题时自发选择的市场化解决方案。阿里的实践再次告诉我们,理论是灰色的,但生命之树常青。这事实上同样是我国从改革开放以来持续进行市场导向的经济转型的背后原因,因为市场总会内生地创造出一些新的控制权安排模式,以更加有效地适应外部环境的变化。就我们的有限知识,本文也是对阿里合伙人制度这一实践中全新的控制权安排模式背后所包含的现实合理性和理论逻辑的首次梳理和剖析。

(2)从本文展示的阿里合伙人制度案例我们看到,软银并没有像预期的一样强调自己的第一大股东的身份,而是选择放弃控制权,在某些人看来不可思议地成为被马云创新团队这一"劳动"雇佣的"资本"。因此,在我国公司治理实践中,我们应该摒弃"你雇用我"还是"我雇用你"的思维,而是应该树立全新的合作共赢的合作伙伴的新思维,像合伙人制度一样,实现从短期雇佣合约到长期合伙合约的转换。

(3)未来中国资本市场应逐步放松对"一股一票"原则的要求,允许新兴产业创业团队以发行具有双层股权结构的股票上市,甚至像阿里一样推出合伙人制度。对于双层股权结构,不仅在形式而且在实质上,创业团队与外部投资者的投票权是不平等的;而对于合伙人制度,尽管形式上是平等的,但通过与控股股东的一致行动协议和公司章程相关规定实现了投票权的实质不平等。是否有投资者愿意购买形式和/或实质具有不平等投票权的股票,以及

第二篇
防范"野蛮人"入侵的机制设计和制度环境

以什么价格购买,市场将会形成理性的判断。而上述制度的实际推出则不仅需要我国资本市场在法律层面突破上市公司只能发行"一股一票"的限制,而且需要赋予上市公司在公司章程等制定上更多的自由裁量权。

阿里在美国上市时时任 CEO 的陆兆禧先生在阿里放弃中国香港上市后曾提到,"今天的中国香港市场,对新兴企业的治理结构创新还需要时间研究和消化"。阿里最终选择了允许以"合伙人制度"变相推出不平等投票权的美国纽交所上市。有趣的是,当初以违反同股同权原则为由拒绝阿里巴巴上市的港交所在 2015 年中发布公告,拟有条件允许公司采用"同股不同权"架构在港上市。

从 Snap 三重股权结构看控制权安排设计制度创新的边界[*]

2017年3月2日,Snap在美国纽交所上市。除了发行每股一份投票权的 B 类股票(类似于双重股权结构股票中的 A 类股票)和每股十份投票权的 C 类股票(类似于双重股权结构股票中的 B 类股票),Snap 还同时发行没有投票权的 A 类股票。Snap 由此成为全球较早发行三重股权结构股票的公司之一。我们看到,当我国资本市场对双重股权结构股票的认识还停留在了解观望阶段时,Snap 已经开始推出三重股权结构股票了。美国在公司控制权安排模式上的不断制度创新令我们叹为观止。

那么,我们应该如何理解 Snap 最近推出的三重股权结构股票这一"新鲜事物"呢?

毫无疑问,Snap 三重股权结构股票的推出包含着一定的现实合理性。其一,通过推出三重股权结构股票,Snap 联合创始人 Evan Spiegel 和 Bobby Murphy 向资本市场传递了极为明确和强烈的对业务模式盈利前景充满信心的信号。早在1977年,经济学者 Leland 和 Pyle 的研究表明,看似作为激励手段的管理层持股事实上将向投资者传递对公司发展前景充满信心的信号。管理层持股比例越高,未来所承担的经营风险越高,表明管理层对公司的发展前景越

---

[*] 本文曾以"投资者为什么不看好 Snap 发行的三重股权结构股票?"为题发表在 FT 中文网,2017年4月11日。

第二篇
防范"野蛮人"入侵的机制设计和制度环境

有自信,从而向投资者传递的信息含量越大。在 Snap 的股权结构安排中,两位联合创始人不仅拥有大量的 A 股(合计 43.6%),而且分享全部 C 股,这使得两人合计拥有该公司 88.6%的投票权。Snap 的控制权由此被牢牢掌握在两位联合创始人手中。相比双重股权结构股票,我们看到,Snap 所推出的三重股权结构股票事实上完成了更为强烈的信号传递:两位联合创始人对公司未来发展前景如此充满信心,以至于不愿为野蛮人入侵留下任何可乘之机。上述控制权安排模式传递的积极信号无疑会感染并吸引大量的外部投资者。我们理解,该公司在 IPO 时受到投资者热烈追捧并获得超额认购一定程度上与此不无关系。

其二,投资者追捧并超额认购 Snap 一定程度上是基于对该公司业务模式创新和创业团队自身管理营运能力的认同。由 2011 年当年仍然在校的两名斯坦福大学学生 Evan Spiegel 和 Bobby Murphy 共同设计研发的 Snapchat 是一款在摄影类手机上的应用。他们创造的"阅后即焚"模式使用户在隐私权的保护和观点分享的愿望满足之间找到了一种很好的平衡。Snapchat 在应用商店上架之后,受到 18—34 岁的年轻群体的热烈欢迎。目前每天有平均 1.58 亿人使用 Snapchat,每天有超过 25 亿个"snap"被创造出来。美国投行 Piper Jaffray 的最新调查显示,Snapchat 已经超越 Instagram、Twitter 和 Facebook,成为最受美国青少年欢迎的网络社交平台之一。

然而,我们不得不说的是,Snap 推出的三重股权结构股票在包含一定合理性的同时,也暴露出控制权安排模式设计的一些缺陷。首先,在 Snap 推出的三重股权结构股票下,没有投票权的 A 类股票持有人与拥有绝对控制权的 C 类股票持有人被人为地割裂,彼此对立。我们知道,在双重股权结构下,通过推出不平等投票权使创业团队更迭可能性降低,持有 B 类股票的创业团队事实上获得了持有 A 类股票股东的长期聘用,由此在 A 类和 B 类股票股东之

当野蛮人遭遇内部人：
中国公司治理现实困境

间实现了从短期雇佣合约到长期合伙合约的转化。二者之间所建立的长期合作关系体现在以下两个方面。其一，通过向持有 A 类股票的股东承诺高的投资回报，使他们愿意与持有 B 类股票的创业团队一道分担公司未来的经营风险。其二，使持有 B 类股票的创业团队更加专注于所擅长的业务模式创新，因而二者之间的合作是建立在专业化分工基础上的深度合作。由此，双重股权结构股票不仅在建立长期合伙关系的 A 和 B 类股票持有股东之间不仅实现了风险的共担，而且实现了更加精细的专业化分工，极大地提升了管理效率。作为对照，Snap 推出的三重股权结构股票在防御野蛮人入侵上"有余"，而在在不同类型股票持有人之间建立长期合作关系、实现合作共赢方面则显得"不足"。持有 A 股的股东没有投票权，无从参与和过问公司事务。容易理解，这些股东更多地被用来与持有 C 类股票的联合创始人分担风险以"共苦"，却没有相应的机制来保证他们未来一定可以分享企业发展的红利以"同甘"。被"剥夺"投票权的持有 A 类股票的股东显然并不打算长期持有 Snap 的股份，而是随时等待"以脚投票"时机的出现。我们看到，目前 Snap 推出的三重股权结构股票并没有使持有不同类型股票的股东基于各自的专长（例如风险分担或业务模式的创新）实现专业化分工基础上的长期深度合作，而是人为地把股东分成不同的阵营，彼此孤立和相互对立。这是 Snap 推出的三重股权结构股票目前看来不够成熟的地方之一。

其次，持有 A、B、C 三类股票的股东之间缺乏顺畅的身份转化和退出机制，使公司未来的发展片面依赖于持有 C 类股票的联合创始人，控制权安排的风险陡然增加。我们知道，在双重股权结构股票中，A 类和 B 类股票持有人之间通常存在顺畅的身份转换和退出机制。如果持有 B 类股票的创业团队对未来业务模式创新仍然有信心，那么，由创业团队持续持有 B 类股票，继续引领公司向前发展就是最优的控制权安排模式；反过来，如果创业团队对业务

第二篇
防范"野蛮人"入侵的机制设计和制度环境

模式创新和新兴产业发展趋势不再具有很好的理解和把握而选择出售股票,B类股票将自动转化为A类股票,公司重新回到只有A类股票的传统"一股一票"控制权安排模式。全体股东将根据公司治理最优实践来选择优秀的管理团队为股东创造最大价值。因此,在一定意义上,双重股权结构股票的推出实现了控制权在持有B类股票的创业团队与持有A类股票的外部分散投资者之间的状态依存。

对照Snap所推出的三重股权结构股票,虽然在招股说明书中也提及B类股票持有者和C类股票持有者在卖出时分别转为A类股票和B类股票,但同时对C类股票设定了非常苛刻的退出限制。例如,只有当两位创始人持有的C类股票数量低于IPO结束时持有的C类股票数量的30%时,所持有的C类股票才会全部退出成为B类股票;在持有者去世9个月后,C类股票才会自动退出成为B类股票。更加糟糕的是,B类和C类股票最终退出成为的A类股票并没有表决权。这使得在持有B类和C类股票的股东在退出后,Snap无法基于"一股一票"这一股权安排模式建立传统的公司治理构架。这意味着,推出A、B、C三重股权结构股票的Snap的两位联合创始人在最大程度地巩固了自己不可挑战的控制权持有地位的同时,也将Snap未来的经营管理成败与两位联合创始人的个人命运紧紧地绑在一起,使他们的决策不能存在些许失误,否则将面临巨大的风险。

既没有在持有不同类型股票的股东之间建立长期合作关系以提高管理效率,又没有通过建立控制权状态依存的退出转换机制降低未来营运风险,我们看到,购买Snap推出的三重股权结构股票中的A类股票就像是在下赌注。如果说在双层股权结构中,投资者通过选择低表决权的A类股票一定程度上向持有B类股票的创业团队传递了鉴于后者对业务模式创新的引领和未来盈利前景的信心心甘情愿放弃控制权的意愿,那么,被迫持有Snap发行的没有

当野蛮人遭遇内部人：
中国公司治理现实困境

投票权的 A 类股票股东则变得既不心甘,也不情愿,而是在积极等待一个时机,等待在被 B 类和 C 类股票股东抛弃前,首先抛弃他们。这事实上就是在成功 IPO 不久后,我们观察到 Snap 股价一路下跌,很快跌破 IPO 当日开盘价,进入低位徘徊背后的原因。

我们把"一股一票""双重股权结构"和"三重股权结构"在现金流与控制权分离程度、对业务模式前景信心的信号传递、风险分担与业务模式创新专业化分工程度退出机制和控制权的状态依存等方面的差异总结为表 1。

表 1 不同控制权安排模式的比较

	一股一票	双重股权结构股票	三重股权结构股票
现金流权与控制权的分离程度	不分离	中度分离	高度分离
对业务模式前景的信号传递	无信号	强的信号	超强的信号
风险分担与业务模式创新专业化分工程度	分工程度低	分工程度中	分工程度高
风险的分担	同甘共苦	(长期)合作(才能)共赢	只共苦(分担风险),不同甘
退出机制和控制权的状态依存	以脚投票	控制权的状态依存	缺乏退出和转换机制,以脚投票

我国资本市场目前正在积极探索建立双重股权结构的股票发行模式,而 Snap 推出的三重股权结构的相关实践无疑为我们带来了十分重要的启发。第一,在控制权安排模式选择上,推行不平等投票权并非对投资者利益最不好的保护,而"一股一票"也并非对投资者利益最好的保护。从 Snap 发行三重股权结构股票 IPO 的例子来看,如果声誉良好的创业团队能够向投资者传递对公司未

第二篇
防范"野蛮人"入侵的机制设计和制度环境

来前景充满信心的信号,并获得投资者的一定认同,即使没有投票权,依然会受到投资者的追捧和超额认购。在资本市场,应该向投资者提供多层次、多样化的投资选择,以满足投资者的不同投资需求。同样重要的是,Google、Facebook等美国企业和百度、京东等在美国上市等众多中国企业之所以青睐双重股权结构,一定程度上反映了在经历接管浪潮中野蛮人肆意入侵后美国实务界和学术界对原来认为不利于投资者权利保护的不平等投票权的重新认识。面对门外野蛮人的入侵,双重股权结构股票的推出将一定程度上鼓励创业团队长期的人力资本投资。看起来是不平等的投票权一方面使持有B类股票创业团队专注于业务模式创新,另一方面使持有A类股票的分散股东避免对自己并不擅长的业务模式指手画脚,仅仅着力于风险分担,最终在两类股东之间实现了投资回报的"平等"。相信对于进入分散股权时代的我国资本市场,面对野蛮人入侵的潜在威胁,推出双重股权结构股票发行制度不仅变得十分必要,而且十分紧迫。

第二,在控制权安排模式选择上,避免将股东割裂成彼此对立的阵营,而是努力在不同股东之间建立长期合作关系,实现合作共赢。从Snap的案例我们看到,控制权安排的设计人试图在不具有表决权的A类股票持有人与由两位联合创始人分享的一股十票投票权的C类股票持有人之间建立长期合作关系。A类股票持有人被C类股票持有人人为地割裂开来。在从C类股票转化为A类股票的过程中,不仅有很高的限制,而且中间还夹杂着一股一票的B类股票。上述设计使得A类和C类股票持有人之间看起来仿佛存在不可逾越的鸿沟。相比而言,一些双重股权结构股票设计通过推出与A类一股一票略有差异的一股五票、一股十票既实现了对控制权的掌握,又通过较大比例的资金投入表达出愿意与A类股东分担风险的诚意。因此,在未来我国推出类似的不平等投票权设计过程中,应该将两类股票投票权的差异控制在合理的范围,避

当野蛮人遭遇内部人：
中国公司治理现实困境

免人为地割裂。

第三，在控制权安排模式设计上，要努力在不同类型的股东之间建立顺畅的转换和退出机制，以实现控制权安排的状态依存。Snap推出的三重股权结构股票中暴露的很多问题集中在不具有投票权的A股上。缺乏同甘共苦的诚意和回到传统公司治理构架的困难使得三重股权结构中的A类股票持有人身上投机性十足。不平等投票权设计原本期望建立的长期合伙关系演变为一次或数次包括对IPO在内的赌注。这是我国资本市场在推出类似制度时的大忌。一个有生命力的控制权安排模式不仅在于其有助于实现短期雇佣合约向长期合伙合约的转化，还在于基于良好退出路径的控制权安排的状态依存。

当然，我们现在就断言Snap推出的三重股权结构股票注定失败为时尚早，最终结论的得出依然有待于长期的观察。但其暴露出来的制度设计缺陷无疑为我国正在酝酿的双重股权结构股票发行制度的推出提供了前车之鉴。我们需要及时吸取一切国家资本市场建设的成功经验和失败教训，以积极推动我国有序健康资本市场的建设和完善。

第二篇
防范"野蛮人"入侵的机制设计和制度环境

延伸阅读

Snap 三重股权结构案例研究[*]

一、问题提出

2017年3月2日,著名手机应用 Snapchat 的上市主体 Snap 在美国纽约证券交易所成功上市。值得关注的是,Snap 同时发行 A、B、C 三类股票,其中 A 类股票没有投票权,B 类股票每股一份投票权,C 类股票每股十份投票权。Snap 由此成为全球最早发行三重股权结构股票的公司之一。我们把类似于 Snap,对所发行的三类股票设置不同投票权的控制权安排设计称为"不平等投票权"的股票发行。

回顾"不平等投票权"的股票发行的历史,我们不难发现,"不平等投票权"的股票发行并非像人们想象的一样,随着近年来高科技产业兴起,为适应上述产业发展的变化而出现的新的公司控制权安排形式。早在两百多年前美国出现的用来限制大股东的权力、防范大股东剥削小股东的渐减投票权(graduated voting rights)股票就是一种具有"不平等投票权"的股票。即使是最典型的"不平等投票权"股票——双重股权结构股票,其从诞生到繁荣,到再度繁荣也经历了上百年的历史。双重股权结构股票,又被称为 AB 类股票结构,不同于 Snap 发行的三重股权结构股票,其发行的股票分为两类。其中,A 类股票每股拥有一份投票权,B 类股票每股拥有多于一份的投票权,从而形成所谓的"同股不同权"构架。通过

---

[*] 该案例为郑志刚、关田田合作研究整理,曾以"'不平等投票权'的股票发行与控制权安排设计制度创新的边界——基于 Snap 三重股权结构的案例研究"为题发表于《金融评论》2018年第2期。

当野蛮人遭遇内部人：
中国公司治理现实困境

双重股权结构股票发行形成的不平等投票权有助于将控制权更加集中地掌握在持有 B 类股票的创业团队手中。

从发行已逾百年的双重股权结构股票，到如今 Snap 推出的三重股权结构股票，控制权安排设计的合理边界在公司治理理论和实务界始终存在广泛的争议。早期一些学者认为，双重股权结构股票的发行违反了对投资者权益保护更加充分的"同股同权"原则，帮助公司内部人以较小的现金流权利，实现了与现金流能力不匹配的对公司事项产生实质影响的能力，形成了所谓"控制权与现金流权的分离"，为内部人"隧道挖掘"公司资源、损害外部分散股东的利益创造了条件。然而，在 20 世纪 80 年代美国的并购浪潮中，人们见证了双重股权结构股票在抵御"野蛮人入侵"问题上的有效性，公司治理理论界和实务界开始重新认识双重股权结构股票在控制权安排制度设计上所包含的合理性。郑志刚等（2016）基于变相推出不平等投票权的阿里合伙人制度的案例研究表明，创业团队和外部股东之间的不平等投票权的控制权安排设计，有助于实现二者之间从短期雇佣合约向长期合伙合约的转换，提升管理效率，实现合作共赢。在一些双重股权结构股票的控制权安排设计中，出售 B 类股票将导致这部分 B 类股票自动转化为 A 类股票，从而实现控制权在持有 A 类股票的外部投资者和持有 B 类股票的创业团队之间的状态依存。如果持有 B 类股票的创业团队对未来业务模式创新仍然有信心，那么，由创业团队持续持有 B 类股票，继续引领公司向前发展就是最优的控制权安排模式；反过来，如果创业团队对业务模式创新和新兴产业发展趋势不再具有很好的理解和把握，则可以选择出售股票，B 类股票将自动转化为 A 类股票，公司重新回到只有 A 类股票的传统"一股一票"控制权安排模式。全体股东将根据公司治理最优实践来选择优秀的管理团队为股东创造最大价值。由于上述制度设计的优良特性，以双重股权结构股票为代表的不平等投票权的股票发行成为 Google、Facebook

第二篇
防范"野蛮人"入侵的机制设计和制度环境

等诸多科技类企业青睐的上市实现形式。

2015年万科股权之争的爆发标志着我国资本市场开始进入股权分散时代,传说中的"门外野蛮人"近在咫尺。我国公司治理的理论界和实务界迫切需要思考面对野蛮人入侵如何保护创业团队的人力资本投资激励问题。然而,我国资本市场目前尚不允许发行具有双重股权结构或类似于阿里合伙人制度的不平等投票权的股票。而以双重股权结构股票为代表的不平等投票权股票的控制权安排制度设计无疑将成为防范野蛮人入侵十分重要的制度设计。2017年3月2日Snap在美国上市推出的包含无投票权股票的三重股权结构股票,把不平等投票权的控制权安排设计推向了一个新高度。对Snap推出的三重股权结构股票控制权安排设计中所包含的合理性和潜在缺陷的思考,无疑将为我国资本市场积极探索推出双重股权结构股票带来直接的启发。

基于对Snap"不平等投票权"的股票发行和控制权安排制度设计的案例研究,本文的研究表明:推出三重股权结构股票,一方面是Snap基于市场对公司业务模式创新、创业团队自身管理营运能力的认同,进一步向市场传递管理团队对公司发展前景充满信心的信号,因而有其现实合理性;另一方面则人为地割裂了没有投票权的A类股票持有人与拥有绝对控制权的C类股票持有人,既没有在二者之间建立长期合作关系以提高管理效率,又没有通过建立控制权状态依存的退出转换机制降低未来营运风险,使公司未来的发展片面依赖持有C类股票的联合创始人,控制权安排的风险陡然增加。

在认识Snap三重股权结构股票在"不平等投票权"的股票发行和控制权安排设计中所包含的合理性和潜在缺陷的基础上,本文进一步通过比较三重股权结构股票与"一股一票"和双重股权结构股票在信号传递、风险分担和退出机制等控制权安排设计上的差异,揭示了"不平等投票权"的股票发行和控制权安排制度设计

当野蛮人遭遇内部人：
中国公司治理现实困境

需要遵循的基本原则,为我国资本市场未来推出双重股权结构股票过程中合理把握控制权安排设计制度创新的边界带来丰富的政策含义。

本文以下部分的内容组织如下。第二部分介绍 Snap 公司的发展历程和经营现状,描述 Snap 首次公开募股之后的市场反应,并解释其可能原因;第三部分分析 Snap 三重股权结构股票发行与控制权安排制度设计所包含的现实合理性和潜在缺陷;第四部分对"一股一票""双重股权结构"和"三重股权结构"进行比较,结合港交所近期推出的允许"同股不同权"架构公司上市的决策,讨论控制权安排制度设计应该遵循的原则和创新的边界;第五部分简单总结全文。

二、从热捧到冷遇：Snap 艰辛的资本市场之旅

（一）Snap 和它的三重股权结构股票的发行

Snap 是著名手机应用 Snapchat 的上市主体。Snapchat 是一款在 2011 年由两名斯坦福大学学生 Evan Spiegel 和 Bobby Murphy 共同设计研发的摄影类手机应用。用户可以通过 Snapchat 互相发送称作"snap"的短视频、文字信息和照片。这些"snap"的特点是"阅后即焚",也就是发送出去的"snap"在对方浏览后一定时间内将会被自动删除,对方无法保存这些"snap"。除了互相发送短视频、照片和文字信息外,Snapchat 还拓展了一些新功能,包括对拍摄的照片进行创意处理,运用多个"snap"创造生活故事,保存自己创造的"snap"等。可以看到,由于所创造的"阅后即焚"模式使用户在隐私权的保护和观点分享的愿望满足之间找到了一种很好的平衡,Snapchat 在应用商店上架后立即受到 18—34 岁的年轻群体的热烈欢迎。目前每天有平均 1.58 亿人使用 Snapchat,每天有超过 25 亿个"snap"被创造出来。Snapchat 是目前最受美国青少年欢迎的网络社交平台之一。

第二篇
防范"野蛮人"入侵的机制设计和制度环境

Snap 于 2017 年 3 月 2 日通过发行三重股权结构股票在美国纽约证券交易所成功上市。在所发行的三类股票中,A 类股票是在纽约证券交易所流通的股票,不包含任何投票权;B 类股票全部由公司高管和早期投资者持有,B 类股票每股对应一份投票权;C 类股票由公司联合创始人 Evan Spiegel 和 Bobby Murphy 各持有 50%。C 类股票每股对应 10 份投票权。按照相关规定,Snap 不具有投票权的 A 类股票股东将不能享有以下通常对于普通股股东来说十分重要的权益:提名、选举或更换董事会成员;提交股东建议书;向董事会施压要求解雇 CEO 或其他公司高级管理成员;影响 Snap 和其他公司合并或接管其他公司的计划;及时知晓是否有对冲基金或其他大型投资机构持有 Snap 超过 5%的股票。

表 1 报告了 Snap 在进行首次公开募股时的投票权分布情况。可以看到,两位联合创始人 Evan Spiegel 和 Bobby Murphy 合计拥有 Snap 43.6%的股份,却拥有 88.6%的投票权,从而实现了对 Snap 的绝对控制。在招股说明书中,Snap 对上述"不平等投票权"的股票发行和控制权安排设计的解释是,"我们认为这样的投票权结构能够帮助我们维持创始人对公司的领导,并帮助我们增加公司价值。我们认为我们目前取得的巨大成功应该归功于创始人的领导力、创造性思维和管理能力。我们坚信保持创始人的领导地位未来能够带给公司和股票持有者充足的收益"。虽然早有 Google、Facebook 这类硅谷创新企业由企业创始人掌握公司大部分控制权的先例,但是 Snap 显然把这种"不平等投票权"的股票发行和控制权安排设计发挥到了极致。

表 1 Snap 上市时投票权分布 (单位:%)

持股人	投票权
Even Spegiel	44.30
Bobby Murphy	44.30

当野蛮人遭遇内部人：
中国公司治理现实困境

（续表）

持股人	投票权
Benchmark Capital	2.70
Lightspeed Venture Parteners	1.80
General Catalyst	*
SV Angel	*

*表示投票权小于1%。
资料来源：Snap招股说明书。

表2比较了Snap的三重股权结构股票与Facebook、Google、京东和百度等发行双重股权结构投票的公司的控制权与现金流权的分离程度。这里的现金流权指的是投资者实际投入的资金占公司资本的比例，反映投资者的责任承担能力。而控制权则指的是投票权带来的在股东大会表决上对公司重大事项通过的影响力。理论上，二者的分离程度越高，意味着实际控制人影响力与责任承担能力越不对称，从而对外部分散股东利益进行隧道挖掘的可能性越大。从表2我们看到，虽然低于京东和百度，但Snap控制权与现金流权的分离程度却明显高于Facebook和Google，表明Snap在A类股票持有人与C类股票持有人之间存在一定程度的利益冲突。特别是由于A类股票没有投票权，持有人无法通过参与股东大会投票表决途径保护自己的权益，Snap面临的上述利益冲突会更加突出。

表2 Snap等控制权与现金流权分离程度的比较　（单位:%）

	创始人现金流权利	创始人投票权	分离程度
Snap	43.80	88.60	44.80
Facebook	28.20	58.90	30.70
Google	31.30	41.00	9.70

第二篇
防范"野蛮人"入侵的机制设计和制度环境

（续表）

	创始人现金流权利	创始人投票权	分离程度
京东	23.10	83.70	60.60
百度	22.40	68.17	45.77

资料来源：作者根据公开资料整理。

（二）Snap上市后的股票和业绩表现

在上市前，Snap公布其IPO（首次公开募股）发行价为每股17美元，高于此前市场预期的14—16美元。表3比较了几家发行不平等投票权股票的科技类创新型公司IPO的市场表现。我们看到，即使与其他几家同样以不平等投票权上市的科技类创新型企业相比，Snap在上市首日的表现依然可圈可点。Snap不仅上市首日股价涨幅非常高，而且实现的融资总金额也相当可观。2017年3月2日Snap在纽约股票交易所公开上市后，按发行价计算，Snap通过IPO共筹集到34亿美元，公司估值达到240亿美元，成为继2012年Facebook上市以来美国本土公司首次公开上市后市值最高的公司。这在一定程度上表明，Snap的IPO受到了市场和投资者的热捧。

表3 Snap、Facebook、Google、京东、百度 IPO 首日市场表现

	IPO 发行价（美元）	上市首日收盘价（美元）	上市首日股价涨幅（%）	IPO 融资额（亿美元）
Snap	17.00	24.48	44.00	34.00
Facebook	38.00	38.23	61.00	160.00
Google	85.00	100.34	18.05	16.70
京东	19.00	20.9	10.00	17.80
百度	27.00	122.54	353.85	1.09

资料来源：作者根据公开资料整理。

当野蛮人遭遇内部人:
中国公司治理现实困境

虽然 Snap 上市首日市场反应热烈,但仍有不少机构投资者和分析师持观望甚至否定的态度。据英国《金融时报》报道①,美国加利福尼亚州退休教师养老基金(CalPERS)的一名高管曾致信 Snap,反对其发行无投票权的股票;在由协会成员联名签字的信中,美国机构投资者协会劝告 Snap 的联合创始人应该重新思考股权结构;另一家大型投资机构的领导人则表达了对 Snap 上市的担忧,"这可能会打开其他公司用同种方式上市的闸门";就在 Snap 公布发行多层股权结构股票的同一周,投资者管理集团(ISG)②开始在美国上市公司中倡导和推行《美国上市公司的公司治理原则》,其中第 2 项内容为:"股东应按其经济利益的比例享有投票权";美国大型机构投资人甚至准备开始抱团游说标普、道·琼斯指数公司和指数供应商 MSCI,欲阻止 Snap 和其他向投资人出售无投票权股票的公司入选股票指数。

事实上,从传统的通过预测企业未来现金流来判断企业价值的净现值法(NPV)来看,Snap 有十分明显的不利于增加未来现金流的因素。至少存在以下三个方面:(1)Snap 盈利能力不足。Snap 在 2015 年下半年才开始探索商业化,目前尚没有形成稳定的盈利模式,且净亏损有扩大的趋势,这使投资者对公司未来的盈利能力产生担忧。(2)Snap 面临着来自 Facebook、电视网络的竞争压力。Snap 与 Facebook 等应用软件具有相近的功能和目标群体,在争夺用户上面临着激烈的竞争。(3)Snap 年轻的管理团队的经营能力和管理风格有待观察。Snap 拥有一个十分年轻的高管团队,CEO

---

① 参见英国《金融时报》于 2017 年 3 月 12 日以"Snap's Offer of Voteless Shares Angers Big Investors"为题的报道(https://www.ft.com/content/17dB65c0-e997-11e6-893c-082c54a7f539)。

② ISG 的创始成员为美国先锋集团(Vanguard Group)、贝莱德集团(BlackRock, Inc.)、威灵顿管理公司(Wellington Management Company)及普信(T. Rowe Price)等 16 个美国和国际机构投资者,在美国股票市场管理超过总计 17 万亿美元的资产。

第二篇
防范"野蛮人"入侵的机制设计和制度环境

(首席执行官)Evan Spiegel 和 CTO(首席技术官)Bobby Murphy 的年龄均不满 30 岁。由于 Snap 的主要高管团队成员还非常年轻,外界对其经营能力和管理风格还无法做出清晰的判断。

上述对 Snap 负面观望的判断和盈利能力的担忧最终体现在股价的波动上。在上市次日(2017 年 3 月 3 日)收盘价达到每股 27.09 美元的最高点后,Snap 的股价开始波动下跌;在 2017 年 7 月 10 日跌破发行价后,Snap 的股价出现了较长时间的低迷,一直在 15 美元左右波动,并在 2017 年 8 月 11 日一度跌至历史最低点 11.83 美元;截至 2018 年 2 月 9 日,Snap 股价仅仅略高于发行价,报收 18.8 美元。而 Snap 的股价之所以能够重回发行价以上,主要是因为在 2018 年 2 月 7 日,Snap 发布了超出市场预期的 2017 年第四季度业绩报告。美国纳斯达克交易所官网的资料显示,目前众多投资机构对 Snap 一年内的目标股价为 15 美元,低于其上市发行价每股 17 美元。我们看到,随着市场预期的理性回归,对 Snap 的追捧热度有所下降,外界对 Snap 发展前景的预测也显得更为谨慎。表 4 显示了 Snap 上市后的市场表现。

表 4 Snap 上市后的市场表现　　　　(单位:美元)

	Q1 2017	Q2 2017	Q3 2017	Q4 2017
3 个月末	03/31/2017	06/30/2017	09/30/2017	12/31/2017
最新价	22.53	17.77	14.54	14.61
开盘价	24.00	22.70	17.91	14.60
最高价	29.44	23.57	17.92	16.88
最低价	18.90	17.00	11.28	12.10
市值(亿美元)	265.60	209.69	174.73	178.56

资料来源:作者根据公开资料整理。

上市后的 Snap 在 2017 年第二、三季度的业绩表现没有达到此前分析师们的预期。Snapchat 每日活跃用户量增速放缓,其中

当野蛮人遭遇内部人：
中国公司治理现实困境

2017年第三季度的新增用户数量为450万人，远低于此前分析师预测的800万人。用户数量无疑是衡量Snap发展前景的重要指标，原因是Snap的收入几乎全部来自广告，而用户数量直接影响商家投放广告的意愿。不尽如人意的用户增长数量显示，Snapchat面临着来自Facebook和Instagram的巨大竞争压力。Snap公司同时承认对自己的首个实物产品"Spectacle"眼镜的受欢迎程度做出了错误判断，"Spectacle"眼镜销售低迷，存货累积，造成了4 000万美元的损失计提。

近期(2018年2月9日)股价提升的主要原因是Snap在2017年第四季度的业绩表现优于市场预期。Snap在2018年2月7日发布了2017财年第四季度财报。报告显示，Snap 2017年第四季度每日活跃用户人数为1.87亿人，环比增加约900万人，增幅约为5%；同比增加2 880万人，增幅为18%；Snap第四季度平均每用户收入为1.53美元，同比增长46%，环比增长31%(如表5所示)。虽然Snap 2017年第四季度平均每用户收入成本同比上涨5%至1.02美元，但需要说明的是，平均每用户收入成本仍低于其ARPU值(从全球每位用户身上平均获得收入)，且比第三季度下降14%。

表5　Snap每日活跃后用户数和平均每用户收入增长情况

	Q1 2017	Q2 2017	Q3 2017	Q4 2017
每日活跃用户数(百万)	166	173	178	187
增长率(%)	5.00	4.22	2.89	5.06
平均每用户收入(美元)	0.9	1.05	1.17	1.53
增长率(%)	-14.20	16.67	11.43	30.77

资料来源：作者根据公开资料整理。

如表6所示，Snap第四季度营收为2.857亿美元，相较于上一季度增长37.4%，与上年同期相比增长72%；第四季度净亏损为

第二篇
防范"野蛮人"入侵的机制设计和制度环境

3.50 亿美元,相较于上一季度减少 1 亿美元,但与上年同期的净亏损 1.70 亿美元相比扩大了一倍,Snap 第四季度每股摊薄亏损 0.28 美元;EBITDA(息税折旧摊销前利润)为负 3.4 亿美元;Snap 本季度的自由现金流为负 1.9 亿美元,而上年同期为负 1.881 亿美元。

表 6　Snap 上市后的业绩表现　　　（单位:百万美元）

	Q1 2017	Q2 2017	Q3 2017	Q4 2017
主营业务收入	149.6480	181.6710	207.9370	285.6930
毛利润	-13.7100	29.5230	-2.7730	94.4470
息税折旧摊销前利润	-2 201.3170	-436.4330	-444.3600	-342.1780
净利润	-2 208.8370	-443.0930	-443.1590	-349.9770
EPS(美元)	-2.3100	-0.3600	-0.3600	-0.2800

资料来源:Snap 季度报告。

Snap 第四季度总成本和支出为 6.47 亿美元,相比之下上年同期为 3.35 亿美元。其中,主营业务成本为 1.91 亿美元,高于上年同期的 1.53 亿美元;研发支出为 2.34 亿美元,高于上年同期的 6 496 万美元;销售和营销支出为 1.07 亿美元,高于上年同期的 5 039 万美元;一般行政管理开支为 1.08 亿美元,同样高于上年同期的 6 672 万美元(如表 7 所示)。Snap 第四季度运营亏损为 3.61 亿美元,与上年同期的运营亏损 1.70 亿美元相比有所扩大。

表 7　Snap 上市后的成本支出情况　　　（单位:百万美元）

	Q1 2017	Q2 2017	Q3 2017	Q4 2017
主营业务成本	163.36	152.15	210.71	191.25
研发支出	805.85	255.74	239.44	233.84
销售及营销支出	217.13	89.31	98.69	107.02
一般行政管理开支	1 172.05	129.86	115.26	107.89

资料来源:Snap 季度报告。

当野蛮人遭遇内部人：
中国公司治理现实困境

在整个 2017 财年，Snap 的总营收为 8.249 亿美元，比 2016 财年的 4.045 亿美元增长 104%；净亏损为 34.45 亿美元，远高于 2016 财年亏损的 5.15 亿美元。

我们看到，2017 年第四季度 Snap 在人们关注的收入增长和用户数量增长上扭转了前三个季度的颓势，超出了华尔街分析师们的预期，引发了股价反弹。但是 Snap 的整体业绩仍然让那些基于基本面进行决策的投资者感到担忧。Snap 还为收入的增长付出了巨大的成本代价。相较于 2016 年，Snap 在 2017 年的成本出现爆炸式增长，其中研发支出同比上涨了 260%，销售和营销支出跃升了 119%，一般行政管理开支上涨了 67%。Snap 还持续快速扩大员工队伍，平均每月雇用约 100 名新员工。由于成本飙升，2017 年净亏损大幅增加，自由现金流缺口扩大到 8.192 亿美元。同时 Snap 的员工激励是以部分牺牲股东利益为代价的。Snap 在第四季度报告了 1.81 亿美元的股票薪酬支出，而上年同期仅为 680 万美元。快速的现金消耗是 Snap 面临的重要问题，虽然目前 Snap 资产负债表上仍有约 20 亿美元现金，在短期内不会面临现金紧缺，但是如果不能削减成本，而是继续以这样的速度消耗现金，Snap 很快将需要筹集资金。

基于近期（2018 年 2 月 9 日）的股价，Snap 的估值约为 240 亿美元，是 2017 年销售额的近 30 倍。即使对于一家科技类创新型上市企业来说，这也是一个非常高的估值。虽然 Snap 目前收入增长速度较快，但是获取收入的成本和消耗现金的速度也在大幅提高。这使得 Snap 陷入两难困境：如果 Snap 减少支出，控制成本，它将很难继续维持较高速度的收入增长。更加糟糕的是，Snap 仍然没有向投资者提供长期的盈利路线图，面对 Facebook 和 Instagram 等对手的竞争，Snap 未来的发展仍然面临着诸多挑战。

现在让我们来看 IPO 后 Snap 股权结构的一些变化。Snap 内部人员持股比例从 30.43% 下降到 25.06%，持股人数从 12 人上升

第二篇
防范"野蛮人"入侵的机制设计和制度环境

至16人。在内部持有人中,两位联合创始人的持股数量依然最多,且持股数量在IPO后没有发生变化。其他高层管理人员的持股数量和比例略有变动。机构投资者的持股比例上升,从18.14%上升至32.98%。值得注意的是,腾讯在2017年第四季度买入Snap接近1.46亿份无投票权的A类股票,成为Snap目前持A类股数量最多的股东。虽然持股结构有所变化,但我们不难发现,Snap依然维持着三层股权结构,"同股不同权",由创始人掌握对公司控制权的内核并没有发生改变。

三、Snap控制权安排设计的合理性和可能缺陷

第二节的分析表明,在IPO后并不太长的时间内,Snap经历了从市场的"热捧"到"冷遇",之后股价陷入长期低位徘徊。除了缺乏稳定的盈利模式、竞争对手强劲和经营能力不确定等这些看得到的原因外,本节将从控制权安排设计的角度,通过讨论Snap上市发行三重股权结构股票所包含的现实合理性和制度设计缺陷,揭示其从受市场热捧到遭受冷遇背后深层次的原因。

(一)Snap三重股权结构控制权安排设计的现实合理性

Snap在股权结构设计上的"胆大妄为"无疑构成对传统上注重投资者权益保护的公司治理理论和实践的新挑战。一些学者担心,Snap的成功上市会鼓励其他高估值的公司选择同样方式上市,削弱投资者在公司经营方面的话语权,激化外部分散投资者与公司管理层之间的矛盾。对控制权安排模式演进历史的回顾清晰地告诉我们,市场总会自发内生地创造一些新的控制权安排模式,以积极应对外部环境的变化。有鉴于此,在分析Snap在控制权安排设计中可能存在明显的纰漏和缺陷之前,我们试图首先寻找Snap发行三重股权结构股票所可能包含的控制权安排设计的现实合理性和理论逻辑。

Snap发行三重股权结构股票所包含的现实合理性和理论逻辑

当野蛮人遭遇内部人：
中国公司治理现实困境

主要体现在以下几个方面。第一，投资者在 IPO 中追捧并超额认购 Snap 发行的 A 类股票一定程度上是基于对该公司业务模式创新和创业团队自身管理营运能力的认同。作为一家成立仅仅 6 年、在 2015 年下半年才开始商业化转型的公司，今天的 Snap 无疑是成功的。Snapchat 在应用商店上架之后用户增长速度极快，特别是在 18—34 岁的年轻群体中非常受欢迎。这显然离不开创始人 Evan Spiegel 和 Bobby Murphy 敏锐的商业嗅觉和超凡的创造力。Snap 从 2015 年下半年开始探索商业化道路，在 2015 年当年即实现总收入 0.587 亿美元，2016 年实现总营收 4.04 亿美元，2017 年总营收更是达到 8.249 亿美元。Snap 的 ARPU（从全球每位用户身上平均获得收入）也从 2015 年第四季度的 0.31 美元增长到 2017 年第四季度的 1.53 美元。Snap 已经取得的骄人成绩增加了创始人团队与外部投资者围绕控制权安排设计讨价还价的自信和底气。

第二，通过三重股权结构股票的发行，Snap 联合创始人 Evan Spiegel 和 Bobby Murphy 向资本市场传递了极为明确和强烈的对公司未来业务发展模式和盈利前景充满信心的信号。众所周知，在拟上市企业与潜在的外部投资者之间存在信息不对称是资本市场的常态。信息不对称的结果是被称为"逆向选择"的低效经济后果的出现。外部投资者由于无法获得拟上市公司业务发展模式新的消息，宁愿相信其盈利前景和以往类似公司一样，而放弃认购所发行的股票，使得拟上市公司无法实现外部融资的目的。为了在 IPO 中吸引更多的外部投资者，拟上市公司需要向投资者传递公司价值的特殊信号，而"内部管理者持股"则被认为是一种可以用来有效传递公司价值的"特殊"信号之一。按照 Leland and Pyle（1977），看似作为激励手段的管理层持股事实上将向投资者传递对公司发展前景充满信心的信号，管理层持股比例越高，未来所承担的经营风险越高，表明管理层对公司的发展前景越有信心。在 Snap 的股

第二篇
防范"野蛮人"入侵的机制设计和制度环境

权结构安排中,两位联合创始人不仅拥有大量的 A 类股票,而且分享全部 C 类股票,这使得两人合计拥有该公司 88.6%的投票权,Snap 由此被牢牢掌控在两位联合创始人手中。相比双重股权结构股票,Snap 所发行的三重股权结构股票事实上完成了更为强烈的信号传递:两位联合创始人对公司未来发展前景如此充满信心,以至于不愿为野蛮人入侵留下任何可乘之机。上述控制权安排模式传递的积极信号无疑会感染并吸引大量的外部投资者,因此该公司在 IPO 时受到投资者热捧并获得超额认购一定程度上与此不无关系。

(二) Snap 通过三重股权结构股票发行完成的控制权安排可能存在的制度设计缺陷

Snap 发行的三重股权结构股票在包含一定现实合理性的同时,也暴露出控制权安排设计中存在的一些缺陷。

首先,没有投票权的 A 类股票持有人与拥有绝对控制权的 C 类股票持有人,只"共苦"不"同甘",被人为地割裂为两个彼此对立的阵营。在双重股权结构下,通过发行具有不平等投票权的股票使创业团队更迭的可能性降低,持有 B 类股票的创业团队事实上获得持有 A 类股票股东的长期"聘用",由此在 A 类和 B 类股票股东之间实现了从"短期雇佣合约"到"长期合伙合约"的转化;在双重股权结构下,双重股权结构股票发行构成持有 B 类股票的创业团队向外部投资者发出识别项目潜在投资价值信号的"市场解决方案",成为分别持有 A 类股票和 B 类股票的股东建立长期合作共赢的"合伙人"(合作伙伴)关系的开始;能够有效防范外部野蛮人入侵的双重股权结构股票发行形成了创业团队人力资本投资的激励,使创业团队心无旁骛地专注业务模式的创新。因而,面对令人眼花缭乱、应接不暇的新兴产业业务模式创新,通过允许其持有具有更大投票权比例的 B 类股票,把公司实际控制权交给引领业务模式创新的创业团队将是"理性无知的"外部投资者的理性选择。

当野蛮人遭遇内部人：
中国公司治理现实困境

由此,在持有 B 类股票的创业团队和持有 A 类股票的外部分散股东之间建立了长期合伙人关系,不仅实现了风险的共担,而且实现了更加精细的专业化分工,极大地提升了管理效率,形成双方长期"合作共赢"良性互动的局面。

作为对照,Snap 发行的三重股权结构股票在防御野蛮人入侵上"有余",而在不同类型股票持有人之间建立长期合作关系、实现合作共赢方面则显得"不足"。持有 Snap A 类股票的股东没有投票权,无从通过股东大会等传统途径参与过问公司事务。在没有现实途径保障投资权益的情况下,被"剥夺"投票权的持有 A 类股票的股东显然并不打算长期持有 Snap 的股份,而是随时等待"以脚投票"时机的出现。在 Snap 发行的三重股权结构股票下,A 类股票持有者被用于和持有 B 类股票、C 类股票的内部管理者共同承担风险,却没有相应的机制保障使 A 类股票持有者能够在未来分享到 Snap 发展带来的红利,使得 A 类股票持有者所承担的风险和预期收益看上去并不平衡。换句话说,这些股东更多地被用来与持有 C 类股票的联合创始人分担风险以"共苦",却没有相应的机制来保证他们未来一定可以分享企业发展的红利以"同甘"。因此,目前 Snap 发行的三重股权结构股票并没有使持有不同类型的股票股东基于各自的专长(例如风险分担或业务模式的创新)实现基于专业化分工基础上的长期深度合作,而是人为地把股东分成不同的阵营,彼此孤立和相互对立。这是 Snap 发行的三重股权结构股票目前看来不够成熟的地方之一。

第二,持有 A、B、C 三类股票的股东之间缺乏顺畅的身份转化和退出机制,使公司未来的发展片面依赖持有 C 类股票的联合创始人,控制权安排的风险陡然增加。在双重股权结构股票中,A 类和 B 类股票持有人之间通常存在顺畅的身份转换和退出机制。如果持有 B 类股票的创业团队对未来业务模式创新仍然有信心,那么,由创业团队持续持有 B 类股票、继续引领公司向前发展就是最

第二篇
防范"野蛮人"入侵的机制设计和制度环境

优的控制权安排模式;反过来,如果创业团队对业务模式创新和新兴产业发展趋势不再具有很好的理解和把握而选择出售股票,那么 B 类股票将自动转化为 A 类股票,公司重新回到只有 A 类股票的传统"一股一票"控制权安排模式。全体股东将根据公司治理最优实践来招聘优秀的管理团队为股东创造最大价值。因此,双重股权结构股票的发行事实上实现了控制权在持有 B 类股票的创业团队与持有 A 类股票的外部分散投资者之间的状态依存。

对照 Snap 所发行的三重股权结构股票,虽然在招股说明书中同样提及 B 类股票和 C 类股票在卖出时自动转为 A 类股票和 B 类股票,但由于对 C 类股票设定了非常苛刻的退出机制,使得上述转换的实现变得困难重重。例如,当两位创始人持有的 C 类股票数量低于 IPO 结束时持有的 C 类股票数量的 30% 时,所持有的 C 类股票才将会全部退出,成为 B 类股票;在持有者去世 9 个月后,C 类股票才会自动退出,成为 B 类股票。

更加糟糕的是,B 类和 C 类股票最终退出成为的 A 类股票并没有投票权。这使得在持有 B 类和 C 类股票的股东退出后,Snap 无法像双重股权结构股票一样基于"一股一票"的控制权安排模式建立传统的公司治理构架。这意味着,发行 A、B、C 三重股权结构股票的 Snap 的两位联合创始人在最大限度地巩固了自己不可挑战的控制权持有地位的同时,也将 Snap 未来的经营管理成败与其个人命运紧紧地捆绑在一起,使他们的决策不能存在些许失误,否则将面临巨大的风险。

Snap 发行的三重股权结构股票既没有在持有不同类型股票的股东之间建立长期合作关系以提高经营管理效率,又没有通过建立控制权状态依存的退出转换机制降低未来营运风险,购买 Snap 发行的三重股权结构股票中的 A 类股票就像是在下赌注。如果说在双重股权结构股票发行中,投资者通过选择低表决权的 A 类股票一定程度上向持有 B 类股票的创业团队传递了鉴于后者对业务

当野蛮人遭遇内部人：
中国公司治理现实困境

模式创新的引领和未来盈利前景的信心心甘情愿放弃控制权的意愿,那么,怀有复杂动机而"被迫"持有 Snap 发行的没有投票权的 A 类股票持有人则变得既不心甘,也不情愿,而是在积极等待一个时机,等待在被 B 类和 C 类股票持有人抛弃前,首先抛弃他们。这事实上就是本文所观察到的 Snap 在成功 IPO 不久后,股价一路下跌,很快跌破 IPO 当日开盘价,进入低位徘徊背后的原因。

四、讨论：控制权安排设计制度创新的边界

在第三部分分析 Snap 三重股权结构的控制权安排制度设计所包含的现实合理性和潜在制度设计缺陷的基础上,本部分对"一股一票""双重股权结构"和"三重股权结构"等不同控制权安排模式进行比较,讨论控制权安排制度设计应该遵循的基本原则和控制权安排制度创新的边界。注意到三重股权结构股票中 A 类股票和优先股一样没有投票权,在第(一)小节首先比较三重股权结构与优先股的异同,从新的角度揭示三重股权结构股票的本质属性;第(二)小节进一步将三重股权结构与"一股一票"和双重股权结构等不同的控制权安排模式在信号传递强弱、风险分担程度高低和是否存在退出机制等方面进行比较;第(三)小节讨论阿里的合伙人制度与"同股不同权"控制权安排的其他实现形式;第(四)小节讨论"同股不同权"上市制度改革在中国香港资本市场的探索;第(五)小节总结控制权安排设计制度创新的合理边界,以及 Snap 和阿里的案例与中国香港"同股不同权"上市制度改革实践对中国内地资本市场控制权安排设计制度创新的启示。

（一）三重股权机构股票与优先股的比较

Snap 在控制权安排设计上的激进之处不仅体现在超越资本市场更为常见的 A、B 双重股权结构股票,推出三重股权结构股票,而且在其所发行的三类股票中,有一类股票(A 类)是没有投票权的。发行没有投票权的股票显然并非 Snap 的首创。谷歌曾于 2012 年

第二篇
防范"野蛮人"入侵的机制设计和制度环境

4月13日增加发行无表决权股份(non-voting share),旨在缓解由于股票或期权补偿导致的创始人控制力下降。谷歌首席执行官拉里和联合创始人布林对此的解释是,"我们已经为谷歌奋斗了很多年,还希望能为它奋斗更长的时间。因此,我们希望公司的架构可以确保我们实现改变世界的愿望"。

需要提醒读者注意的是,无论是谷歌发行的无表决权股份,还是Snap发行的A类股票,看似不具有投票权,但它们并非优先股,依然是普通股。表8比较了Snap发行的A、B、C三类股票与优先股在有无投票权、是否可以上市交易、持有人身份以及享受权益的优先权方面的异同。我们看到,Snap三重股权结构中的A类股票和优先股的相同之处是二者都没有投票权。但与优先股相比,本质上属于普通股的Snap三重股权结构股票中的A类股票既没有稳定的分红,也没有在股利回报和剩余财产分配上的优先权。这意味着,Snap发行的A类普通股净得优先股之"弊",却无占优先股之"利"。这是拟上市公司在未来发行"不平等投票权"股票和控制权安排设计时需要引以为鉴的地方。

表8 优先股和Snap A类、B类、C类股票的对比

	优先股	A股	B股	C股
投票权	无投票权	无投票权	一股一份投票权	一股十份投票权
是否上市交易	可以上市交易	上市交易	基本不上市交易	基本不上市交易
持有者	外部投资者	外部投资者	内部管理者	创始人
权益	稳定的分红;剩余财产分配优先权	A股、B股、C股具有相同权益		

资料来源:作者整理。

（二）不同控制权安排模式的比较

回顾控制权安排设计的发展历史，我们看到，首先可以把股票区分为没有投票权的优先股和（通常有投票权的）普通股。在围绕普通股的控制权安排设计从中，又进一步从"一股一票"这一传统的控制权安排模式出发，逐步演化出双重股权结构股票，从平等投票权股票的发行转向不平等投票权股票的发行。Snap 于 2017 年 3 月 2 日在美国上市推出的三重股权结构股票无疑把以"不平等投票权"为特征的控制权安排设计推向了一个新高度。在第三部分分析 Snap 三重股权结构股票控制权安排制度设计所包含的现实合理性和潜在制度设计缺陷的基础上，本小节围绕在现金流与控制权的分离程度、对业务模式前景信心的信号传递的强弱、风险分担与业务模式创新专业化分工程度的高低、退出机制和控制权的状态依存等方面的异同对"一股一票""双重股权结构"和"三重股权结构"这三种不同控制权安排模式进行比较。表 9 对"一股一票""双重股权结构"和"三重股权结构"三种控制权安排模式进行了比较。

表 9 "一股一票""双重股权结构"与"三重股权结构"
等控制权安排模式的比较

比较事项	控制权安排模式		
	一股一票	双重股权结构股票	三重股权结构股票
现金流与控制权的分离程度	不分离	中度分离	高度分离
对业务模式前景的信号传递	无信号	强的信号	超强的信号
风险分担与业务模式创新专业化分工程度	分工程度低	分工程度中	分工程度高

第二篇
防范"野蛮人"入侵的机制设计和制度环境

（续表）

比较事项	控制权安排模式		
	一股一票	双重股权结构股票	三重股权结构股票
风险分担	同甘共苦	（长期）合作（才能）共赢	只共苦（分担风险），不同甘
退出机制和控制权的状态依存	传统公司治理机制和以脚投票	控制权的状态依存	缺乏退出和转换机制，以脚投票

资料来源：作者整理。

从表9能够看到，在现金流权与控制权的分离程度上，"一股一票"控制权安排模式下的现金流权与控制权在理论上可以完全对称，不存在分离。这里需要说明的是，现实中并非"一股一票"控制权安排模式下就不会出现现金流权与控制权的分离。借助金字塔控股结构和交叉持股等，处于控制链顶端的最终所有者仍然可以形成对处于末端的子或孙公司的现金流权与控制权的分离，从而使前者对后者资源进行隧道挖掘成为可能。在双重股权结构下，A类股票持有者与B类股票持有者的投票权并"不平等"，因而现金流权与控制权是直接（中度）分离的。例如，在发行双重股权结构股票的Google，持股31.3%的创始人却拥有41%的投票权，现金流权与控制权分离程度为9.7%；而在Snap发行的三重股权结构股票下，不具有投票权的A类股票发行使得控制权与现金流权的分离程度明显加大，持股43.8%的两位联合创始人拥有88.6%的投票权，分离程度高达44%。这里同样需要说明的是，并非三重股权结构股票发行导致的控制权与现金流权分离程度总是高于双重股权结构股票，而是取决于不同类型股票赋予投票权的不平等程度。从表2可以看到，京东虽然发行的是双重股权结构股票，但其B类股票一股具有20份投票权，其控制权与现金流权分离程度甚至高于发行三重股权结构股票的Snap。原因是Snap投票权最高的C

当野蛮人遭遇内部人：
中国公司治理现实困境

类股票一股只有10份投票权,其投票权不平等程度要低于京东所发行的一股具有20份投票权的B类股票。

从创业团队对业务模式前景信心传递的信号强弱程度来看,"一股一票"作为传统的控制权安排模式,并未向外界传递太多的信息。在双重股权结构股票发行下,通过把具有更高投票权比例的B类股票,从而不平等的投票权集中在创业团队手中,不啻在向投资者昭告,"业务模式你们不懂,但我懂,你们只需要做一个普通出资者就够了"。这无疑会吸引那些为无法理解一个新兴产业业务模式而困惑不解的投资者的目光。在这一意义上,双层股权结构股票的发行恰恰构成资本市场为了解决创业团队和外部投资者围绕业务模式的信息不对称问题,由创业团队向外部投资者发出的一个重要信号。而Snap发行的三重股权结构股票无疑向资本市场传递了更加明确和强烈的信号:两位联合创始人对公司未来发展前景如此充满信心,以至于不愿为野蛮人入侵留下任何可乘之机。Snap发行的三重股权结构股票因此在防范野蛮人入侵问题上变得十分有效。

从风险分担与业务模式创新专业化分工程度看,在"一股一票"控制权安排模式下,全体股东不仅承担与出资比例匹配的风险,而且以和出资比例对应的投票权参与公司重大事项的讨论和决策。尽管现代股份公司本身是资本社会化与经理人职业化这一专业化分工的产物,但由于股东既需要分担风险,又需要参与业务模式创新等公司重大事务的决策,专业化分工程度相对有限。而在双重股权结构股票模式下,通过建立长期合伙关系,A类股票持有者不仅愿意与持有B类股票的创业团队一道分担公司未来的经营风险,而且"心甘情愿"地把自己无法把握的业务模式相关决策交给具有信息优势的持有B类股的创业团队,实现了A类、B类股票持有者之间在专业化分工基础上的深度合作。而Snap发行的三重股权结构股票无疑在A股和C股股票持有人之间的专业化分工

第二篇
防范"野蛮人"入侵的机制设计和制度环境

程度加深方面似乎又向前"迈出了一步"。被"剥夺"表决权的 A 类股票持有人甚至无权对公司的任何经营管理事务"指手画脚",只能听任持有 C 类股票的实际控制人"肆意妄为",除了在他们认为适当的时机"以脚投票"。

从风险分担程度看,在"一股一票"控制权安排模式下,有限责任制下的全体股东以出资额为限共同承担企业未来的经营风险。在双重股权结构下,不平等投票权股票的发行使创业团队更迭可能性无限降低,持有 B 类股票的创业团队事实上获得持有 A 类股票股东的长期聘用,由此在持有 B 类股票的创业团队和持有 A 类股票的股东之间实现了从短期雇佣合约到长期合伙合约的转化。建立长期合伙关系的 A 类和 B 类股票持有股东之间不仅实现了风险的共担,而且实现了更加精细的专业化分工,极大地提升了管理效率,最终实现合作共赢。而在三重股权结构下,持有 A 类股票的股东并没有投票权,从而无从参与过问公司经营管理事务。显然这些股东更多地被用来与持有 C 类股票的联合创始人分担风险以"共苦",却没有相应的机制(例如股东大会的投票表决等)来保证他们未来一定可以分享企业发展的红利以"同甘"。因此被"剥夺"投票权的 A 类股票持有者难以与创业团队建立长期合作关系,而是在等待"以脚投票"时机的出现。

最后,从退出机制和控制权安排的状态依存来看,在"一股一票"控制权安排模式下,除了通过股东大会投票表决和选举董事会等传统公司治理机制来保障股东权益外,股东可以选择"以脚投票"的方式表达对现有管理团队差强人意的业绩表现的不满。在发行双重股权结构股票的控制权安排模式下,通常从 B 类股票到 A 类股票存在明确的退出路径,因而公司控制权是在持有 B 股的创业团队与持有 A 股的外部分散投资者之间状态依存的。例如,Facebook 在发行双重股权结构股票时同时规定:如果持有 B 类股票的股东在上市之后选择出售股份,那么这些股票将被自动转换

当野蛮人遭遇内部人：
中国公司治理现实困境

为 A 类股票。这意味着,给定持有 B 类股票的扎克伯格等人对 Facebook 未来业务模式创新仍然有信心,那么,就继续由扎克伯格等领导 Facebook;反过来,如果有一天扎克伯格等人感到无法很好地把握业务模式创新而选择出售持有的 B 类股票,此时 B 类股票将自动转化为 A 类股票,Facebook 由此重新回到只有一类股票的传统"一股一票"控制权安排模式。Facebook 全体股东将根据公司治理最优实践通过股东大会投票表决选择从市场招聘的优秀管理团队为股东创造最大价值。而在 Snap 发行三重股权结构股票的控制权安排模式下,第三部分的分析表明,在 A、B、C 三类股票的持有人之间缺乏顺畅的身份转化和退出机制,使公司未来的发展片面依赖持有 C 类股票的联合创始人,控制权安排的风险陡然增加。在一定意义上,三重股权结构股票的发行将 Snap 未来经营管理的成败与两位联合创始人的个人能力和运气紧紧地捆绑在一起,一旦两位联合创始人出现任何决策失误,遭受损失的将不仅是这两位决策者,还包括那些没有参与决策,甚至眼睁睁看他们犯错误但无能为力的外部投资者们。

(三) 阿里的合伙人制度与"同股不同权"控制权安排的其他实现形式

阿里巴巴是形式上在"同股同权"框架下,但按照不平等投票权股票设计逻辑开展公司控制权安排制度创新的一个有趣案例。阿里于 2014 年 9 月 19 日在美国纽交所上市。在形式上,阿里遵循"同股同权"构架,没有发行双重股权结构股票下的 AB 股,只有一类股票,但通过推出合伙人制度,阿里变相地实现了"同股不同权"的不平等投票权股票的发行,因而同样成为不平等投票权公司控制权安排制度创新的典型案例。

与 Facebook 发行的双重股权结构股票和 Snap 发行的三重股权结构股票类似,阿里通过合伙人制度变相实现的"不平等"投票权股票发行从表面上看与"同股同权"所宣扬的"平等"格格不入。

第二篇
防范"野蛮人"入侵的机制设计和制度环境

在阿里的股权结构安排上,第一大股东日本孙正义控股的软银和第二大股东雅虎分别持有阿里 31.8% 和 15.3% 的股份。由 27 位资深高管组成的阿里合伙人共同持有 13%,其中马云本人持股仅 7.6%。然而,按照阿里公司章程的相关规定,以马云为首的阿里合伙人有权任命阿里董事会的大多数成员。从 10 人组成的阿里董事会来看,除了 5 位外部董事,5 位执行董事全部由合伙人提名。阿里大部分的执行董事和几乎全部重要高管都由阿里合伙人团队成员出任。持股比例高达 31.8% 的第一大股东软银并没有像在我国"一股独大"公司治理模式下所司空见惯的那样由大股东主导公司治理制度安排。软银不仅没有委派董事长和董事,甚至还放弃了董事候选人的提名权,仅仅在董事会中委派了一名不参与实际表决的观察员。而持股 15% 的雅虎更是连观察员都没有委派。软银和雅虎通过支持合伙人制度,将阿里的实际控制权交给持股比例仅 13% 的阿里合伙人,使阿里合伙人成为阿里的实际控制人。

我们看到,软银看似放弃了对阿里的控制权,把对阿里董事会组织等实际控制权交给以马云为首的合伙人团队,但软银从上述实际控制权的放弃中实现了与阿里合伙人的长期合作共赢,由此赚得盆满钵满。从实质看,"同股不同权"的股票发行依然是对股东作为公司治理权威所享有的所有者权益的事实尊重,只不过以看起来"不平等"的方式("同股不同权")实现了股东收益最大化所带来的事实上的更加"平等"。

需要说明的是,虽然阿里合伙人制度和 Facebook、京东和百度等采用的双重股权结构股票发行从实质看都形成了"同股不同权"的控制权安排,但二者之间在以下方面存在一些不同。①双重股权结构下的 B 类股票持有人和三重股权结构下的 C 类股票持有人的创业团队往往由少数人组成,而合伙人制度则以更大规模创业团队集体的方式与外部股东建立长期合伙关系。例如,"长期合伙合约"下的马云合伙人团队成为阿里事实上的"不变的董事长"或

当野蛮人遭遇内部人：
中国公司治理现实困境

"董事会中的董事会"，实现了"管理团队事前组建"和"公司治理机制前置"。前者通过优秀人才的储备和管理团队磨合成本的减少，后者通过雇员持股计划的推出和共同认同的企业文化的培育，使阿里实现了管理效率的提升和交易成本的节省。这是阿里合伙人制度十分独特的地方。②相对于合伙人制度，双重股权结构股票在实践中已经形成一定的制度雏形和实操规则，退出和转换机制显得成熟稳健。正如第三部分所指出的，扎克伯格等一旦出售所持有的 Facebook B 类股票，这些股票将自动转换为 A 类股票，公司控制权相应从扎克伯格回到持有 A 类股票的股东手中。控制权安排相应完成从"同股不同权"下的"不平等投票权"向"同股同权"下的"一股一票"的转化。然而，对照阿里合伙人制度，目前尚未观察到类似的有效退出机制，虽然阿里公司章程中提及"当马云持股不低于 1%，合伙人对阿里董事会拥有特别提名权，可任命半数以上的董事会成员"等相关规定。阿里合伙人制度的自身建设和完善由此也成为未来影响阿里持续稳定发展的一个不容忽视的因素。

（四）"同股不同权"上市制度改革在中国香港的探索

2017 年 12 月 15 日晚间，香港联交所宣布启动新一轮上市制度改革。主要内容是将在主板上市规则中新增两个章节，其中一个重要章节即"接受同股不同权企业上市"。此次改革被认为是中国香港资本市场 24 年来最重大的一次上市制度改革。

港交所推出上述改革举措显然并非一时的心血来潮。这一改革的最初缘起恰恰与 2014 年阿里巴巴在中国香港上市的失败和之后在美国上市的成功有关。曾经挂牌 P2P 业务的港交所一度是阿里优先考虑的上市目的地。但持股比例并不高的马云等阿里合伙人希望以董事会组织的方式获得对阿里的实际控制，而这显然是当时仍然奉行"同股同权"原则的港交所所无法接受的。阿里被迫选择到能够接纳同股不同权构架的美国上市，并获得巨大成功。

第二篇
防范"野蛮人"入侵的机制设计和制度环境

时任阿里巴巴集团 CEO 的陆兆禧先生在阿里放弃在中国香港上市后曾明确提到,"今天的中国香港市场,对新兴企业的治理结构创新还需要时间研究和消化"。面对类似阿里这样的优质公司流失,港交所开始反思,并尝试推出类似今天的改革举措。

我们看到,虽然港交所未来将通过在《主板规则》中新增章节的形式容许不同投票权架构的新经济公司上市,但借鉴其他国家和地区资本市场的经验和教训,对拟申请上市公司的资格和条件提出了全面细致的要求。在公司性质方面,港交所要求拟申请公司必须是满足特定要求的创新产业公司;在公司业务方面,拟申请公司需要提供业务高增长的记录,并证明高增长是可持续的;港交所还要求拟申请公司的价值主要来自无形人力资源,不仅每名超级投票权持有人的技能、知识或战略方针对推动公司业务增长有实质贡献,而且他们均需积极参与业务营运的行政事务,为业务持续增长做出重大贡献;在市场认可方面,拟申请公司需要得到包括金融机构在内的资深投资者提供有实质意义而非象征性的投资。此外,在政策执行的初期,港交所将要求拟申请公司预期市值不少于 100 亿港元。这意味着只有发展成熟、知名度高,甚至某种程度上已受到公众关注的公司才能申请以同股不同权架构上市。

除了对拟申请公司上市资格提出严格要求外,港交所还将制定额外保障措施,限制超级投票权持有人所持有的超级投票权比重,以保障普通投资者的权益。港交所规定超级投票权股票所附带的投票权不得超过普通股东"一股一票"投票权的 10 倍,每股 10 票成为拟上市公司赋予不平等投票权股票所包含的投票权的上限;一股一票的普通股东所持有的在股东大会的投票权不少于 10%;港交所保留拒绝拟申请公司发行完全没有投票权普通股,以及其他不符合监管常态的不平等投票权架构的上市申请的权利;超级投票权股票在出售、转让或被继承后将失去超级投票权;拥有

当野蛮人遭遇内部人：
中国公司治理现实困境

超级投票权股票的管理层在本人离职后,其股份将不再具有超级投票权;公司章程内要加入令小股东能较易采取法律程序维护自己权益的相应条款等。

对照港交所未来拟采用的"同股不同权"股票发行上市规则,我们不难发现,Snap发行的三重股权结构股票至少在A类股票不具有投票权,C类股票每股10份投票权,以及一股一票股东所持有股东大会合格投票权不得少于10%等方面已经违反或接近违反,因而像Snap这样控制权安排设计较为极端的"同股不同权"架构的公司仍然会被挡在香港资本市场的门外,尽管港交所这次上市制度改革的目的是增加香港资本市场的"包容性"。

(五)"同股不同权"公司控制权安排的新革命与制度创新的边界

无论阿里的合伙人制度,还是Facebook、京东和百度等的双重股权结构股票,背后体现的"同股不同权"构架的控制权安排都实现了创业团队与外部投资者之间从短期雇佣合约到长期合伙合约的转化,成为公司控制权安排的新革命。因而,此次港交所"同股不同权"上市制度改革的意义显然并非增加香港资本市场的"包容性"那么简单。它不仅有助于提高主要资本市场之间吸引优质企业上市的竞争力,而且成为一次加快资本市场和公司治理制度纵深建设的重要契机。

第一,通过"同股不同权"上市制度改革,同股同权下的股东与经理人之间的关系将具备由之前的短期雇佣合约向长期合伙合约转变的可能性。亚当·斯密在《国富论》中很早提及,"在钱财的处理上,股份公司的董事是为他人尽力,而私人合伙公司的伙员,则纯为自己打算。所以,要想股份公司的董事们监视钱财用途,像私人合伙公司伙员那样用意周到,那是很难做到的。有如富家管事一样,他们往往拘泥于小节,而殊非主人的荣誉,因此他们非常容易使他们自己在保有荣誉这一点上置之不顾了。于是,疏忽和浪

第二篇
防范"野蛮人"入侵的机制设计和制度环境

费,常为股份公司业务经营上多少难免的弊端"。经理人股权激励的目的是希望协调股东与经理人二者之间的代理冲突,"使经理人同时成为股东"。只不过与股权激励计划往往是针对不同经理人提出不同方案不同,同股不同权上市制度安排则使得经理人开始即不仅持有股权,而且使股东心知肚明经理人将成为未来必须长期面对的稳定合伙人。通过推出同股不同权的上市制度,公司开创了"铁打的经理人,流水的股东",甚至"铁打的经理人,铁打的股东"的新局面。

第二,通过"同股不同权"上市制度改革,股东和经理人之间实现了专业化的深度分工,提升了管理效率。在京东等双重股权结构股票和阿里合伙人制度下,一方面由刘强东、阿里合伙人等专注业务模式创新,另一方面则由持有A类股票的外部投资者和软银、雅虎等股东专注风险分担,双方由此实现了专业化的深度分工,提升了管理效率。这事实上也是现代股份公司诞生以来公司控制权安排制度创新所一直秉持的专业化分工逻辑的延续。

第三,同股不同权上市制度的客观好处是可以有效防范野蛮人入侵,这对于进入分散股权时代的我国资本市场意义尤为重大。从2015年万科股权之争开始,我国上市公司第一大股东平均持股比例开始低于被认为象征"一票否决权"的33.3%。这标志着我国资本市场开始进入分散股权时代,野蛮人出没和控制权之争由此将成为我国资本市场的常态。然而,当万科创始人王石率领的管理团队由于所谓"野蛮人"的入侵而焦头烂额、寝食难安时,阿里合伙人与刘强东通过上述公司控制权安排可以心无旁骛地致力于业务模式的创新,业务发展一日千里。一方面,王石团队与宝能等围绕"谁的万科"争论不休;另一方面,"阿里不仅是软银、雅虎的,而且是马云创业团队的,是大家的阿里"。这事实上同样是双重股权结构股票在经历了近百年的"不平等"指责后重新获得理论界与实务界认同背后的重要原因之一。同股不同权的双重股权

当野蛮人遭遇内部人：
中国公司治理现实困境

结构股票看似"不平等"，却更好地实现了对投资者权益的"平等"保护。

第四，面对资本市场中众多的潜在投资项目，敢于选择同股不同权构架上市的公司显然在向投资者展示创业团队对业务模式的自信，因而成为投资者识别独特业务模式和投资对象的信号。如果说旧车市场是靠质量担保来传递旧车质量的信号，那么，同股不同权股票发行相比于之前的同股同权构架，则构成了拟上市公司可供选择的博弈论中的"分离战略"，成为传递业务模式独特性的重要信号。

目前内地资本市场上市制度仍然遵循着同股同权的原则。一方面，我国资本市场进入分散股权时代使上市公司所面临"野蛮人入侵"的窘境迫使公司治理学术界和理论界积极思考如何在保护投资者权益和鼓励创业团队围绕业务模式创新的人力资本投资激励之间平衡；另一方面，由于"对新兴企业的治理结构创新还需要时间研究和消化"，我国A股市场与香港资本市场痛失百度、阿里巴巴、腾讯等优质公司的上市，而港交所通过近期开展的"同股不同权"上市制度改革正在迎头赶上。因而，未来中国资本市场应逐步放松对一股一票原则的要求，允许新兴产业创业团队以发行具有双层股权结构的股票上市，甚至像阿里一样推出合伙人制度，一定程度上成为学界和业界的共识。而Snap发行的三重股权结构股票以及港交所上市公司制度改革的实践无疑为我国资本市场上市制度改革提供了积极的借鉴。

具体而言，我国在进行"同股不同权"控制权安排制度设计创新时应把握以下边界。第一，避免将股东割裂成彼此对立的阵营，而是努力在不同股东之间建立长期合伙关系，实现合作共赢。从Snap的案例我们看到，不具有表决权的A类股票与由两位联合创始人分享的一股十票投票权的C类股票之间存在复杂的转化机制，A类和C类股票持有人无意之中被分割为两个彼此对立的阵

第二篇
防范"野蛮人"入侵的机制设计和制度环境

营。这与在二者之间建立长期合伙关系、实现合作共赢的初衷相去甚远。相比而言,一些双重股权结构股票设计,通过推出与 A 类一股一票略有差异的一股五票、一股十票的 B 类股票,既实现了创业团队对控制权的掌握,又通过创业团队较大比例的资金投入表达出愿意与 A 类股东分担风险的诚意。因此,在未来我国推出类似的不平等投票权股票设计过程中,应该使两类股票投票权的差异控制在合理的范围,避免人为地割裂。而港交所推出的"超级投票权股票所附带的投票权不得超过普通股东'一股一票'投票权的 10 倍"等规定可以作为内地资本市场监管当局和拟采取以同股不同权构架上市的公司的参考和借鉴。至于是否有投资者愿意购买形式和/或实质具有不平等投票权的股票,并以什么价格购买,市场将会形成理性的判断。

第二,在控制权安排模式设计上,要努力在不同类型的股东之间建立顺畅的转换和退出机制,以实现控制权安排的状态依存。Snap 发行的三重股权结构股票中暴露的很多问题集中在不具有投票权的 A 类股票上。缺乏同甘共苦的诚意和回到传统公司治理构架的困难使得三重股权结构中 A 类股票持有人身上投机性十足。不平等投票权设计原本期望建立的长期合伙关系演变为一次或数次包括对 IPO 在内的赌注。这是我国资本市场在推出类似上市公司改革时的大忌。一个有生命力的控制权安排模式不仅在于其有助于实现短期雇佣合约向长期合伙合约的转化,还在于基于良好退出路径的控制权安排的状态依存。

五、结论

在经历接管浪潮中野蛮人肆意入侵后,公司治理实务界和学术界对原来认为不利于投资者权益保护的不平等投票权股票有了重新认识。近十几年来,以双重股权结构股票发行为代表的"同股不同权"上市构架在美国科技创新型企业中得到了广泛应用。

当野蛮人遭遇内部人：
中国公司治理现实困境

Snap 在 IPO 中发行的三重股权结构股票是在双重股权结构股票基础上对公司控制权安排模式的"新"的创新。它一方面加剧了现金流权和控制权的分离，加强了公司向外界传递业务模式前景的信号强度，提高了风险分担与业务模式创新专业化的分工程度，另一方面由于缺乏不同控制权安排模式下顺畅的转化和控制权的状态依存，无法在创业团队和股东之间建立长期稳定的合作关系。市场在对 IPO 的 Snap 短暂追捧后恢复冷静，长期处于低位徘徊的局面。这在一定程度上反映出市场对这一"同股不同权构架"下的控制权安排创新的认同程度有限。

本文得到的主要结论是：

第一，Snap 三重股权结构股票的推出包含着一定的现实合理性。Snap 在 IPO 时受到投资者热烈追捧，一方面表明外部投资者对该公司业务模式创新和创业团队自身管理营运能力的认同；另一方面表明它向资本市场传递了极为明确和强烈的创业团队对业务模式盈利前景充满信心的信号。积极的信号感染并吸引了大量的外部投资者，帮助外部投资者在众多潜在投资项目中识别出 Snap 独特的业务模式。

第二，虽然 Snap 三重股权结构存在现实合理性，但是这一控制权安排存在制度设计缺陷。主要体现在以下两个方面：①持有 A 类股票的外部股东和持有 C 类股票的创业团队共同承担经营风险，却没有相应的机制保障持有 A 类股票的外部股东能够在未来分享到 Snap 发展带来的红利。A 类股票持有人与 C 类股票持有人被人为地割裂为彼此对立的两个阵营；②Snap 发行的三重股权结构股票缺乏不同控制权安排模式下顺畅的转化，形成控制权的状态依存，使公司未来的发展片面依赖持有 C 类股票的联合创始人，控制权安排的风险陡然增加。由于上述两方面因素，对 Snap A 类股票的投资演变为一场赌注。

第三，港交所近期推出的"同股不同权"架构的上市制度改革

第二篇 防范"野蛮人"入侵的机制设计和制度环境

顺应了香港投资市场的多元化,使中国香港成为更具吸引力 IPO 市场的发展需要。在允许"同股不同权"架构的公司上市的同时,港交所也对拟申请公司资格做出严格限制,并跟进了普通投资者权益保障的制度安排。中国香港资本市场的先行实践再次提醒内地监管当局,未来中国资本市场应逐步放松对"同股同权"上市制度的原则限制,允许新兴产业创业团队以发行双重股权结构的股票在内地上市,甚至可以像阿里一样,通过推出合伙人制度变相地实现"同股不同权"控制权安排。

第四,"同股不同权"构架的控制权安排实现了创业团队与外部投资者之间从短期雇佣合约到长期合伙合约的转化,成为公司控制权安排的一场新革命。它不仅有助于提高主要资本市场之间吸引优质企业上市的竞争力,而且成为一次加快资本市场和公司治理制度纵深建设的重要契机。(1)"不平等投票权"股票的发行成为投资者识别创业团队独特业务模式的信号,有助于减少由于信息不对称引发的投资逆向选择问题;(2)通过"同股不同权"上市制度改革,同股同权下的股东与经理人之间的关系将具备由之前的短期雇佣合约向长期合伙合约转变的可能性;(3)通过"同股不同权"上市制度改革,股东和经理人之间实现了专业化的深度分工,提升了管理效率;(4)"不平等投票权"股票的发行可以有效防范野蛮人入侵,鼓励创业团队以业务模式创新为特征的人力资本投资。这对于进入分散股权时代、野蛮人出没成为常态的我国资本市场的繁荣稳定发展具有十分重要的现实意义。与传统的"同股同权"构架下的上市制度相比,"同股不同权"构架成为公司控制权安排的一场新革命。

第五,基于 Snap 发行的三重股权结构股票以及港交所上市公司制度改革的实践,我国内地资本市场在进行"同股不同权"控制权安排制度设计创新时应把握以下边界。(1)避免将股东割裂成彼此对立的阵营,而是努力在不同股东之间建立长期合伙关系,实现合作共赢。在未来我国推出类似的不平等投票权股票设计过程中,应该使两类股票投票权的差异控制在合理的范围,避免人为地割裂。(2)在控制权安排模式设计上,要努力在不同类型的股东之间建立顺畅的转换和退出机制,以实现控制权安排的状态依存。

"万科股权之争"启示录[*]

历时两年的"万科股权之争"随着新一届董事会的产生徐徐落下帷幕。但作为我国资本市场发展历程中重要的公司治理事件,学术界与实务界对万科股权之争的讨论仍在持续中。

让我们首先了解一下万科股权之争发生的大的时代背景。概括而言,那就是上市公司治理模式在经历了从"一股独大"到"股权分散"的转变之后,我国资本市场开始进入分散股权时代。在万科股权之争发生的2015年,我国上市公司第一大股东平均持股比例下降到甚至无法实现相对控股的33%左右。上述转变一方面是由于法律对投资者权益保护的事实增强和资本市场初步具备分散风险的功能,第一大股东并不需要通过集中更多的股份来保护自己的权益;另一方面是由于2007年股权分置改革的完成和全流通的实现使公司控制权转让在技术上成为可能。而2010年以来此起彼伏的险资举牌则加速了股权分散化的过程。我国资本市场由此进入分散股权时代。在一定意义上,万科股权之争成为我国资本市场进入分散股权时代的标志。

如果说我国资本市场进入分散股权时代是万科股权之争发生的大的时代背景,那么,万科股权之争的现实困境一定程度上则是由于"中国式内部人控制"遭遇"外部野蛮人入侵"引起的。之所以把它称为"中国式",是由于这类内部人控制形成的原因不同于引

---

[*] 本文曾以"'万科股权之争'启示录"为题发表在FT中文网,2017年7月26日。

当野蛮人遭遇内部人：
中国公司治理现实困境

发英美等国传统内部人控制问题的股权高度分散和向管理层推行股权激励计划，而是与我国资本市场制度背景下特殊的政治、社会、历史、文化和利益等因素联系在一起。首先，金字塔式控股结构的存在和所有者缺位。看起来华润是万科第一大股东，但由于所有者缺位和大股东的"不作为"（长期减持），董事长成为万科的实际控制人。其次，基于社会连接形成的内部人控制网络。在我国改革开放以来并不太长的现代企业发展历程中，几乎每一个成功企业的背后都有一个王石式的企业家，并成为这一企业的灵魂和核心人物。这构成在我国一些公司形成中国式内部人控制问题中十分重要和独特的历史因素。再次，基于政治关联形成的内部人控制网络。无论是万科的前第一大股东华润，还是现第一大股东深铁，都是国资背景。2015年10月，王石出任深圳社会组织总会会长。最后，基于文化传统形成的内部人控制网络。在万科新近召开的股东大会上，郁亮感言，"没有王石主席，也没有万科的郁亮，王石如同伯乐一样发现了我，如同老师一样培养了我"。媒体用"发言至此，郁亮一度哽咽"来形容感激涕零的郁亮。上述种种有形无形的网络和链条共同交织在一起，使得看起来并没有持有太多股份，从而不具备相应的责任承担能力的董事长成为典型的"中国式内部控制人"。

我们看到，当中国式内部人控制遭遇外部野蛮人入侵时，万科股权之争的现实困境出现了。由于国有体制对经理人股权激励计划，甚至经理人收购计划推行的相关有形限制和无形束缚，很多企业家的历史贡献并没有以股权形式得到认同。当面临资本市场的控制权之争，他们的反抗不仅显得无力，有时甚至显得意气用事。这无形中增加了控制权之争的对抗性。不仅失去了公司治理的法理正当性，同时面对公众对遭受野蛮人入侵威胁的管理团队的同情，而且受到心怀怨怼，甚至意气用事的管理团队的激烈抵抗，此时被推上了历史前台的险资举牌注定将在我国资本市场的这一发

第二篇
防范"野蛮人"入侵的机制设计和制度环境

展阶段扮演并不光彩的角色。①

那么,从万科股权之争中,我国公司治理的理论研究者与实务工作者可以得到哪些启示呢?

第一,股权之争的成功化解有赖于纷争双方的互相妥协和退让。王石2015年12月17日在万科内部讲话中表示,"不欢迎宝能系成为第一大股东,因为宝能系'信用不够'"。而宝能系2016年6月26日则突然提出包括罢免王石、郁亮、乔世波等10位董事以及2位监事在内的临时议案。我们知道,在欧美等分散股权结构模式下,如果发生了控制权纠纷,接管方往往会通过推出"金降落伞"等计划,对实际控制权进行"赎回",从而将纷争双方的损失降到最低。"金降落伞"计划背后体现的是妥协的策略和"舍得"的智慧。"金降落伞"由此也成为解决控制权纠纷可供选择的市场化方案之一。

除了"金降落伞"计划,现实中一个有助于纷争双方实现合作共赢的制度设计是基于不平等投票权的控制权安排。通过将控制权锁定业务模式创新的创业团队,看似违反"同股同权"原则的不平等投票权股票实现了创业团队与外部股东从短期雇佣合约到长期合伙合约的转化,最终实现了投资回报的平等。为了说明这一点,让我们设想万科在控制权安排上采用了不平等投票权模式。一方面,如果宝能发现万科具有巨大的投资价值,并认同王石管理层通过持有不平等投票权股票实现的对公司的事实控制,宝能会像阿里的第一大股东软银一样谨守财务投资者的本分,二者由此得以建立长期的"合伙"关系,实现双方合作共赢。另一方面,如果持有超级投票权的管理团队并没有给万科带来实际价值增加,管理团队将被迫转手持有的B类股票。此时B类股票将自动转化为

---

① 参见郑志刚,"中国公司治理困境:当'内部人'遭遇'野蛮人'",FT中文网,2017年6月9日。

当野蛮人遭遇内部人：
中国公司治理现实困境

A类股票，使万科重新回到"一股一票""同股同权"的传统治理模式，从而实现了控制权的状态依存和管理团队的平稳退出。我们注意到，香港联交所于2017年6月16日发布市场咨询文件，提出"吸纳同股不同权架构的科技网络或初创企业赴港上市"。而2017年3月2日，Snap在美国推出有争议的A、B、C三重股权结构股票，其中A类股票甚至没有投票权。我国资本市场应该及时汲取各国资本市场发展的成功经验，加速包括不平等投票权在内的控制权安排的制度创新，在鼓励创业团队的人力资本投资和发挥险资等机构投资者外部治理作用之间实现很好的平衡。

第二，万科股权之争后期出人意料的发展局势还与第三方的过度介入有关。无论证券监管当局的"妖精""害人精"论，还是险资监管当局对资金来源回溯式的"合规性"调查，甚至深圳地方政府的背书都极大地影响了万科股权之争"市场化解决争端"的发展方向。2017年3月16日恒大与深铁签署战略合作框架协议，将下属企业所持有的万科14.07%股份的表决权，不可撤销地委托给深铁；在前不久的董事会换届上，宝能书面同意深铁提出的董事会换届方案。这是包括作者在内的很多万科股权之争的观察者始料未及的。

需要提醒监管当局注意的是，险资作为资本市场发展的重要公司治理力量，是规范引导的问题，而不是打压取缔的问题。如果这次万科股权之争预示着包括险资在内的机构投资者举牌历史的终结，将使资本市场通过并购实现资源优化组合的功能在一定程度上丧失。正如很多有识之士所指出的，只注重增量的IPO发行环节，而忽略并购重组的存量优化功能的中国资本市场将是"跛足"和"畸形"的。

此次万科股权之争也引发了我们对政府监管边界的思考。我们看到，市场能调节和化解的矛盾和问题应该由市场自身去调节和化解。容易理解，今天我国资本市场频繁发生的控制权纷争问

第二篇
防范"野蛮人"入侵的机制设计和制度环境

题一定程度上已经开始超越公司治理问题,逐步演变为法律问题本身。这意味着,未来控制权纠纷的解决需要更多地依赖独立公正的司法裁决和高效有序的公开执行。把市场能解决的还给市场,把法律能解决的还给法律,应该成为政府监管严守的边界和底限。

第三,利益并非完全中性的独董在此次万科股权之争中的角色定位。理论上,以信息更加对称的独董为主的董事会在内部人和野蛮人的控制权纷争中将扮演重要的居中调节角色。接管方在以独董为主的董事会的居中协调下,并最终通过股东大会表决,向管理团队推出"金降落伞"计划,使其主动放弃反并购抵抗;独董主导的董事会提名委员会在听取管理团队和新入主股东意见的基础上,按照实现公司持续稳定发展的原则,遴选和聘任新的经营管理团队。

然而,在我国资本市场无论独董自身的独立性和市场声誉都有待提高的当下,让我们感到困惑的是,如果第二大股东宝能与第一大股东深铁围绕控制权产生新的纠纷,谁将可以成为利益中性的居中调停者?如果独董连第二大股东的利益都无法保护,又何谈保护外部分散股东的利益呢?我们看到,面对类似万科的股权纷争,独董如何保持自身的独立性和建立良好的市场声誉,以扮演可能的居中调节者角色,我国资本市场仍然有很长的路要走。

第四,万科新一届董事会组织中的超额委派董事问题。在万科由 11 名董事组成的新一届董事会中,除了 5 名独立(或外部)董事(其中 1 名为外部董事),其余 6 名为内部董事。其中,持股比例 29% 的深铁推荐了 3 名,占到全部内部董事的 50%,深铁形成事实上的超额委派董事。应该说,超额委派董事现象在我国上市公司中并不是新鲜事物。从 2008 年到 2015 年期间我国不低于 20% 的上市公司曾出现超额委派董事现象。在第一大股东持股比例不足 1/3 的公司中,超过 25% 的上市公司曾出现超额委派董事现象。然

当野蛮人遭遇内部人：
中国公司治理现实困境

而,像万科新一届董事会组成那样,超额委派董事比例不仅远超平均水平,而且持股比例相差不大的第二大股东和第三大股东没有委派董事的现象则并不多见。

我们知道,超额委派董事与利用金字塔结构、家族成员出任董事长一样,是公司治理实践中实现控制权与现金流权分离、加强控制权的重要实现形式。其中,投票表决所体现的控制权代表实际控制人对重大决策的影响力,出资占全部资本比例所体现的现金流权则代表责任承担能力。二者的分离意味着承担责任与享有权利的不对称,形成一种经济学意义上的"负外部性"。理论上,在出现超额委派董事的公司,并不能排除大股东可能利用控制权与现金流权分离,进行资金占用、关联交易等隧道挖掘行为,从而使外部分散股东的利益受到损害的可能性。虽然目前观察到的更多是第一大股东对上市公司支撑的利好消息,但超额委派董事对于万科究竟意味着什么,还有待于未来的进一步观察。

第五,万科新一届董事会组织中的管理层占据太多董事席位的问题。在万科新一届董事会的6名内部董事中,管理层委派了3名,占到全部内部董事的50%。我们这里所能想到的积极意义是,这样做有助于实现管理层与第一大股东的制衡,避免大股东未来可能对经营权的过度干预,甚至阻挠第一大股东未来可能进行的隧道挖掘行为。但其消极意义和积极意义看上去一样明显。那就是管理层占据董事会太多席位将形成"另类的"控制权和现金流权分离。特别是,由于金字塔控股结构下造成的所有者的事实缺位,管理层占据董事会太多席位往往为未来的"内部人控制"创造了条件。这事实上是在英美的很多上市公司中流行除CEO外其余董事会成员全部为独立董事的董事会组织模式背后的原因。

在万科新一届董事会组织中,无论是超额委派董事还是管理层占据太多董事席位都一定程度上反映出,虽然我国资本市场已经进入分散股权时代,但很多上市公司的董事会组织理念仍然停

第二篇
防范"野蛮人"入侵的机制设计和制度环境

留在一股独大的公司治理模式下控股股东对董事会组织大包大揽的阶段。即使一度被称为"公司治理标杆"的万科也不例外。在上述意义上,尽管我国资本市场已经进入分散股权时代,但我国上市公司董事会组织理念仍然需要经历漫长的转型阵痛。

如果此时让我们对董事会换届完成后的万科进行展望,万科新一届董事会组成会留下哪些远忧近虑呢?有以下几个方面值得未来投资者关注:通过超额委派董事实现的控制权与现金流权的分离,第一大股东利用关联交易资金占用进行隧道挖掘的可能性;管理层占据太多董事席位,形成"内部人控制"格局的可能性;实力相当但无第三方制衡的第一大股东与管理层合谋,使外部分散股东的利益受到损害的可能性;第一大股东与管理层新一轮"权力斗争"的可能性;一定程度上丧失独立性的独董无法有效居中调停化解未来发生危机的可能性;等等。

除了上述"远忧近虑",万科股权之争留给资本市场更长期的警示是:今后有谁再敢动这类企业的"奶酪"?当资本市场死气沉沉、万马齐喑时,我们也许将开始怀念一个名叫"宝能"的野蛮人……

当野蛮人遭遇内部人：
中国公司治理现实困境

延伸阅读

南玻 A 的控制权纷争*

与我国 A 股大部分上市公司与生俱来的"一股独大"股权结构不同，南玻 A 从诞生之日起就具有"股权分散"基因，属于我国资本市场中的另类。这集中体现在：设立时四大势均力敌股东"共襄盛举"，上市后两家大股东与高管层"三足鼎立"，以及股权分置改革完成后南玻 A 前十大股东持股比例一度下降到不足 20%。之所以称南玻 A 为我国众多"一股独大"上市公司中的另类，与南玻 A 首任董事长、有"改革闯将"之称的原蛇口工业区管委会主任袁庚独具匠心的理念和制度设计有关。在探索市场经济下股权结构和公司治理机制时，他始终主张："国有企业改制，并不一定实行私有制，最好是多种成分的混合所有制，总之不要由一个大股东说了算。"

2016 年 11 月 14 日，通过举牌成为大股东的宝能系以略高于四分之一的持股比例，迫使南玻 A 原管理团队集体离职，造成震惊一时的"宝能血洗南玻 A 董事会"事件的发生。上述事件成为继万科股权之争后险资举牌"野蛮入侵"的更令资本市场触目惊心的公司治理事件。该事件发生后，监管当局在当时同情从事实业但遭受野蛮人闯入的企业家的舆论环境下，把一些举牌的险资斥责为"妖精""害人精"，并开始加大监管力度，查处举牌险资的资金使用合规性问题，阻止上述野蛮入侵行径再次发生。

---

* 该案例由黄俊凯研究整理。

第二篇
防范"野蛮人"入侵的机制设计和制度环境

从南玻 A 这样的股权分散企业遭遇到的"野蛮人入侵",甚至"血洗"董事会事件中,我们也许能预见到在我国资本市场进入分散股权时代上市公司未来普遍面临的公司治理困境。因此,重新回顾南玻 A 遭遇的野蛮人入侵和血洗董事会事件,对于其他公司积极防范和监管当局开展监管应对具有重要的借鉴价值。

南玻 A 的前身是 1984 年由招商局设立的南方玻璃有限公司,她是与万科、华为、平安、招商银行等在改革开放勃然兴起的时代在蛇口成长起来的第一代企业。四个发起人股东香港招商局轮船股份有限公司、中国北方工业公司深圳分公司等几乎是均匀持股,没有出现绝对甚至相对控股的大股东(见图1)。这很好地体现了袁庚"不要由一个大股东说了算"的股权结构设计理念。尽管出身煊赫,且为中外合资企业(招商局为港资),南方玻璃的最初定位仅仅是一家"皮包公司",其使命只是服务于广东浮法玻璃有限公司(GFG)的建设。在 GFG 建成后,主要股东们一度要求注销南方玻璃。但首任总经理曾南并不甘心,在说服股东后将公司存续了下来。

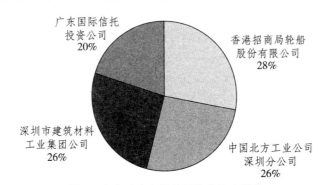

图1 南方玻璃有限公司的发起人股份

资料来源:万得资讯,作者绘制。

由于缺乏资金和技术,曾南及其团队从下游的销售做起,并逐渐向玻璃产业的上游延伸,走出了一个独特的"南玻模式"。从最初的玻璃进出口,到中期的成品玻璃深加工,一点点积累市场和技

当野蛮人遭遇内部人：
中国公司治理现实困境

术,最终发展成为贯穿玻璃产业上下游,横跨平板、工程和太阳能玻璃三大部门,拥有自主知识产权和核心研发能力,能够在世界市场上一争高下的行业龙头企业。这种独特艰辛而卓有成效的发展道路,使得以曾南为首的南玻 A 创始人团队赢得了企业内部认同,并积累了广泛的行业人脉和社会资源。

1992 年,南玻 A(000012.SZ)正式在深交所挂牌上市,成为我国最早上市的企业之一。经过债转股和两次配股,发起人股份在上市后不断稀释。原第一大股东招商局出于剥离辅业、回笼资金的目的,不断减持。而另外两位发起人股东深圳建材和广东信托先后以协议转让的方式将所持南玻 A 股份转让给了深国际集团(为深圳国资委旗下港交所挂牌红筹公司)。深国际通过下属的怡万发展和新通产两个账户分别持有南玻 A 的股份,并于 2000 年成为南玻 A 的实际控制人。直到 2007 年股权分置改革完成前,南玻 A 的董事长长期由深国际派出。此时的南玻 A 在公司治理构架上形成两个国企大股东(深国际和北方工业)和创始人团队"三足鼎立"的局面(如表 1 所示)。

表 1　股权分置改革时,南玻 A 主要大股东持股比例

主要大股东	股份比例(%)
深国际及其一致行动人	25.13
北方工业	12.88

资料来源:万得资讯,作者整理。

在股权分置改革完成、非流通股解禁后,原本坚定看好南玻 A 的两位大股东深国际和北方工业很快宣布了各自的退出策略。根据 2007 年的《关于实际控制人计划减持本公司无限售条件流通 A 股的公告》,"深圳国际将集中所有资源专注于发展其主业——物流业及与物流业相关的业务。由于本公司所经营的业务不属于其主营业务范围,其将视市场情况,选择合适的时机,依照国家相关

第二篇
防范"野蛮人"入侵的机制设计和制度环境

的法律、法规,通过深圳证券交易所公开交易,逐步减持其通过怡万和新通产所持有的本公司南玻A无限售条件流通股"。

与深国际逢高减持,将股份出卖给并购方,最终彻底脱身的做法不同的是,北方工业仍然将南玻A视为战略投资对象。在2016年的北方工业官网,可以看到如下表述:"……是各类民族实业企业的坚定战略投资者;在全世界有强大关系网络和销售资源,希望结合南玻A在玻璃和光伏产业的技术和优势,实现强强联合,达到双赢";"'一带一路',借助渠道,推动南玻国际化经营,产品出口,产能转移";"在'一带一路'沿线国家实现产能转移的重要产业之一,帮助南玻实现全球化布局"。

然而令人感到遗憾的是,"'血洗'董事会"事件发生最终使南玻A创始人团队希望借助"一带一路"东风,实现袁庚心中"冲出蛇口,走向世界"的梦想遭到重大打击。图2为股权分置改革后主要大股东的减持路径。

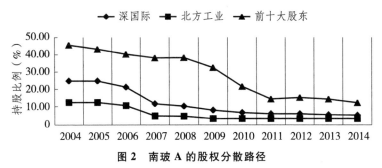

图2 南玻A的股权分散路径

资料来源:万得资讯,作者绘制。

从图2我们看到,2006年的股权分置改革是南玻A股权结构发生重大变化的关键节点。从这一年开始,随着两大股东的减持,前十大股东的持股比例2006年还在40%以上,到2010年首次低于30%,并在之后的年份中持续下降。由于不存在控制性股东,2007年起成为董事长的创始人曾南在南玻A中开始发挥举足轻重的作用。

当野蛮人遭遇内部人：
中国公司治理现实困境

2015年2月，宝能系的前海人寿开始在二级市场上大量买进南玻A的股份。面对宝能系的突然袭击，3月19日南玻宣布停牌，筹划非公开发行股票事宜。这一行为被资本市场解读为南玻管理层开始采取措施阻止宝能系入侵的行动。3月27日，南玻A进一步召开董事会会议，审议并通过修改公司章程、修改股东大会议事规则、修改董事会议事规则和修改独立董事工作制度4项议案，提请股东大会审议。在相关议案中，南玻高管层希望通过推出增设职工代表董事、分级分期更换董事会、增加并购方信息披露义务以及限制股东的董事提名权等方式，增加宝能的接管成本，以阻止举牌的宝能系成为南玻A的实际控制人。

此举随即引发了前海人寿的强烈反对，并以"内部人控制"谴责彼时的南玻高管团队。前海人寿认为，南玻A高管层的议案"不合理地限制了股东改选公司董事的合法权利，过度维护现有董事的董事地位，导致公司成为'内部人'控制的公司"。前海人寿随后提请公司股东大会增加审议5项临时议案，其中便包括《关于提请股东大会否决公司董事会提出的公司章程及相关制度修订案的议案》。由于第一大股东前海人寿与管理层僵持不下，致使股东大会被迫延期。表2介绍了管理层在公司章程修订议案中保留和新增的反并购条款，表3则介绍了管理层和前海人寿各自提出的条款之间的对比。

表2 南玻A高管层的章程修改议案中保留和新增的条款

保留	金降落伞	公司与总经理及公司其他高级管理人员签订的聘任合同不因公司章程的修改而无效、终止或变更等，公司与总经理及公司其他高级管理人员自愿协商一致时，可以修改、终止或变更合同。公司因合并、分立、被收购及其他股份变动事由在聘任合同期内终止或变更合同，公司应当依照聘任合同规定对总经理或公司其他高级管理人员进行经济补偿。补偿的标准不低于被解聘人员上一年度年薪总和的十倍。

第二篇
防范"野蛮人"入侵的机制设计和制度环境

（续表）

新增	增设职工董事	设职工代表董事一名，由公司职工民主选举直接产生。
	增加收购方信息披露义务	任何持有或通过协议、其他安排与他人共同持有公司股份达到10%或达到10%后增持公司股份的股东，应在达到或增持后3日内向公司披露其持有公司10%股份及后续的增持股份计划以及真实目的，申请公司董事会同意其增持股份计划。没有及时披露相关信息，或披露不完整，或未经公司董事会同意增持公司股份的，不具有提名公司董事、监事候选人的权利。
	分期更换董事会	董事会每年更换和改选的董事人数不超过董事会总人数的1/5。任期届满需换届时，新的董事人数不超过董事会组成人数的1/2。

资料来源：巨潮资讯网，作者整理。

从表2报告的高管层公司章程修改方案逐条来看，南玻A的公司章程原本就规定有10倍解约金的"金色降落伞"条款这一市场化解决方案；增设职工代表董事的章程修改本身符合《公司法》的相关规定；而原则上只要股东大会通过是可以增加并购方的信息披露义务的。但除了上述几条中性修改，无论是表2中的分期更换董事会条款，还是表3中双方激烈争夺的董事提名权，都一定程度上有悖于《公司法》的相关规定。按照《公司法》，单独或者合计持有公司3%以上股份的股东具有董事提名权，单独或者合并持有上市公司已发行股份1%以上的股东可以提名独立董事候选人。[①] 从法律的角度讲，南玻A管理层意在通过公司章程修改，提高进入门槛，以阻止前海人寿并购。双方围绕公司章程修改这一序幕展开的控制权纠纷大剧即将上演。

---

① 见《公司法》第101条和《关于在上市公司建立独立董事制度的指导意见》第4条。

表 3 南玻 A 的章程修改议案中涉及变更的条款

	原章程	高管层	宝能系
换届时董事提名权	仅上届董事会	仅董事会提名委员会	所有权主体
股东的董事提名权	连续 180 日以上单独或者合计持有公司发行在外有表决权股份总数的 5% 以上	连续 12 个月以上单独或者合计持有公司发行在外有表决权股份总数的 5% 以上的股东	同证监会规定
股东的独董提名权	同证监会规定	仅公司董事会	同证监会规定
董事会人数	9 人	9 人	13 人
提名总人数	无	连续 12 个月以上单独或者合计持有公司发行在外有表决权股份总数的 10% 或以上的股东向董事会提名董事候选人人数不得超过公司章程规定的董事会人数的四分之一	无

资料来源:巨潮资讯网,作者整理。

2015 年 4 月 27 日,前海人寿及其一致行动人的持股比例首次触发举牌线。尽管前海人寿在《详式权益变动报告书》中称已向南玻出具承诺函,保证与上市公司在人员、资产、财务、机构、业务等方面相互独立,没有计划要改变上市公司现在董事会及高管组成,但遗憾的是,前海人寿之后并未严格遵守首次举牌公告时的承诺。前海人寿的举牌也加速了原股东深国际逢高减持、退出南玻 A 的进程。前海人寿在董事会换届选举前提前获得了深国际出让的 3 个董事席位。

2015 年 11 月,曾南考察马来西亚,确定与旗滨集团分别出资

第二篇
防范"野蛮人"入侵的机制设计和制度环境

52%和48%投资马来西亚项目。该项目得到北方工业和马来西亚政府的大力支持。从需求端来看,国内工程玻璃(节能玻璃)和光伏玻璃的下游市场趋于饱和,急需拓展海外市场;从供给端来看,国内劳动力价格高涨,而东南亚劳动力相对廉价;从政策端来看,北方工业与马来西亚当地政府关系良好,又借着"一带一路"项目的东风;从自身准备来看,南玻A已经事先进行了必要的人员储备。但在宝能介入董事会后,该项目实施方从南波A最终变更为分别出资48%、38%、14%的旗滨、富隆国际、裕盛投资。事后,前海人寿曾多次质疑该项目的"接盘者"富隆国际和裕盛投资与南玻A高管层有关联关系,将有价值的项目转移给竞争对手旗滨。

马来西亚项目的流失产生了严重的连锁反应。从2016年8月到11月,南玻A经历了严重的中层核心员工离职潮,甚至出现了排队签离职协议的奇观。仅10月一个月内,就有约30位关键岗位核心员工离职,其中包括10名经理级别员工。这10名经理中,6位确认在竞争对手——马来西亚项目的最终实施方旗滨集团任职。旗滨集团在对上交所问询的回复函中承认,2016年以来,已从南玻A引进业务骨干及管理人员十余人。而南玻开发研究院约70名员工中,有1/3辞职,其中不少跳槽去了南玻A在国内中高端工程玻璃市场上的竞争对手耀华。

与此同时,被外界认为使双方真正交恶的股权激励计划之争发生了。我们通过表4来对比双方的分歧。

除了激励规模减半和适用基数提高外,股权激励计划方案更大的分歧在于双方各自对业绩承诺的规定。按照高管层所提出的方案,业绩不高于20%的承诺事实上已经远远高于从2004年到2014年南玻A年化的平均利润增长率9.9%。而前海人寿要求的业绩承诺为连续三年不低于50%的高增长。这显然不是通过老的经营办法所能做到的,而是需要进行大规模的资本运作。上述分歧暴露了擅长经营管理的管理团队与擅长资本运作的前海人寿控

当野蛮人遭遇内部人：
中国公司治理现实困境

制权理念的差异。之所以提出如此之高的业绩承诺，一定程度上也与前海人寿的收购资金来源主要是万能险有关。相比于传统保险，万能险资金压力大（算上渠道费，保守估计超过7%），资金周期短且不确定（万能险可以提前赎回，而且期限最长不超过10年，实际操作中大部分5年内被赎回）。表5为宝能系持有南玻A股份的账户，我们发现宝能的资金主要来自万能险。

表4 股权激励计划之争

	原高管方案	前海人寿修改的方案
提出时间	2016年8月11日	2016年11月4日
规模	6.5%	3%
实施时间	2016年	2017年
基数	2015年	2016年
业绩承诺	15%—20%	第一年100%，后两年50%
激励分配	侧重高管	侧重中层

资料来源：万得资讯，作者整理。

表5 2016年三季度宝能系持股比例

持股主体	持股比例（%）
前海人寿·海利年年①	15.45
前海人寿·万能险	3.92
钜盛华	2.87
前海人寿·自有资金	2.15
香港泰承集团（通过银河证券）	1.33

资料来源：前海人寿官网，作者整理。

---

① 海利年年也是前海人寿推出的一款万能险产品。参见前海人寿官网的相关说明。

第二篇
防范"野蛮人"入侵的机制设计和制度环境

  管理层和第一大股东前海人寿双方在经营理念上的巨大差距经过几个回合的较量使管理层萌生退意,而前海人寿也意识到现有管理层的经营理念不足以实现其打造"综合性产业集团"的目标。[①] 在前海人寿给出修改的激励方案10天后,"血洗"南玻A董事会的高潮剧情上演。

  2016年11月7日,代表南玻A第一大股东宝能系的董事陈琳、程细宝、叶伟青,联合代表第二大股东北方工业的董事王健,向董事会提出《关于制定〈南玻'十三五'发展战略规划〉的议案》《关于要求管理层核查光伏电站投资项目的议案》《关于公司管理人员任免以及员工聘用相关事宜的议案》《关于调整董事会对总经理部分授权的议案》《关于要求公司就员工离职等事项作出澄清公告的议案》和《其他与上述事宜及目前公司状况有关的需要董事会讨论决议的事项》等六项提案。其中,除了比较空泛的第1项,第2、3、4项提案都直接冲击到现有管理层,第5项提案则侧面印证了外界对南玻A存在严重离职潮的担忧。

  在2016年11月14日的董事会临时会议上,上述四位董事现场撤销最初提出的所有议案,在会议现场口头提出临时议案《关于由董事陈琳代为履行董事长职权的议案》,该议案以董事长曾南身体状况不适合继续履行职务为由,要求取消曾南的董事长职务,并由宝能系董事陈琳代职。这一议案遭到独董张建军的反对,另外两位独董符启林和杜文君则认为此议案存在程序瑕疵[②],没有提前通知,不是董事会本次议题,选择弃权。最终,该事件以南玻A董

[①] 这一阐述参见《关于推动南玻可持续发展的若干意见(征求意见稿)》,巨潮资讯网,2016年11月。

[②] 《董事会议事规则》第65条第3款规定:议案提交,议案拟订完毕,应由董事会秘书先在一定范围内征求意见。经有关方面和人员论证、评估、修改,待基本成熟后再提交董事会讨论决定。因此,在董事会上才口头提出由陈琳代行董事长职权(意即让曾南下台)的临时议案,按照程序可以被拒绝。

当野蛮人遭遇内部人：
中国公司治理现实困境

事长曾南,董事兼CEO吴国斌,独董张建军、杜文君,董事会秘书丁九如,财务总监罗友明,副总裁柯汉奇、张柏忠、胡勇、张凡,监事龙隆、洪国安,职工监事鄢文斗辞职收场。新任的南玻A董事会组成见表6。

表6 宝能控制下的南玻A董事会

董事背景	董事姓名
北方工业	王健
宝能系	陈琳(董事长)、潘永红(CEO)、程细宝、叶伟青、张金顺
独董	靳庆军、詹伟哉、朱桂龙

资料来源：万得资讯，作者整理。

从上表我们可以看到,新任董事会中,前海人寿凭借26.16%的股权,占据了非独立董事六个席位中的五个。不仅如此,全部三位独董都是由宝能系提名。北方工业虽然在新董事会中仍占据一席之地,但已经完全失去以往主要股东的光环。值得一提的是,宝能系在对深交所问询的回复函中提到了由前海人寿和北方工业共同提出《关于推动南玻可持续发展的若干意见(征求意见稿)》。在该意见稿中,宝能系明确提出,"力争尽快将南玻集团发展成为一个销售收入超千亿、利润超百亿的综合性新型产业控股集团"。鉴于2016年是南玻A历史上业绩非常好的一年,其营业利润也仅仅8.65亿元。① 要达到利润百亿的目标,显然不可能只通过产业资本擅长的研发和长期投资,更多的是需要资本运作、兼并收购。这份意见稿从新的角度揭示了产业资本和金融资本之间在经营理念上的深刻矛盾。

最后,我们不得不指出的是,南玻A上述局面的出现一定程度上与原两位国资大股东的"不作为"有关。深国际时而同意实质为

---

① 南玻A 2016年年报。

第二篇
防范"野蛮人"入侵的机制设计和制度环境

加强内部人控制的公司章程修订案,时而提前出让董事席位给宝能系,摇摆不定;而北方工业不仅默许"一带一路"项目流失,甚至一定程度上参与了"'血洗'董事会"。

通过南玻 A 的案例,我们观察到的不仅是"野蛮人入侵",而且还有基于历史功绩和社会连接形成的中国式"内部人控制"。双方的遭遇战是导致包括南玻 A 在内的我国很多上市公司陷入公司治理困境的深层次原因。随着我国资本市场进入分散股权时代,由上述遭遇战引发的公司治理困境会像阴云一样笼罩我国资本市场,成为现阶段很多公司治理面临的最大挑战,需要引起公司治理理论与实务界的特别关注。

如果科斯醒过来，会怎么想数字经济？*

最近蚂蚁金服首席战略官陈龙教授的一篇"如果哈耶克醒过来，会怎么想数字经济"的文章在微信朋友圈持续刷屏。之所以引起读者的热烈兴趣，我理解，陈龙教授这里用"醒过来"重新加入讨论的方式继续着从 20 世纪 30 年代开始持续至今的关于计划和市场的争论。当下蓬勃发展的数字经济有意无意中成为在这场计划与市场世纪之争中新一轮决胜的砝码。面对来自业界重量级大佬抛出的"大数据助计划经济"论和"共产主义将在我们这代实现"论，陈龙教授不得不委屈哈耶克教授重新"醒过来"，评述当年他尚未看到的数字经济。

借用"醒过来"的哈耶克的逻辑，陈龙教授在文章的结尾总结到："把人脑当作算法，就像对计划能力的信心，看似科学，其实低估了文明进化最大的动力。无论在过去的数万年中，抑或看得见的未来里，人类文明最有竞争力的进化机制，应当是最能够尊重个体碎片化、即时性的情感和追求美好生活的需求，最能够让所有的个体自发参与的机制。数字时代平台经济和共享经济的崛起，是这个机制巨大生命力的证明。历史教给我们的教训是，计划能力，包括人工智能的提升，最可能成为这个机制的促进者，而非替代者。"陈龙教授最后甚至告诫说："那些对计划（算法）能力深信不疑

---

* 本文曾以"如果科斯醒过来，会怎么想数字经济？"为题发表在《财经》，2017 年 11 月 14 日。

第二篇
防范"野蛮人"入侵的机制设计和制度环境

的人,或许应该回头重读《致命的自负》。"

也许陈龙教授感觉同时让两位大家"醒过来"太过为难,在他的那篇文章中虽然涉及科斯,但对科斯思想的评价着墨不多。特别是,没有像对待哈耶克一样猜测"如果科斯醒过来,会怎样想数字经济"。

我们这里借用陈龙教授这一浪漫的想法,尝试讨论如果科斯醒过来,他会怎样想数字经济。

在猜测科斯如何想数字经济之前,我们首先了解一下科斯生前是如何看待市场与企业,以及市场与计划之间的关系的。

第一,在科斯看来,除了手工作坊式的以家庭为主的传统生产组织方式外,还存在来自不同家庭的人共同组成的被称为"企业"的生产组织方式。与前者单纯依靠市场价格的变化决定生产的数量相比,企业是依靠权威的命令计划来完成资源配置的。现代企业借助权威命令计划配置资源实现了交易成本的节省,成为生产组织的重要实现形式。科斯通过比较手工作坊与现代企业两种生产组织形式的交易成本,揭示了现代企业节省交易成本的内在机理。

我们看到,科斯这里虽然涉及市场与企业关系的讨论,但其真实目的在于通过市场中两种生产组织模式的交易成本比较揭示现代企业内部是如何运作的,也即现代企业借助权威命令计划配置资源实现了交易成本的节省。与其说科斯这里关心的是市场与企业的边界,不如说他关心的更为根本的问题是企业为什么会在市场中存在。科斯的工作因而打开了企业这只新古典经济学中"利润最大化"的"黑箱",科斯本人由此被认为是 20 世纪 70 年代以来兴起的微观经济学分支——现代企业理论的鼻祖。

第二,在科斯看来,市场始终是组织生产的现代企业存在的基础制度环境,正是由无数现代企业和无数家庭作坊共同组成了现实中的市场。科斯十分清楚,这些组织生产的"岛屿"不管是现代

当野蛮人遭遇内部人：
中国公司治理现实困境

企业还是家庭作坊，都是无法离开市场这一"海洋"的。只不过在现代企业"岛屿"上，依靠权威命令和计划"有意识"调节组织生产活动，但无数个现代企业和家庭作坊汇聚成市场的过程超过了企业控制的边界而变得"无意识"，不得不依靠价格机制这只"看不见的手"来自发调节。这事实上是科斯把企业描述为"在无意识中合作的海洋里有意识的岛屿"背后的原因。

陈龙教授的文中提及很多读者关注的"企业、市场和计划的边界在什么地方"的问题。由于历史上我国和其他一些国家曾采用计划经济的缘故，当提起计划，人们很自然地与作为中央计划者的政府，甚至市场经济时代政府所制定的具有计划色彩的产业政策联系在一起。如果我们把科斯为了揭示企业内部运作机理而对市场和企业边界的确定错误地理解为市场与计划，进而市场与政府计划的此消彼长，显然是对科斯原意的曲解。事实上，在科斯的讨论中，政府显然是无足轻重的，因为在科斯看来，现代企业所需要的唯一基础制度环境就是市场。科斯的讨论既不涉及公共品提供问题，又不涉及外部性问题，因而并不需要政府这只"看得见的手"的干预。科斯这里开展的市场与企业关系的讨论，更多是选择现代企业还是家庭作坊的两种生产组织形式的比较，而非企业对市场的替代，当然更不是与企业生产组织模式相联系的计划，甚至计划背后的政府对市场的替代。在这一点上科斯很好地承袭了芝加哥大学自由放任的经济研究传统。

第三，在科斯看来，依靠权威命令计划而非价格机制配置资源、组织生产的现代企业的出现，是企业家在市场制度环境下通过对不同生产组织模式下交易成本的比较而自发选择的结果。一方面，企业家需要充分考虑到采用权威命令计划方式组织生产带来的交易成本的节省，从而收益的增加；另一方面，企业家需要意识到企业的边界并不可以无限扩大，而是面临企业合理边界的选择问题。这事实上意味着做出上述选择的企业家需要具备两种基本

第二篇
防范"野蛮人"入侵的机制设计和制度环境

的能力。其一是面对市场中其他企业竞争的风险识别能力;其二是生产组织失败的责任承担能力。我们所观察到的现实中的企业恰恰是由一个个营利动机明确的企业家通过不断试错来逐步形成的。换句话说,看似"有意识"的企业"岛屿"最终是否能够生存,需要经过"无意识"的市场的检验。

在了解了科斯生前是如何看待市场与企业以及市场与计划之间的关系后,让我们试着猜测,如果科斯醒过来,他会怎么想数字经济?

其一,基于技术的金融创新或基于金融的技术创新是"有意识"的企业在追求利润最大化过程中在"无意识的"市场中自发实现的。在"无意识"的市场海洋中,数字经济创新的主体始终应该是"有意识"的企业和居民个人。

容易让读者误解的是,数字经济的快速发展,是否意味着政府凭借大数据带来的对信息瓶颈的突破而使计划重新有所作为呢?而缺乏当地信息恰恰是兰格和哈耶克当年争论的政府采用计划的瓶颈所在。对这一问题的回答对于我国当下维护金融稳定所强调的"脱虚向实"具有特别重要的现实意义。2017年10月,时任中国人民银行行长的周小川对中国堆积如山的债务,尤其是国有企业和地方政府的债务,发出了愈发严峻的警告。我们看到,国有企业的债务危机是由于科尔奈意义下对国企"父爱主义"的预算软约束所导致,而地方政府的债务危机则直接与违反科斯的告诫有关。毕竟,虽然政府看起来与计划相联系,但组成政府的政府官员既不像企业家一样具有明确的营利动机、风险识别能力,又不具有实质的责任承担能力,因而并不应该成为数字经济创新的主体。让我们想象,如果在次贷危机爆发前,美国政府一些官员并不希望简单凭借金融政策来迎合居民住房的需求,会出现局面一度不可收拾的全球金融风暴吗?如果在产业布局选择上,我们的政府少一些产业政策的指引和扩张性财政支出的扶持,而是由企业家自发做

当野蛮人遭遇内部人：
中国公司治理现实困境

出选择，我们会看到近年来供给侧改革所反复强调的去产能、去杠杆吗？因此，未来的金融政策制定上，我们应该更加关注企业家围绕真实经营活动权衡收益、风险和成本所做出的融资决策这一真实的金融需求，而不是为了金融化而金融化，甚至使"央行成为印钞机"。做到了这些自然就可以做到"脱虚向实"。

其二，数字经济的发展可以降低市场存在的信息不对称，但无法成为市场经济制度存在的基本信息交换功能的替代，更无法成为市场经济制度本身的替代。正如陈龙教授指出的，"所谓市场经济，就是一个信息处理系统，因为大量独立个体的参与，通过竞争中的价格发现机制，把各种有限、当地化、碎片化的信息汇聚，达到有效配置资源进行劳动分工的目的"。市场由此被奥地利学派经济学家认为是解决信息不对称的重要手段。现实中银行和券商等金融中介机构的存在不正是资金提供者（居民）与资金需求者（企业）面临的融资需求信息不对称的市场化解决方案之一吗？由于金融中介机构的存在，居民和企业围绕融资需求的信息不对称程度减缓。正是在这一意义上，张维迎教授强调"不是市场（在解决信息不对称问题上）失灵，而是市场经济理论（无法解释上述现象而）'失灵'"。

陈龙教授在他的文章中提到一种有趣的现象，即伴随着传统企业规模的扩大，新兴企业的生命周期却呈现缩短趋势。那么，如何逻辑一致地解释这一现象呢？我们看到，传统企业规模的扩大依赖信息技术发展和计划性的提高是可以做到的，因为数字经济的发达会使企业的日常经营管理决策变得更加科学有效；但新兴产业的发展则必须依赖同时具有风险识别能力和责任承担能力的不断试错的企业家，而大数据的出现显然无法代替企业家的风险识别和责任承担能力。福特很早就说过，如果利用市场调查（当时的大数据）来研发生产你的产品，很多调查者更希望看到的是"更好的马车"，而不会是"汽车"。如果我们把信息产业的发展完全寄

第二篇
防范"野蛮人"入侵的机制设计和制度环境

希望于中央计划者的计划或政府相关产业政策的制定,而忽视了识别风险和承担责任的企业家这一"有意识岛屿",进而市场这一"无意识海洋"的凭借和依托,将无异于缘木求鱼,难免重蹈"致命的自负"的覆辙。面对激烈的市场竞争,新兴产业的发展仍然必须依赖企业家来识别风险、承担责任,企业家过去和现在依然是市场环境下十分稀缺的资源,我们要通过产权保护来大力培育。因此,一个对待数字经济的正确态度是,我们应该重视其对金融创新和社会进步的巨大推动作用,但数字经济并不会成为政府计划和产业政策制定的合理凭借,甚至成为市场经济基础制度的替代。看上去很美的"大数据助计划经济"论和"共产主义将在我们这代实现"论因而并不像消费者能确实感受到的网上购物和虚拟货币结算那样真实靠谱。

其三,数字经济虽然不能成为市场经济基础制度的替代,但技术可以成为获得有利的控制权安排的关键资源,使"有意识"的企业岛屿变得更加"有意识"。在"企业的性质"那篇论文中,科斯除了指出企业的边界是基于生产组织交易成本的比较外,还讨论了企业配置资源的实现方式。那就是依靠权威的命令和计划。随着现代经济学对企业理论认识的深化,今天我们将权威的分配更多地与企业控制权的安排联系在一起。简单回顾企业控制权安排的历史,在马克思看来,由于资本家对生产资料的占有,因而资本可以剥削劳动;而现代公司治理理论注意到,由于经理人对私人信息的占有,因而劳动可以欺骗资本。我们看到,影响控制权安排的关键资源经历了从生产资料(资本)到信息,甚至到其他关键资源的转变。例如,阿里通过推出合伙人制度,实现了持股比例仅13%的阿里合伙人这一"劳动"对持股比例高达31%的软银和15%的雅虎的"资本"的"雇佣"。因而,未来不仅资本可以"雇佣"劳动,劳动同样可以"雇佣"资本。谁雇佣谁很大程度上将取决于资源的关键程度。而随着数字经济的发展,我们在此乐观地预见,技术同样可

当野蛮人遭遇内部人：
中国公司治理现实困境

以并已经成为获得有利的控制权安排的关键资源。

　　循着科斯理解企业与市场边界的逻辑，我们设想，如果科斯今天醒过来，他很大程度上会坚信，数字经济仅仅有助于改善市场机制"降低信息不对称"的功能，但并不能代替企业家的风险识别和责任承担能力，也不能代替"有意识的企业岛屿"，当然更无法代替"有意识岛屿"所置身其中的"无意识"的市场机制本身。因为在科斯看来，计划一旦脱离企业这一市场主体，离开企业家的风险识别和责任承担能力，就会蜕变为建立在"无源之水、无本之木"之上的空中楼阁。

激励机制设计的边界？*

时至今日，张维迎教授与林毅夫教授于 2016 年秋天发起的产业政策之争开始沿着两个方向纵深展开。其一是一些互联网实务工作者指出，大数据突破了计划经济所依赖的信息收集困难的瓶颈，因而大数据赋予了计划经济新的生命。然而，包括张维迎教授在内的一些学者很快指出，基于大数据仅仅会使日常经营管理决策变得更加科学有效，而对于依赖风险识别和责任承担的企业家决策则作用有限，因而大数据不会必然推动技术创新，进而推动制度创新。例如，一度成为交通运输领域技术革命标志的蒸汽火车并非牛车和马车等传统运输行业基于大数据预测和创新的，而是来自看起来没有关系的纺织行业；如今进入千家万户、很多人须臾不离的微信同样不是由通信科技的传统企业中国电信和中国联通基于大数据预测和创新的，而是来自最早从事计算机系统研发的腾讯；甚至被称为支付业务领域的一场革命的支付宝的发明，同样也不是由开展传统支付业务的工、农、中、建等各类商业银行基于大数据预测和创新的，而是来自电商领域的阿里。

其二是近来一些经济学家指出，政府之所以无法设计出好的产业政策，是由于政府没有很好地借鉴激励机制设计的思想。不是产业政策本身不好，而是产业政策设计得不好。他们鼓吹，应该

---

* 本文曾以"激励机制设计思想的应用可以赋予产业政策制定新的生命力吗？"为题发表在 FT 中文网，2017 年 11 月 20 日。

当野蛮人遭遇内部人：
中国公司治理现实困境

把激励机制设计思想广泛应用于"产业治理"，甚至"国家治理"。他们强调，治理的本质就是机制设计。

我们的问题是，即使应用激励机制设计思想，产业政策进而计划经济就会获得新生吗？

首先，从理论发展现状来看，激励机制设计理论目前远没有解决"一对多"和"多对多"的激励合约设计问题。在激励合约设计的相关理论中，目前在理论上仅仅解决了两个，最多三个（同质的）个体之间的激励机制设计问题。前者如（同质的）股东作为委托人对（同质的）经理人作为代理人的薪酬合约设计。后者是梯若尔（Tirole）等在三方博弈中防止其中两位代理人合谋的相关讨论。但对于产业政策制定，特别是计划经济运行需要的"一对多"和"多对多"的激励合约设计问题，目前理论界似乎并没有成熟的思考和现成的答案。

其次，即使对于一些相对成熟的激励机制设计思想，由于缺乏实际可操作性，很大程度上也依然停留在理论研究层面，与现实工商管理实践存在不小的距离。一个典型的例子是，股权激励曾经被 Jensen 和 Meckling（1976）认为是基于激励机制设计思想，协调经理人与股东代理冲突的重要途径。但由于缺乏对经理人真实业绩的有效衡量方法，在安然等会计丑闻中，依然出现了高管行权前操纵股价，甚至不惜会计作假的现象。詹森之后不得不修正之前的观点，把股权激励称为"经理人的海洛因"。

最后，更加重要的是，围绕偏好迥异和约束各异的众多个体和组织开展激励机制设计，无论在理论上还是实践中显然都并非易事。现实经济生活中由不同的组织和个人组成的供给者和需求者不仅偏好迥异，而且面临的约束各异，甚至一些供给者本身同时是需求者。2017年去世的经济学家阿罗曾经提醒我们，由于个体偏好的差异，通过"偏好的简单排序和加总"并不可能得到一个社会总的需求函数，从而制定出令社会上所有人（剩余最大化）满

第二篇
防范"野蛮人"入侵的机制设计和制度环境

意的价格。

由于上述三方面的理由,我们并不认同激励机制设计思想的应用将使产业政策进而计划经济获得新生的相关观点。值得庆幸的是,由于自发秩序的力量,现实经济生活中总会存在规模大小各异、有形甚至无形的市场。市场机制由此成为现实经济生活中客观存在的,同时一定程度上能够解决"一对多"和"多对多"激励问题的"真实机制"。一个个逐利的个体或组织受价格机制这只"看不见的手"的引导,在价格上涨时增加供给,减少需求,而在价格下跌时减少供给,增加需求。甚至为了更加有效地满足市场需求,逐利的个体和组织会直觉地进行技术创新和制度创新。

由于市场这一"真实机制"的存在,我们看到构成供求双方的偏好约束迥异的不同个体和组织不仅完成了产品的交换,而且自动完成了信息的交流。正如奥地利学派所指出的,很多时候并非像新古典经济学教科书所描述的那样,由于信息不对称导致市场失灵,恰恰相反,由于市场的存在反而一定程度上降低了不同个体和组织之间的信息非对称。一个来自金融市场的典型例子是,需要外部融资的企业和储蓄的储户之间的信息不对称催生了金融中介服务的市场需求,而金融中介组织的存在反过来降低了资金供需双方的信息不对称;当金融中介组织的运行效率不能有效满足金融市场对金融中介服务的质量要求时,包括支付宝在内的各种新的支付手段于是应运而生,降低了交易成本,成为金融中介服务的新生力量。另外一个同样来自金融市场的经典例子是,一个净现值为正的项目即使尚未实质开展,但在相关信息公告后会带来股价的立即上扬。这同样是由于(有效)金融市场的存在,未来带来正的净现值的信息将充分体现在现在的股价中。法玛(Fama)把其概括为有效市场理论。在马克思看来,资本主义社会的所有危机在于社会化大生产与生产资料私有制之间的根本性矛盾。我们看到,正是通过价格机制这只"看不见的手"自动调节供求,实现不

当野蛮人遭遇内部人：
中国公司治理现实困境

同个体组织之间产品的交换和信息的交流,使得社会化大生产持续推进,最终带来市场中每个个体的福利改善。我们理解,这恰恰是张维迎教授发出"不是市场失灵,而是市场经济理论'失灵'"感慨背后的原因。

虽然我们并不认同激励机制设计思想的应用将使产业政策进而计划经济获得新生的观点,但我们高度认同激励机制设计思想在现实经济生活中改善信息不对称,进而改善市场机制运行效率的重要作用。这方面的典型例子是拍卖理论在英国电信市场牌照分配上的应用。通过拍卖机制的科学设计,政府和营运商之间的信息不对称程度得以降低,最终帮助双方实现价格发现。但我们强调的是,如果没有英国业已形成的电信市场,不管拍卖机制设计多么科学,也一定不会带来预期的效率改善结果。在上述意义上,激励机制设计仅仅是基础性市场机制的修补和完善,而不是市场机制的简单代替。

由此引发的一个问题是,激励机制设计的可能边界在哪里?通过对市场机制一般运行和英国电信市场拍卖机制设计的讨论,我们看到,进行激励机制设计需要满足两个基本前提。其一,冲突各方具有共同的利益诉求,能够在一定程度和范围内实现激励相容。我们以公司股东对经理人的薪酬激励合约设计为例。尽管股东与经理人存在利益冲突,但在股东和经理人各自的利益诉求中存在一种可能:看起来是向经理人付出了高的薪酬,但激励充分的经理人将创造更大的价值,为股东带来更多的投资回报,因而向经理人支付高的薪酬是值得的。

其二,激励机制设计者本身与委托激励机制设计的委托方之间并不存在明显的利益冲突。让我们回到公司股东对经理人的薪酬激励合约设计的例子。在公司治理实践中,常常会遇到以下情形:获得超额薪酬的董事会成员反过来会为经理人同样制定超额薪酬,共同损害股东的利益。这提醒我们,一个有效的经理人薪酬

第二篇
防范"野蛮人"入侵的机制设计和制度环境

合约设计还需要通过合理的公司治理构架解决为经理人设计薪酬的董事会的约束和激励问题,使激励机制设计者本身与委托激励机制设计的委托方之间并不存在明显的利益冲突。上述来自公司治理的例子进一步表明,即使基于激励合约设计思想进行经理人薪酬合约设计,也同样不能保证最终能设计出激励充分有效的经理人薪酬合约来。

我们看到,正是由于激励相容的困难,现实经济生活中围绕产业政策的利益冲突各方"不可能"由政府完成统一的激励机制设计,何况设计者(政府)自身与其背后的委托人(公民)之间同样存在代理冲突。如果我们把计划经济比作一场"一对多"和"多对多"的"激励机制设计"试验,那么从目前的经验证据来看,包括中国在内的很多国家走向市场导向的经济转型,一定程度上宣告了这一试验的失败。

但围绕产业发展,我们看到,上述利益冲突各方毕竟可以从自身利益最大化出发,参与市场竞争,最终会导致社会福利的改善。原因是价格机制这只"看不见的手",而非政府这只"看得见的手",将自动引导协调利益冲突各方产品交换和信息交流。虽然市场经济运行存在这样那样的缺陷,并不像新古典经济学家描述的那样完美,但我们必须得承认,它确实是目前看上去"最不坏"的经济制度。

一些经济学家以美国两百多年前制定宪法为例,强调机制设计思想应用的重要性。"在短短时间内就让美国成为世界上最发达的国家",并且"在今后50年当中没有大的衰败的迹象"。然而,反讽的是,在美国制定宪法的两百多年前既不存在哈耶克,也不存在赫维茨,更没有今天理论界对激励机制设计思想深刻的理解和认识,但联邦党人以及今天看来同样功不可没的反联邦党人照样制定出了影响深远的美国宪法。我们看到,联邦党人以及反联邦党人正是遵循了市场机制运行的基本理念和内在逻辑,把竞争从

当野蛮人遭遇内部人：
中国公司治理现实困境

经济市场开始引入政治市场。同样反讽的是，在近代中国的发展历程中，从清末的皇族内阁到袁世凯，再到北洋各系军阀，甚至到蒋介石国民党时代同样没有放弃设计宪法的努力，但由于违背了市场自发秩序的演进逻辑，都一一以失败告终。

也许有人会问，中国1978年以来实现的从计划经济向市场经济的转型难道不正是制度（激励机制）设计的结果吗？事实上，中国经济转型背后同样有深刻的社会政治经济自发秩序形成的内在逻辑。如果非要讨论激励机制设计与基础性市场机制的关系，一个可能的比喻是，前者停留在"器"的层面，而后者则处于"道"的层面。"器"的合理应用可以改善"道"，但并不会也无法成为"道"本身。认为激励机制设计思想的应用可以解决产业政策设计的科学性问题，进而使计划经济获得新生，事实上就是哈耶克曾经批评的"致命的自负"。

对激励机制设计边界的混淆从一些学者和媒体对"治理"概念的滥用中也可见一斑。究竟什么是治理的本质呢？让我们从最早和普遍使用"治理"一词的公司治理说起。公司治理的目的是保护出资，但存在被拥有实际控制权的经理人侵吞挥霍风险的股东的利益。或者说，公司治理是为了保护作为委托人的股东的利益不被作为代理人的经理人损害。从这一目标出发，公司治理一方面需要在法律上明确股东作为"所有者"，对重大事项享有最终裁决权，经理人需要向股东负有诚信责任；另一方面，需要由股东向经理人施以"胡萝卜+大棒"的各种激励机制和约束手段来协调股东和经理人之间的代理冲突。我们看到，后者涉及所谓"激励机制设计"思想的应用。需要提请读者注意的是，这里的激励机制设计是处于弱势（信息劣势）的股东对处于强势（信息优势）的经理人的激励机制设计。

如果循着公司治理上述内涵的逻辑延伸，我们看到，国家治理应该同样关注处于弱势的公民（委托人）对强势的政府（代理人）的

第二篇
防范"野蛮人"入侵的机制设计和制度环境

激励机制设计。换句话说,在我看来,国家治理应该主要讨论的是保障公民权益和约束政府行为的问题。然而,我们看到,现实中国家治理的概念被一些学者和媒体用来讨论政府如何"治理"公民的问题,国家治理的概念在这里仅仅成为"宏观经济管理"或"行政监管"等词的代名词。按照英国作家乔治·奥维尔提出的"语言腐败"界定标准,这又是一个典型的"语言腐败"的例证。我们看到,"国家治理"中"治理"概念的滥用如此,"产业治理""全球治理"中"治理"概念的滥用同样如此。

诺奖的权威性是如何炼成的?
——从诺奖看权威奖项评奖程序体现的学术市场逻辑*

每年10月10日(瑞典当地时间10月9日)诺贝尔经济学奖颁奖的日子成为中国很多经济学人翘首期盼的盛大节日。在此之前,则是一些学者对诺奖得主的系列预测;在诺奖公布的当晚,诺奖相关消息持续刷屏,有祝福,有惋惜,不一而足;在此之后则是相关领域学者对新科诺奖得主贡献连篇累牍的解读。虽然今年的诺奖授予研究非理性行为的芝加哥大学理查德·塞勒教授,但也许我们应该理性地思考,为什么一个来自异域的奖项会如此牵动中国经济学人的心?

不言而喻,诺奖之所以引人瞩目,恰恰是由于它的权威性。而权威性的背后则是诺奖评奖程序对学术市场基本逻辑的尊重和应用。概括而言,诺奖评奖程序很好地体现了以下重要和基本的学术市场逻辑。

第一,外部评价高于内部评价。诺奖评奖程序是由瑞典皇家科学院这一学术机构独立组织的,"得主往往事先一点不知道"。正如陈传席教授在"不要培养人格低下的知识分子"一文中所说的,"既不要自己(得主)像乞丐似地把自己科研成果一一上报,也

---

* 本文曾以"诺贝尔奖的权威性是如何炼成的?"为题发表在FT中文网,2017年10月16日。

第二篇
防范"野蛮人"入侵的机制设计和制度环境

不要填表,更不要自己吹自己的成果有什么独创和高明,更不存在拉关系、开后门等等,而是由有关专家提出推荐,且不通知科学家本人,再由权威专家评判,评判后,发布消息"。反观我们身边的一些奖项,"又是填表,又是上报,又是审核"。为了获奖,甚至"必须自吹自己的成果如何高明,同时还得贬低别人(同行)的成果"。我们看到,诺贝尔奖的权威性一定程度上来自其外部评价高于内部评价。

第二,历史评价高于即时评价。从1969年瑞典皇家科学院设立诺贝尔经济学纪念奖起,至今共颁发诺奖49届,共有79人获奖。79名诺奖得主的平均年龄为67岁,最年轻获奖者获奖时51岁(肯尼斯·阿罗),最年长获奖者获奖时90岁(里奥尼德·赫维茨)。进一步考察发现,在这78名诺奖得主中,从学术创作力最旺盛的博士毕业(1988年的得主法国工程师莫里斯·阿莱斯没有取得博士学位)到获奖的平均时间间隔长达39年;从获奖人在经济学五大顶级期刊和金融学三大顶级期刊发表第一篇论文到获奖的平均时间间隔为36年。这意味着诺奖不仅是对得主年轻时学术贡献的事后奖励,而且是对长期学术研究和思考坚持的奖励。作为对照,我们身边一些奖项从作品发表到获奖间隔的时间非常短,一些观点和贡献经不起时间和历史的检验,甚至出现颁奖后被迫宣布无效等例子。

第三,同行评价高于媒体评价。与当年萨缪尔森等"新古典综合派"试图打通宏观和微观,建立统一的综合的"('大')新古典经济学"相比,在术业专攻的今天,研究专业化分工的经济学,其学术研究的专业化分工程度也到了令人吃惊的程度。每个学者仅仅熟悉他所研究领域的文献,而对来自其他研究领域的工作无从评价,尽管看起来似乎都是经济学家。如同权威学术期刊往往采用同行匿名评审机制一样,诺贝尔经济学奖同样是通过同行评议和推荐产生的。按照诺贝尔奖官方提名规则的介绍,每年3—5月,诺贝

当野蛮人遭遇内部人：
中国公司治理现实困境

尔经济学奖委员会把初选的250—350个候选人的资料,发给各个领域的专家,让他们评估这些候选人的成就。反观国内一些学术机构的学术委员会,由于没有认识到上述学术市场原则,而在实际运行中扮演着十分尴尬的角色。有时学术委员会不得不以看似民主的投票表决方式来评价一项学术成果的优劣,然而财政领域的学术贡献显然不是金融背景的学者可以评价的。因而学术委员会此时应该从事的工作是制定学界认同的学术规则,启动外部同行匿名评审流程,并监督严格执行,而不是越俎代庖地由"外行"评审"内行"。

第四,多数评价高于少数评价。在评选中客观公正之余兼顾人情,无论在东西方社会都是如此。为了尽可能避免熟人的干扰,除了"任何人都不能提名推荐自己""提名和提名相关任何信息都必须保密50年,禁止在私下或者公开场合讨论"等制度外,诺奖评奖程序还别出心裁,每年送给多达3 000个合格提名人来提名。这使得除非"众望所归",否则依靠简单的师生关系、校友关系能左右提名结果的可能性大幅度降低。颁奖49年来,虽然经常听到诺奖同时奖给两个观点完全相反的经济学家的笑料(1974年的诺奖同时授予坚持自由市场资本主义的哈耶克和认同计划经济的缪尔达尔),但很少听到有人指责谁操纵了诺奖的评选。其中很重要的原因是诺奖评选采用了多数评价高于少数评价的重要原则。看上去在评审环节付出了必要成本,但上述原则保证了学术的严肃性,从而保证了诺奖的权威性。

除了评奖程序本身很好地遵循了学术市场的上述基本逻辑外,诺奖今天的权威性一定程度上还得益于自由宽松的学术环境和学术共同体的呵护。例如,对于获奖人,成熟学术市场对其的奖励更多是荣誉性的,至多是一个车位,而不是将其与教授的薪酬直接或变相挂钩。这使得诺奖始终停留在"惊喜"(surprise)的层面,而非关系身家命运,令人不择手段孜孜以求的"志在必得"之物。

第二篇
防范"野蛮人"入侵的机制设计和制度环境

这反而使得诺奖评奖程序的组织者能洁身自好,获奖者和没有获奖者皆能心态平和,甚至观点不同的学者之间亦能和平相处。最近的例子是,2003年诺奖得主法玛与塞勒和席勒以在学术观点上针锋相对著称,但他在芝加哥大学布斯商学院举行的塞勒获奖的庆祝会上表示,塞勒获奖真是太好了。塞勒则在致辞中感谢了众多学术伙伴和芝加哥大学这片学术沃土后说道,"在这里的几十年里,有法玛这样的人可以'吵吵架',争论学术问题也不错"。

同样重要的是,使无数经济学人"身不能至、心向往之"的经济学奖项仅有诺贝尔经济学奖、克拉克奖等有限的几种。而且不同奖项的颁奖频率不同,对授奖对象的年龄也存在严格限制。其实,这样的奖项真的不宜太多,有一两个就足够了,多了反而可能是场灾难。

幼儿园究竟应该"公立"还是"私立"?*

最近发生的系列虐童丑闻引发了公众对幼儿园应该是"公立"还是"私立"的讨论。陈志武教授的一篇题为"幼儿园为何不该由营利性公司办?"的旧文被众多微信公众号纷纷转载。"张三和夫人李四白天都要上班,只好把一岁半的女儿张丽放在托儿所"。面对"提供教育服务的是托儿所老师,得到服务的是张丽,而付钱交学费的是张三夫妻"这一双方无法"互信"的局面,陈教授主张,幼儿园应该通过选择"公立"以承诺非营利性,以此来获得公众的信任。陈教授是我十分尊敬的学者和老师,我理解该文的初衷是以幼儿园为例讨论信息不对称对选择公立还是私立的可能影响,而并非刻意强调公立是幼儿教育服务提供的唯一组织形式。我们接下来试着从陈教授关注的场景出发,来讨论幼儿园究竟应该公立还是私立的问题。

首先,市场中产品和服务的消费者与生产者之间的信息不对称问题或多或少总是存在的。陈教授注意到,只有一岁半"不能言说"的女儿张丽,以及"白天都要上班"的张三和李四夫妇无法(通过张丽对消费过程的回馈)对幼儿园服务质量进行评价,于是,"提供教育、得到教育与为教育付钱的是完全不同的三方","三方之间存在严重信息不对称"。循着陈教授的逻辑,我们不难发现,除了

---

* 本文曾以"幼儿园究竟应该'公立'还是'私立'?"为题发表在FT中文网,2017年12月11日。

第二篇
防范"野蛮人"入侵的机制设计和制度环境

幼儿园服务质量本身,围绕张丽日常生活,几乎所有的用品和服务,例如尿不湿、奶粉甚至母乳本身都存在类似的信息不对称问题。"不能言说"的张丽不能对幼儿服务质量进行判断,并及时将判断传递给父母张三和李四,她同样不能判断其他产品和服务是否名副其实和物有所值。事实上,不用说只有一岁半"不能言说"的张丽,即使已经是成年人的张三夫妇,也同样无法对这些产品和服务的质量做出评价,否则我们很难解释为什么很多爱孩子甚至超过爱自己的父母居然会为儿女购买毒奶粉。但这并不意味着包括尿不湿、奶粉甚至母乳在内的必需品一定要由非营利性的公立机构来提供。

其次,面对普遍存在的信息非对称问题,市场会在一定程度上自发形成某种解决方案,其中企业的出现就是信息不对称问题最重要的市场化解决方案之一。爱女心切的张三夫妇总会尝试通过各种途径去了解女儿张丽在幼儿园所受到的种种待遇。最近曝光的几起案件不是很好地证明了"若要人不知,除非己莫为"吗?家长虽然不清楚谁是施害者,但如果有证据表明自己的孩子在幼儿园受到伤害,那么他们一定首先想到的是这家幼儿园。如果幼儿园的法人代表不能成功地帮家长找到相应的施害者,那该法人代表势必需要承担相应的连带责任。这事实上就是市场经济中企业存在的价值。所谓"跑得了和尚跑不了庙",而作为声誉载体的企业就成为约束那些可能胡作非为的"游方和尚"的"庙"。事实上,张三夫妇之所以愿意把女儿张丽托付给幼儿园,显然并不是由于他们认识其中的一位阿姨或其他什么人,而是相信幼儿园这一机构会通过内部组织管理来提供基本的服务保障。在这次虐童丑闻发生后,很多人想到,鉴于该企业在美国上市,可以利用《长臂猿法案》和集体诉讼制度来使问题企业受到应有的惩罚。尽管我们知道集体诉讼主要针对投资者,但股价的应声下跌事实上成为这家问题企业所遭受的连带处罚之一,毕竟企业是声誉的载体。一个

当野蛮人遭遇内部人：
中国公司治理现实困境

好的企业往往有动机通过提供高质量的产品和服务，赢得顾客的信任，建立良好声誉，最终达到盈利和基业长青的目的。

陈教授注意到，一些好的幼儿园会选择开放日等形式加强与家长的沟通交流，减少双方之间的信息不对称。在陈教授看来，幼儿园为了获得公众的信任可以选择"公立"以承诺非营利性。事实上，对于信息不对称问题的解决，好的幼儿园同样可以选择多举办开放日和各种亲子活动来向市场传递信号，使自己与那些无法保障幼儿教育质量的幼儿园区分开来。与斯蒂格利茨等一些经济学家认为的，信息不对称导致市场失灵，因而需要政府这一"看得见的手"干预不同，哈耶克等奥地利学派经济学家很早就指出，市场恰恰是解决信息不对称的有效手段。例如，需要外部融资的企业和进行储蓄的储户之间的信息不对称催生了金融中介服务的市场需求，而金融中介组织的存在反过来降低了资金供需双方的信息不对称；而当金融中介组织的运行效率不能有效满足金融市场对金融中介服务的质量要求时，包括支付宝在内的各种新的促使交易成本降低的支付手段应运而生，成为金融中介服务的新生力量。正是在上述意义上，张维迎教授强调"不是市场（在解决信息不对称问题上）失灵，而是市场经济理论（无法解释上述现象而）'失灵'"。

再次，企业提供质量有保障的服务和产品很大程度上与监管机构基于透明信息的公正执法有关，而与企业是公立还是私立关系不大。陈教授围绕"信息不对称对选择公立还是私立的影响"这一问题的学术讨论再次触发了人们记忆深处"唯利是图的私有制成为'万恶之源'"的历史记忆，很多读者把虐童事件的发生与幼儿园的私立属性联系在一起，甚至认为只有公立机构才能提供质量有保障的服务和产品。一个显然的事实是，不管是公立幼儿园还是私立幼儿园都可能发生虐童事件，就如同民营企业和国有企业都可能生产毒奶粉一样。我们看到，企业提供质量有保障的服务和产品离不开市场中的"监督者"。例如，同样是私立，但香港幼儿

第二篇
防范"野蛮人"入侵的机制设计和制度环境

园依然会提供良好的服务,原因是,如果发生虐童事件,他们将"被罚得倾家荡产"和"把牢底坐穿"。因此,近期发生在内地的数起虐童案很大程度上是由于政府相关职能部门的监管缺失,而非幼儿园的私立属性。我们很高兴地看到,在虐童案发生后政府相关部门在较短的时间内推出了很多加强监管的举措。教育部近日表示将推进学前教育立法。这事实上是政府大有可为的地方。

需要说明的是,很多人对产品和服务的质量监管可以通过国有控股,从而所谓的"公立"来实现的观点深信不疑。这种错误认识流毒深远,按照张维迎教授的说法,这既可能出于一些既得利益者心知肚明但试图鱼目混珠的"无耻",也可能出于公众甚至部分学者的"无知"。很多年以前,一些省试图通过国有煤矿对民营煤矿的并购来解决煤矿安全生产问题,以此把安全生产监管责任从政府转嫁给国企。除了混淆市场中"球员"与"裁判"的角色,对其他市场参与者形成不公平竞争外,这些整合后的煤矿并没有从此解决安全生产问题。相反,行政命令下的并购行为反而使这些国有煤矿"消化不良",直接导致了部分企业经营的困难。毕竟,营利动机明确的私立机构十分清楚,只有提供稳定优质的产品和服务,才能获得市场的认同,才能最终赚到钱。坑蒙拐骗只能赚到"一时的钱",而无法赚到"一世的钱"。除了明确的营利动机成为提供高质量产品服务的承诺外,即使出现类似的虐童事件,私立机构同样具有一定的责任承担能力,而不需要政府隐性担保,甚至以纳税人的公帑来"填窟窿"。作为对照,公立机构最典型的弊病是,按照弗里德曼的说法,花别人的钱办别人的事,既不讲节约也不讲效率。

而私立机构在政府透明公正的监管下同样可以提供适应市场需求的产品和服务。一个典型的例子是2016年重庆财信企业集团等来自中国的数家民企发起对美国芝加哥证券交易所的收购。该收购不仅得到芝加哥交易所董事会的一致同意,甚至连美国相关监管机构也同样表示欢迎。收购成功后并不意味着入股芝加哥

当野蛮人遭遇内部人：
中国公司治理现实困境

证券交易所的中国财信企业集团可以利用股东的影响力为来自家乡的企业在芝加哥证券交易所上市大开方便之门。作为交易所，它需要严格履行当初向美国监管当局和资本市场做出的提供公平公正中介服务的承诺，而不管其股东是谁，甚至来自哪个国家，否则将面临严重的监管处罚。这个例子告诉我们，产品服务质量的保证一方面来自有责任承担能力同时营利动机明确的企业作为声誉载体对市场声誉的珍惜，另一方面则来自政府透明公平的监管执法和法律对消费者权益的严格保护。单纯依靠公立的非营利性，甚至依靠政府股权控制来形成所谓的"公立"，而在政府监管方面不积极作为，显然未必能够实现预期的产品服务质量保障的目的。

最后，陈教授提出的幼儿园"非营利性"和"公立"对于幼儿教育市场严重供给不足的当下并非解决问题的良方。很多家长曾经有排几天队都无法获得幼儿园的一个名额的经历，显然，能否有机会上幼儿园与获得高质量的幼儿教育是同样重要的问题。通过允许私立幼儿园进入幼儿服务市场恰恰可以更好地满足市场对幼儿教育的巨大需求。在我们看来，恰恰是由于幼儿园不够多，没有形成充分竞争，市场中才会出现处于卖方市场的幼儿园降低服务标准、抬高价格的现象。与加强监管执法同样重要的举措是鼓励更多的私立幼儿园进入幼儿教育市场，通过竞争形成幼儿园质量改善的外部压力。毕竟，企业只有通过提供高质量的产品和服务才能赢得顾客的信任，最终才能达到盈利和基业长青的目的。

概括而言，不仅幼儿教育，市场中几乎任何产品和服务，在消费者与生产者之间都会存在一定程度的信息不对称。但市场会自发形成某种解决方案，其中企业的出现就是信息不对称问题最重要的市场化解决方案之一。因而，幼儿园是公立还是私立并非能否杜绝虐童现象的关键。幼儿教育质量保障一方面来自具有责任承担能力的企业在市场竞争中良好声誉的形成，另一方面则来自政府相关部门积极的监管作为。

国家特殊管理股与股权设计的原则[*]

据媒体报道,政府在两家互联网媒体初创公司开展"国家特殊管理股"制度试点工作。互联网监管部门和人民网将持有移动新闻平台一点资讯和北京铁血科技股份公司不到2%的股份。作为交换,监管部门和人民网可任命一位政府官员出任公司董事,并对公司运营拥有话语权。甚至有媒体报道,中国互联网监管机构就持有1%的"国家特殊管理股"与社交媒体公司腾讯、微博以及阿里巴巴旗下视频网站正在进行磋商。

我国国家特殊管理股的推出让人联想到英国于1984年实施的英国电信的私有化方案中的金股。1984年英国电信向市场出售50%股份,成为民营公司。在10年间进行的3次减持过程中,英国政府完全放弃其拥有的股权与收益,只保留了1股金股。金股的权利主要体现在否决权,而不是受益权或其他表决权。金股通常只有1股,几乎没有实际经济价值。私有化之后的英国电信在商业上取得了巨大成功,跻身全球顶尖电信运营商之列。

我们注意到,与确保英国电信私有化过程平稳过渡推出的金股不同,我国目前试点的国家特殊管理股不仅需要投入资金去获得,而且还需要任命一位政府官员成为公司董事,并对公司运营拥有话语权。我们理解,相关部门之所以采取上述举措,主要出于以

---

[*] 本文曾以"国家特殊管理股设计应该避免这些误区"为题发表在《财经》,2017年12月28日。

当野蛮人遭遇内部人：
中国公司治理现实困境

下考虑。其一是希望更好地履行涉及外部性的产品服务提供的行业监管职能，提高监管效力；其二是借助看起来更加符合市场原则的现代公司治理构架来履行监管职能，以代替以往那些看上去显得呆板生硬，同时缺乏效率的传统监管举措。上述举措的初衷无疑是良好的，但由于其违反了股权设计应该遵循的基本原则，我们担心上述举措反而会混淆监管和股权行使的边界，使原本清晰的董事对股东在法律上的诚信责任变得模糊，与最初推出相关举措的初衷背道而驰，甚至结果会适得其反。

我们试图从以下三个方面来讨论国家特殊管理股可能存在的设计误区。第一部分讨论股东权利的法理基础，揭示为什么股东是公司治理的权威；第二部分讨论股权设计应该遵循的基本原则；第三部分通过比较股权行使与监管职责履行在法理基础等方面的差异来讨论二者的不可替代性。

一、股东权利的法理基础

股东作为现代股份公司治理的权威是现代企业理论经过长期发展最终形成的认识。科斯在开现代企业理论先河的《企业的性质》（1937）一文中指出，在资源配置过程中，企业通过权威命令计划代替市场中的价格机制，实现了交易成本的节省。公司治理最初的含义由此被科斯理解为"权威的分配和实施"。企业理论围绕谁应该成为权威、权威如何分配以及权威如何实施的问题展开了长期的讨论。直到 2016 年诺贝尔经济学奖得主哈特于 20 世纪 90 年代发展的现代产权理论才明确股东是企业公司治理的权威。

通常而言，与债权相比，投资者选择持有一家公司发行的股票看上去往往不靠谱得多。例如，权益融资不会有债务合约通常规定的标的资产做抵押，同时也不像债务合约那样具有明确的贷款期限和利息水平规定。现代股份公司还时不时把"除非董事会做

第二篇
防范"野蛮人"入侵的机制设计和制度环境

出承诺,否则发放股利不应成为公司一项义务"挂在嘴边,威胁投资者在公司经营状况不好时将不予发放股利。更加重要的是,现代股份公司所聘请的职业经理人并非你所熟悉的"隔壁老王"。但问题是,投资者为什么愿意购买现代股份公司发行的如此"不靠谱"的股票呢?这就是所谓的"现代股份公司之谜"。同现实生活中存在的其他众多谜团一样,这一问题也曾长期困扰着众多经济学家。

哈特从股东与现代股份公司围绕未来投资回报签订的合约所具有的上述"不完全"特征出发,发展了现代产权理论,揭开了投资者愿意成为股东的"现代股份公司之谜"。按照哈特的理论,给定股东与现代股份公司签署的上述不完全的合约,股东在完成投资后会面临现代股份公司事后的"敲竹杠"行为。投资者预期到上述机会主义行为,事前投资的激励将不足,从而将没有人愿意购买现代股份公司发行的股票。那么,如何解决投资者对现代股份公司的投资激励不足问题呢?哈特给出的一个重要政策建议是通过产权安排,让投资者成为所有者,享有所有者权益,投资者自然就愿意购买上市公司发行的股票了。

在哈特看来,所有者权益,或者说现代产权应该包括以下两重含义。其一是剩余索取权。成为所有者的股东的受益顺序排在债权人、雇员等合同受益者之后,并以出资额为限承担有限责任。这是成为所有者需要履行的义务。其二是剩余控制权。股东对(不完全合约中未涉及的)重要事项以在股东大会上投票表决的方式进行最后裁决。这是成为所有者可以享有的权利。具有了剩余控制权的股东由此不再担心在投资完成后现代股份公司的"敲竹杠"行为发生,因为对于不完全合约中未规定的事项最终由投资者决定。由于通过购买股票而成为股东的投资者不止一个,投资者持有的股票越多,未来承担现代股份公司经营失败的风险就越大,因此,为了使权利与义务得到很好的匹配,股东在对现代股份公司的

当野蛮人遭遇内部人：
中国公司治理现实困境

所有者权益集体所有的基础上,按照持有数量的多寡以投票表决的方式对公司重要事项进行最后裁决。重大事项三分之二多数通过原则在各国公司法实践中被广泛采用,很大程度上与权利必须与义务匹配的理念有关。

现在我们可以回答为什么投资者愿意投资与债权相比看上去不靠谱得多的股票了。显然是因为现代股份公司为了鼓励投资者投资,而向投资者做出的"投资者成为股东后将(集体)享有所有者权益"的庄重承诺。之所以把这一承诺称为庄重,是由于保护股东所有者权益的机制和条款不仅体现在作为"标准化的合约"的公司章程中,而且受到《公司法》《证券法》等法律的严格救济和保护。通过上述公司治理构架和相应法律制度,股东在公司治理实践中成为名正言顺的权威。

概括而言,一方面可以为最终做出的决策以出资额为限承担有限责任,另一方面通过股东大会集体行使所有者权益,股东由此成为公司治理的权威。而以合约不完全作为逻辑出发点的现代产权理论则为股东成为公司治理权威提供了法理和经济学基础。

二、股权设计遵循的原则

从哈特基于不完全合约发展的现代产权理论出发,一个看似自然的逻辑推论是公司治理实践中应该形成"股权至上"的传统。在股东围绕重要事项的投票表决中相应遵循"同股同权"和"一股一票"原则。然而,需要我们注意的是,同股不同权的公司控制权安排模式不仅最近频繁出现,而且历史上也曾多次出现过。除了两百多年前曾在美国出现的用来限制大股东的权力、防范大股东剥削小股东的渐减投票权外,构成"同股同权"原则直接挑战的是双重甚至多重股权结构股票。从表面看,又被称为"不平等"投票权的双重股权结构股票似乎就与"同股同权"所宣扬的"平等"格

第二篇
防范"野蛮人"入侵的机制设计和制度环境

格不入。

在发行双重股权结构股票方面,来自中国企业的一个典型例子是 2014 年在美国纳斯达克上市的京东。京东同时发行两类股票。其中,A 类股票每股具有一份投票权,B 类股票每股则具有 20 份投票权。出资只占 20% 的创始人刘强东通过持有 B 类股票,获得了 83.7% 的投票权,实现了对京东的绝对控制。2017 年 3 月 2 日在美国纽交所上市的 Snap 甚至推出了三重股权结构股票。其中,A 类股票没有投票权,B 类股票每股具有一份投票权,而 C 类股票每股具有十份投票权。分享全部 C 类股票的两位联合创始人 Evan Spiegel 和 Bobby Murphy 共拥有该公司 88.6% 的投票权,Snap 由此被牢牢掌控在两位联合创始人手中。

按照不平等投票权逻辑开展股权设计的一个有趣案例来自 2014 年在美国纽交所上市的阿里巴巴。通过推出合伙人制度,阿里变相地推出不平等投票权股票。从阿里的股权结构来看,第一大股东日本孙正义控股的软银和第二大股东雅虎分别持有阿里 31.8% 和 15.3% 的股份。阿里合伙人共同持有 13% 的股份,其中马云本人仅持股 7.6%。但根据阿里公司章程的相关规定,以马云为首的阿里合伙人有权任命阿里董事会的大多数成员,而成为公司的实际控制人。在阿里目前由 11 人组成的董事会中,其中 5 位执行董事全部由合伙人提名。阿里大部分的执行董事和几乎全部重要高管都由阿里合伙人团队出任。持股比例高达 31.8% 的第一大股东软银仅仅在董事会中委派了一名观察员。

从形式上看,随着互联网时代资本约束门槛的降低和人力资本价值的提升,无论是京东的双重股权结构,还是阿里的合伙人制度,都与自哈特以来倡导的公司治理理论实践的最优模型"同股同权""股权至上"相去甚远。股权设计的理念因而看似发生了重要的转变。但需要说明的是,股权设计所需遵循的基本逻辑和原则

当野蛮人遭遇内部人：
中国公司治理现实困境

并没有由此发生改变。

概括而言，股权设计所需遵循的"不变"原则应该包括以下几个方面。第一，对股东意愿的充分尊重。这一原则的实质依然是对股东作为公司治理权威享有所有者权益的事实的尊重。我们看到，对于京东发行的双重股权结构股票，投资者是否愿意购买与 B 类股票投票权不同的 A 类股票，以及以什么价格购买，完全是标准的市场行为。由于投票权不同，进而控制权和影响力不同，一个可以想象并被经验证据证明的结果是，具有更高投票权的 B 类股票的价格要高于 A 类股票。

对充分尊重股东意愿原则的一个更为典型的体现是持股比例高达 31% 的软银和 15% 的雅虎对阿里实际控制权"心甘情愿"的放弃。软银并没有像在我国"一股独大"治理模式下所司空见惯的那样、作为大股东主导公司治理制度安排。软银不仅没有直接委派董事长，甚至还放弃了董事候选人的提名权，仅仅在董事会中委派了一名不参与实际表决的观察员。而持股 15% 的雅虎更是连观察员都没有委派。我们看到，软银和雅虎通过支持合伙人制度，将阿里的实际控制权交给仅持股 13% 的阿里合伙人，使得阿里合伙人专注于业务模式的创新，自身则从放弃控制权中分享阿里快速发展的红利，赚得钵满盆满。

第二，专业化分工的深化。现代股份公司由于实现了资本社会化和经理人职业化的专业化分工，与新古典资本主义企业相比，极大地提升了管理经营效率，带来了人类财富的快速增长。我们看到，无论是京东的双重股权结构股票还是阿里的合伙人制度，都是现代股份公司专业化分工逻辑的延续。在阿里，通过合伙人制度，阿里实现了阿里合伙人与主要股东软银、雅虎等之间从短期雇佣合约向长期合伙合约的转变。亚当·斯密曾经说过："在钱财的处理上，股份公司的董事是为他人尽力，而私人合伙公司的伙员，

第二篇
防范"野蛮人"入侵的机制设计和制度环境

则纯为自己打算。所以,要想股份公司的董事们监视钱财用途,像私人合伙公司伙员那样用意周到,是很难做到的。有如富家管事一样,他们往往拘泥于小节,而殊非主人的荣誉,因此他们非常容易使他们自己在保有荣誉这一点上置之不顾了。于是,疏忽和浪费,常为股份公司业务经营上多少难免的弊端。"①阿里合伙人与软银、雅虎等主要股东之间的专业化分工由此得以深化,形成所谓的"铁打的经理人,流水的股东",甚至"铁打的经理人,铁打的股东"局面。一方面,由阿里合伙人专注业务模式创新;另一方面,则由软银、雅虎等股东专注风险分担。上述专业化分工深化的客观好处是可以有效防范野蛮人入侵。当万科原创始人王石率领的管理团队由于"野蛮人"的入侵而焦头烂额、寝食难安时,阿里合伙人与刘强东通过上述控制权安排可以心无旁骛地致力于业务模式的创新。这事实上同样是双重股权结构股票在经历了近百年的"不平等"指责后重新获得理论界与实务界认同的重要原因。同股不同权的双重股权结构股票看似"不平等"却更好地实现了对投资者权益的"平等"保护。

第三,股东对企业财产权的集体所有。资本的社会化属性决定了享有现代股份公司所有者权益的不仅仅是一部分股东,而是全体股东。因而在现代股份公司,全体股东集体享有所有者权益成为考虑股东所有者权益保护事项时不得不面对的一个基本事实。与之相对应的一个公司法实践是,股东大会以投票表决方式对公司重大事项进行最后裁决,所讨论议案往往经三分之二多数同意才能获得通过。除了三分之二多数原则所体现的兼顾大部分股东利益外,在各国公司治理实践中,并没有忽略处于信息弱势的中小股东的利益保护。其中,一个十分重要的举措就是累积投票

---

① 参见亚当·斯密,《国富论》,杨敬年译,陕西人民出版社,2001。

当野蛮人遭遇内部人：
中国公司治理现实困境

制度。所谓"累积投票制度"指的是以局部集中的投票方法，使中小股东选出代表自己利益的董事，避免大股东垄断全部董事选任的股东表决制度安排。我们看到，累积投票制度的推出同样并非对"同股同权"或"一股一票"原则的违背，而是以更好的方式和在更高的层面实现对不同股东权益的平等保护，因而受到各国公司治理理论和实践的普遍认同。

第四，董事与股东之间法律上明确的诚信责任。由于股东集体享有所有者权益，以投票表决的方式对公司重大事项进行最后裁决，因此股东成为公司治理的权威。董事在法律上向股东负有诚信责任，即董事需要履行忠诚义务和勤勉义务来实现股东价值的最大化。在传统的公司治理构架下，董事在法律上向股东负有诚信责任是相对清晰的。而清晰的诚信责任界定，为司法实践中法律对投资者权益保护带来便利。我们看到，当国家特殊管理股以实施监管的名义推出时，一定程度上把股东的部分所有者权益交由第三方，从而形成模糊的诚信责任。能够承担决策责任后果的股东无法做出决策，而无法承担决策责任后果的第三方却有权做出决策。当股东与第三方的利益发生冲突时，引入第三方将使董事处于多头负责的状态。理论上，董事可以以避免损害第三方的利益为借口损害股东的正当利益，甚至以分别保护第三方和股东利益之名，行追求董事私人收益之实，使第三方与股东的利益全都受到损害。

对照上述股权设计需要遵循的基本原则，我们看到，由于国家特殊管理股既不能很好地体现专业化分工的深化，又违反了所有者权益集体分享的原则和对股东作为公司治理权威的尊重，我们这里大胆预测，国家特殊管理股的推出在股东大会表决通过时将面临挑战。很多股东会毫不犹豫地投下反对票，甚至选择"以脚投票"。

三、股权行使与监管职责履行的不可替代性

通过推出国家特殊管理股来改善监管效力,除了违反了上述股权设计应该遵循的基本原则外,一定程度上还混淆了监管职责履行和股权行使的边界,容易导致监管的越位、错位和缺位。

前面的分析表明,股东享有所有者权益是基于股东与现代股份公司签署的是不完全合约的现状,从鼓励投资者购买现代股份公司的股票出发所做出的公司治理制度安排,它同时构成现代股份公司向投资者做出的庄重承诺。通过上述公司治理制度安排,现代股份公司一方面使股东作为公司财产的共同所有者成为公司治理的权威,另一方面明确了董事向股东负有法律上清晰的诚信责任。因此,股权行使的法理和经济学基础是哈特发展的基于不完全合约的现代产权理论。

对照监管实践,我们看到,其法理和经济学基础却来自"负的"外部性的存在和科斯定理。按照科斯定理,无论上游钢铁厂有向下游渔场排污的权利,还是下游渔场有不被上游钢铁厂污染的权利,当双方交易成本为 0 时,通过合理补偿对方,总可以达到有效率的钢铁生产量和排污量。因而,产权初始配置与资源配置状态的最终效率无关。但由于现实经济生活中双方讨价还价、合约履行的交易成本不为零,初始产权的界定和保护就变得十分重要,因此需要引入第三方监管,以减少负外部性。而作为"守夜人"和市场经济中裁判的政府自然成为界定和保护初始产权、降低负外部性的理想的第三方。在上述意义上,科斯发展的这一产权无关性定理成为现实经济生活中外部性存在引发政府监管职责履行行为的法理和经济学基础。

我们把监管与股权行使的差异总结在表 1 中。从表 1 中我们看到,无论法理基础、行使范围、实施主体还是实施目的,二者均存

当野蛮人遭遇内部人：
中国公司治理现实困境

在重大差异,我们不能通过股权行使来简单代替监管职责履行。

表1 监管与股权行使的差异的比较

	法理基础	行使范围	实施主体	实施目的
股权行使	基于不完全合约的现代产权理论(哈特)	公司内部	被法律认同为集体享有所有者权益的股东	鼓励投资者投资
监管	负外部性的存在和科斯定理	存在负外部性,需要进行产权界定和保护的事项	第三方(政府)	减少负外部性

而混淆监管与股权行使的边界的结果是不可避免地导致监管的缺位、越位和错位。例如,很多年以前,一些省试图通过国有煤矿对民营煤矿的并购产权控制来解决煤矿安全生产问题。把安全生产监管责任从政府转嫁给国企,直接导致了监管的错位;混淆市场中"球员"与"裁判"的角色,对其他市场参与者形成不公平竞争,导致了监管的越位;而这些整合后的煤矿并没有由此从根本上解决安全生产问题,导致了真正的监管缺位。上述通过产权控制实现监管目的的强制性的并购行为反而使这些国有煤矿"消化不良",直接导致了部分企业经营的困难。

一个相反的例子是2016年重庆财信企业集团等来自中国的数家民企发起对美国芝加哥证券交易所的收购。该收购得到了芝加哥交易所董事会的一致同意和美国相关监管机构的欢迎。但收购成功后并不意味着中国财信企业集团可以利用股东的影响力为来自家乡的企业在芝加哥证券交易所上市大开方便之门。作为交易所,它需要严格履行向美国监管当局和资本市场做出的提供公平公正中介服务的承诺,否则将面临严重的监管处罚。从上例中我们看到,对证券交易业务的监管是一回事,而以股权行使鼓励股东投资证券交易所是另一回事。因此,在国家特殊管理股的推出

第二篇
防范"野蛮人"入侵的机制设计和制度环境

问题上,我们主张,股权问题归股东,监管问题归政府,各司其职。

监管不是通过股权设计将其转嫁或强加给企业的问题,而是如何改善监管效力的问题。我们以目前推出国家特殊股权管理股试点的文化娱乐产业为例。有效监管政策的制定实施包括事前监管规则的透明、事中监督程序的公正和事后监管惩罚的严厉三个方面。首先,制定统一的监管标准,并通过媒体及时公开报道,做到事前监管规则的透明。事中监督程序的公正则涉及三个方面。其一是保障监督对象和媒体公众对监督信息的知情权;其二是监管人员依照相关法律法规独立开展监管,避免权力干扰;其三,对监管过程中腐败行为的严惩。除了法制建设,事中的监督还可以借助媒体曝光和社会监督来实现。对于查有实据的违规企业,要依据法律程序严惩不贷,以体现事后监管惩罚的严厉。决不能因为涉事企业是国企而有心袒护、厚此薄彼,更不应该由于某些司法人员受贿而大事化小、小事化了。只有涉事的企业和当事人"被罚得倾家荡产"和"将牢底坐穿",往往才会对后来的企业或个人形成强大的威慑。而如何确保法律程序和司法裁决的公正透明,避免司法腐败,在当下的中国仍然面临严峻的考验。事实上,这成为我国食品安全事故、煤矿安全生产事故,甚至近期发生的幼儿园虐童事件屡禁不止的很重要的原因。

而对于国防军工等特殊产业,除了可以参照上述监管实践严格执行外,还可以根据军工行业的特殊性,制定特殊监管条例。一个极端的例子是,即使一些看起来涉及国家安全的军工产品,也可通过采购招标由民营企业生产。例如,波音通过投标承担了很多美国国防军用设备的制造。我们看到,只要监管(对波音违反保密协议有形和无形的惩罚)到位,即使是涉及国家安全的军事装备,由民企还是国企制造也将变得无关紧要。

港交所"同股不同权"的上市制度改革^{*}

2017年12月15日晚间,港交所宣布启动新一轮上市制度改革。主要内容是将在主板上市规则中新增两个章节,其中一个重要章节即"接受同股不同权企业上市"。此次改革被认为是香港资本市场24年来最重大的一次上市制度改革。

港交所此次推出的上述改革举措显然并非一时的心血来潮。这一改革的最初缘起与2014年阿里巴巴在香港上市的失败和之后在美国上市的成功有关。曾经挂牌P2P业务的港交所一度是阿里优先考虑的上市目的地。但持股比例并不高的马云等合伙人希望通过董事会组织获得对阿里的实际控制权,而这显然是当时仍然奉行"同股同权"原则的港交所无法接受的。阿里被迫选择到接纳同股不同权架构的美国上市,并获得了巨大成功。时任阿里巴巴集团CEO陆兆禧先生在阿里放弃香港上市后曾明确提到,"今天的香港市场,对新兴企业的治理结构创新还需要时间研究和消化"。我们看到,面对类似阿里这样优质的上市公司流失,港交所从那时起即开始反思,并尝试推出类似的改革举措。几年来,不断传出港交所修改"同股同权"上市制度的传闻。例如,2017年6月16日,港交所在《关于设立创新版及检讨创业板的市场意见》中提到,拟有条件允许公司采用"同股不同权"架构在港上市。

---

* 本文曾以"港交所为什么会进行'同股不同权'的上市制度改革?"为题发表在FT中文网,2018年1月2日。

第二篇
防范"野蛮人"入侵的机制设计和制度环境

从相关声明中,我们看到,港交所做出上述政策调整的重要依据是最近几个月来完成的公开咨询。"绝大部分回应意见都视不同投票权架构为关乎竞争力的议题,因此大多支持容许不同投票权架构公司在香港上市"。港交所行政总裁李小加先生在其网志中进一步解释说:"其实,我们无意改变任何投资者对于这类多元化公司的既定喜好,我们只是想把上市的大门再开得大一点,给投资者和市场的选择再多一些,因为不想把非常有发展前景的新经济公司关在门外。"

自阿里2014年9月19日在美国纽交所上市后不久,我们在评论文章中即指出,"(我国)监管当局应正视并积极回应上述公司治理结构创新的合理性,并着手研究,以在未来适当时机推出适应上述创新的更加灵活的上市政策"。①

我们知道,阿里是在形式上遵循"同股同权"构架(阿里没有发行双重股权结构股票,而是只有一种股票),但通过合伙人制度变相地形成了"同股不同权"的不平等投票权。那么,阿里推出的合伙人制度与京东发行的标准的双重股权结构股票有哪些相同和不同之处呢?从那时起,我们的研究团队开始进行阿里合伙人制度的案例研究,以系统回答这些问题。我们的研究表明,借助合伙人制度,阿里完成了创业团队与外部投资者之间从短期雇佣合约到长期合伙合约的转化,因而阿里合伙人制度的推出成为公司控制权安排的重要制度创新。②

基于我们的研究和观察,港交所此次"同股不同权"上市制度改革的意义显然并非李小加先生所指出的"给投资者和市场的选择再多一些"那么简单。从2014年开始,利用各种论坛会议演讲

---

① 参见郑志刚,"阿里上市启示录",《21世纪商业评论》,2014年11月15日。
② 参见郑志刚,邹宇,崔丽,"合伙人制度与创业团队控制权安排模式选择——基于阿里巴巴的案例研究",《中国工业经济》,2016年第10期。

当野蛮人遭遇内部人：
中国公司治理现实困境

和新书发布等场合，笔者多次呼吁中国内地资本市场应该尽快推出"同股不同权"的上市制度。其意义不仅仅在于提高主要资本市场之间吸引优质企业上市的竞争力。更加重要的是，这是一次加快我国资本市场和公司治理制度纵深建设的重要契机。在上述意义上，这次对港交所"同股不同权"上市制度改革的评论算是在以往努力基础上的"再次呼吁"。

事实上，同股不同权的公司控制权安排模式不是最近几十年才出现的新鲜事物，历史上就曾多次出现过。除了两百多年前曾在美国出现的用来限制大股东的权利、防范大股东剥削小股东的渐减投票权外，构成对"同股同权"原则直接挑战的是双重甚至多重股权结构股票。从表面上看，又被称为"不平等"投票权股票的双重股权结构股票似乎与"同股同权"原则所宣扬的"平等"格格不入。

在发行双重股权结构股票方面，来自中国企业的一个典型例子是2014年在美国纳斯达克上市的京东。京东同时发行两类股票。其中，A类股票每股具有一份投票权，B类股票每股则具有20份投票权。出资只占20%的创始人刘强东通过持有B类股票，获得了83.7%的投票权，实现了对京东的绝对控制。2017年3月2日在美国纽交所上市的Snap甚至推出三重股权结构股票。其中，A类股票没有投票权，B类股票每股具有一份投票权，而C类股票每股具有十份投票权。分享全部C股的两位联合创始人Evan Spiegel和Bobby Murphy共拥有该公司88.6%的投票权，Snap由此被牢牢掌控在两位联合创始人手中。

而阿里巴巴则是在"同股同权"框架的形式下，按照不平等投票权股票设计逻辑开展公司控制权制度安排创新的一个有趣案例。从阿里的股权结构来看，第一大股东日本孙正义控股的软银和第二大股东雅虎分别持有阿里31.8%和15.3%的股份。阿里合伙人共同持有13%的股份，其中马云本人仅持股7.6%。这使得国

第二篇
防范"野蛮人"入侵的机制设计和制度环境

内一些学者提出"马云是为日本资本家孙正义打工吗?"的质疑,并错误地把阿里获得的成功,认为是"日本对中国经济的重新控制"和"新甲午战争的胜利"。

这些学者之所以做出上述错误判断,很大程度上与没有跳出"同股同权"思维和受我国"一股独大"公司治理模式实践影响有关。根据阿里公司章程的相关规定,以马云为首的阿里合伙人有权任命阿里董事会的大多数成员。从阿里董事会的构成来看,10名董事中,除了5名外部董事,5位执行董事全部由合伙人提名。阿里大部分的执行董事和几乎全部重要高管都由阿里合伙人出任。持股比例高达31.8%的第一大股东软银并没有像在我国"一股独大"治理模式下所司空见惯的那样,作为大股东主导公司治理制度安排。软银不仅没有直接委派董事长,甚至还放弃了董事候选人的提名权,仅仅在董事会中委派了一名不参与实际表决的观察员。而持股15%的雅虎更是连观察员都没有委派。阿里合伙人由此成为阿里的实际控制人。软银和雅虎通过支持合伙人制度,将阿里的实际控制权交给仅持股13%的阿里合伙人。阿里合伙人由此可以专注于业务模式的创新,而软银等从放弃控制权中却赚得钵满盆满。我们看到,通过推出合伙人制度,阿里变相地形成不平等投票权。如果非要套用"谁为谁打工,谁雇用谁"的表达,我们看到阿里的成功恰恰标志着"中国劳动"对"其他国家资本"的"雇佣"。这更是在对股东意愿充分尊重之下双方之间的合作共赢。

从实质看,它依然是对股东作为公司治理权威享有的所有者权益的事实尊重,只不过以看起来"不平等"的方式("同股不同权")实现了股东收益最大化所带来的事实"平等"。我们以京东发行的双重股权结构股票为例。投资者是否愿意购买与B类股票投票权不同的A类股票,以及以什么价格购买,完全是标准的市场行为。由于投票权不同,因而控制权和影响力不同,一个可以想象并

当野蛮人遭遇内部人：
中国公司治理现实困境

被经验证据证明的结果是，具有更高投票权的 B 类股票的价格要高于 A 类股票。

那么，为什么我们会认为港交所此次"同股不同权"上市制度改革并非"给投资者和市场的选择再多一些"那么简单，而是公司治理控制权安排的重要制度创新呢？原因如下：

第一，通过"同股不同权"上市制度改革，同股同权下的股东与经理人之间的关系具备了由之前的短期雇佣合约向长期合伙合约转变的可能性。亚当·斯密在《国富论》中早已提及："在钱财的处理上，股份公司的董事是为他人尽力，而私人合伙公司的伙员，则纯为自己打算。所以，要想股份公司的董事们监视钱财用途，像私人合伙公司伙员那样用意周到，是很难做到的。有如富家管事一样，他们往往拘泥于小节，而殊非主人的荣誉，因此他们非常容易使他们自己在保有荣誉这一点上置之不顾了。于是，疏忽和浪费，常为股份公司业务经营上多少难免的弊端。"[①] 在"同股同权"框架下，我们可以用"流水的经理人，铁打的股东"来形容上市公司，经理人处于"打工仔"地位，随时面临被辞退的风险。但通过推出同股不同权的上市制度，公司开创了"铁打的经理人，流水的股东"，甚至"铁打的经理人，铁打的股东"的新局面。这为股东和经理人建立长期合伙人关系提供了可能。Jensen 和 Meckling 在 1976 年即注意到，雇佣关系下经理人的"打工仔心态"是股东与经理人代理冲突的重要表征。经理人股权激励作为重要的政策建议那时被提出，并在之后的公司治理实践中得到普遍采用。其目的就是协调股东与经理人之间的代理冲突，"使经理人像股东一样思考"。股权激励计划往往是针对不同经理人提出不同方案，而"同股不同权"上市制度安排与"股权激励计划"不同的是，不仅使经理人开始即持有股权，而且使股东心知肚明经理人将成为未来必须长期面

---

① 参见亚当·斯密，《国富论》，杨敬年译，陕西人民出版社，2001。

第二篇
防范"野蛮人"入侵的机制设计和制度环境

对的稳定合伙人。

第二,通过"同股不同权"的上市制度改革,股东和经理人之间实现了专业化的深度分工。现代股份公司由于实现了资本社会化和经理人职业化的专业化分工,与控制权与经营权不分的新古典资本主义企业相比,极大地提升了管理经营效率,带来了人类财富的快速增长。在同股同权框架下,作为公司治理的权威,股东依然可以影响经理人的经营决策,例如,通过委派董事,在股东大会上直接行使否决权利,甚至可以提出罢免全体董事会的临时议案。而京东双重股权结构股票和阿里合伙人制度的推出则实现了专业化的深度分工。一方面由刘强东、阿里合伙人等专注于业务模式创新,另一方面则由持有A类股票的外部投资者和软银、雅虎等股东专注于风险分担。这事实上也是现代股份公司诞生以来公司控制权安排制度创新所一直秉持的专业化分工逻辑的进一步延续。

第三,"同股不同权"上市制度的客观好处是可以有效防范野蛮人入侵,这对于进入分散股权时代的我国资本市场的意义尤为重大。从2015年万科股权之争开始,我国上市公司第一大股东平均持股比例开始低于被认为象征"一票否决权"的33.3%。这标志着我国资本市场开始进入分散股权时代,野蛮人出没和控制权之争由此将成为我国资本市场的常态。然而,我们看到,当万科创始人王石率领的管理团队由于"野蛮人"的入侵而焦头烂额、寝食难安时,阿里合伙人与刘强东通过上述公司控制权安排可以心无旁骛地致力于业务模式的创新,业务发展一日千里。一方面,王石团队与宝能等围绕"谁的万科"争论不休;另一方面,"阿里不仅是软银、雅虎的,而且是马云创业团队的,是大家的阿里"。这事实上同样是双重股权结构股票在经历了近百年的"不平等"指责后重新获得理论界与实务界认同的重要原因之一。同股不同权的双重股权结构股票看似"不平等",却更好地实现了对投资者权益的"平等"保护。

当野蛮人遭遇内部人：
中国公司治理现实困境

第四，面对资本市场中众多的潜在投资项目，敢于选择同股不同权上市，显然向投资者展示了创业团队对业务模式的自信，成为投资者识别独特业务模式和投资对象的信号。如果说旧车市场是靠质量担保来传递旧车质量的信号，那么，同股不同权相比于之前的同股同权，在资本市场上构成了博弈论中的分离战略，成为传递业务模式独特性的重要信号。这是我们在观察阿里美国成功上市启示时的重要发现之一。

虽然阿里合伙人制度和京东双重股权结构都属于"同股不同权"构架，但二者之间又存在哪些不同呢？其一，"长期合伙合约"下的马云合伙人团队成为阿里事实上的"不变的董事长"或"董事会中的董事会"，实现了"管理团队事前组建"和"公司治理机制前置"。前者通过优秀人才的储备和管理团队磨合成本的减少，后者通过雇员持股计划的推出和共同认同的企业文化的培育，使阿里的管理效率得到极大提升，实现交易成本的进一步节省。这是阿里合伙人制度十分独特的地方。其二是两种控制权安排的退出机制。双重股权结构股票在实践中已经形成一定的制度雏形和实操规则。例如，理论上，如果刘强东有一天希望选择出售所持有的 B 级股票，这些股票将自动转换为 A 级股票。这意味着，京东将从同股不同权框架重新回到传统的同股同权框架。新股东将根据持股多寡选择董事会，董事会进一步按照公司治理最优实践来选择能够为股东带来高回报的全新管理团队。然而，对照阿里合伙人制度，目前我们尚未发现这种潜在的退出机制，虽然我们注意到阿里公司章程中有"当马云持股不低于1%，合伙人对阿里董事会拥有特别提名权，可任命半数以上的董事会成员"的相关规定。阿里合伙人制度的自身制度的建设和完善由此也成为未来影响阿里持续稳定发展的一个不容忽视的因素。正如在阿里上市不久笔者在评论文章中指出的，"好在马云和他的阿里巴巴天然带着'市场'这一良好的'基因'，也许可以通过未来进一步的制度创新来克服今天

第二篇
防范"野蛮人"入侵的机制设计和制度环境

公司治理结构创新所面对的挑战"。

港交所这次在进行"同股不同权"上市制度改革方面无疑再次走到内地资本市场的前面。我们希望借此机会再次呼吁:未来中国资本市场应逐步放松对一股一票原则的要求,允许新兴产业创业团队以发行具有双层股权结构的股票上市,甚至像阿里一样推出合伙人制度。至于是否有投资者愿意购买形式和/或实质具有不平等投票权的股票,以及以什么价格购买,市场将会形成理性的判断。

第三篇
国企混改与公司治理制度建设

从万科董事会组织看超额委派董事现象^{*}

作为我国资本市场发展历程中重要的公司治理事件,持续近两年的"万科股权之争"给我国学术界与实务界留下来了太多的观察和思考。即使是2017年6月30日刚刚完成的万科新一届董事会换届也不例外。

在由11名成员组成的万科新一届董事会中,除了5名独立(或外部)董事(其中1名为外部董事),其余6名为内部董事。我们观察到,持股比例为29%的深铁推荐了其中的3名,占到全部内部董事的50%。深铁从而形成事实上的"超额(比例)委派董事"。需要说明的是,这一现象并非万科新一届董事会组织中所独有。统计表明,从2008年到2015年期间我国不少于20%的上市公司曾出现不同程度的超额委派董事现象。然而,万科新一届董事会组成中,不仅超额委派董事,而且持股比例相差不大的第二大股东和第三大股东没有委派董事的情况则十分罕见。

那么,我们应该如何理解这次万科董事会换届再次凸显的超额委派董事现象呢?

从公司法的立法理念出发,一些法学学者特别强调董事会的"会"(board),与股东大会的"会"(meeting)之间的区别。他们认

---

* 本文曾以"从万科董事会组织看超额委派董事现象"为题发表在FT中文网,2017年7月17日。

当野蛮人遭遇内部人：
中国公司治理现实困境

为,在法理层面上,董事虽然可能是由其中某一(按照我国公司法的规定,持股比例超过3%的)股东推荐,但一经股东大会表决通过后,这些董事就应该对全体股东负责,而不是只对部分(推荐他们成为董事的)股东负责。否则,股东可以向法庭起诉相关董事违反诚信义务。他们给出的一个来自美国总统选举的极端例子是,川普虽然是由共和党推荐的,但在成为美国总统后,他应该向全体美国人民负责,而并非只向共和党负责。如果按照上述法学学者的视角,这次万科董事会换届中出现的超额委派董事现象显然并非公司治理理论界与实务界应该特别关注的问题。

然而,十分遗憾的是,上述视角仅仅反映了法理层面讨论中洋溢的学者理想主义和美好愿景,而并非公司治理实践的现实状况。我们做出上述判断的理由主要来自以下三个方面。其一,与美国总统选举党派竞争的虚拟利益诉求不同,公司治理实践中股东的利益诉求是真实具体的,因而需要利益诉求各方在重大事项决策上尽量保持力量对比的均衡,以兼顾各方的利益。推荐总统候选人的政党利益诉求是美国总统选举制度设计中体现程序正义的重要环节,更多的是为了践行轮流执政的政治竞争理念,以至于人们经常听到一些美国公民这次是以民主党身份,下次是以共和党身份参加选举活动的说法。上述事实决定了无论是民主党还是共和党,其利益诉求往往是虚拟的和定向的(在野党与执政党的政策方向注定相左),公民个体真实具体的利益诉求则往往需要通过国会代表的选举和公民言论自由的宪法保护以及独立的司法体系裁决等一系列制度安排来保障。

不同于美国总统选举,在公司治理实践中,股东的利益诉求是真实而具体的,而且在不同的股东之间往往存在严重的利益冲突。一个同样来自美国国会参议员选举制度的有趣启发是,无论各州人口和面积大小,每州选举产生的参议员都是2名。同样是选举,总统需要向全体公民负责,而参议员选举严格履行各州代表权平

第三篇
国企混改与公司治理制度建设

等原则,很大程度上与政党的利益诉求是虚拟的,而各州的利益诉求是具体的甚至冲突的有关。更加有趣的是,为了避免地缘政治可能带来的负面影响,选举办法甚至取消了首都华盛顿所在的哥伦比亚特区选举代表特区的参议员的权力。我们看到这些制度设计很好地体现了真实具体利益分配的原则,那就是避免打破代表不同利益诉求力量之间的平衡,尽可能实现各方利益的兼顾。而美国总统在选举产生后需要向全体公民负责,不在于是否具有这样的理想主义色彩浓郁的理念,而是由"三权分立"等一系列完备的现实制度"将权力关在笼子里"所致。

其二,在公司治理实践中,我们所观察到的董事意见的分歧往往来自推荐董事的股东之间的利益分歧。我们以充满争议的万科引入深圳地铁重组预案的董事会表决为例。在 2016 年 6 月 17 日围绕引入深圳地铁重组预案的万科董事会表决中,11 名董事会成员中,7 票同意,1 票回避,3 票反对。其中 3 张反对票均来自华润委派的 3 名董事,以至于一些媒体以"华润投出了反对票"为题报道万科这次重组预案的董事会表决情况。我们看到,董事会围绕很多具体事项的表决远不是这些董事应不应该代表全体股东的问题,而是他们能不能代表全体股东的问题。在引入深圳地铁重组预案的万科董事会表决中,与其说这些董事代表的是全体股东的利益诉求,不如说他们更多代表的是推荐他们成为董事的股东的利益诉求。

事实上,在公司治理实践中,一个由某大股东推荐的董事在董事会表决中反映该大股东的利益诉求有时被认为是天经地义的事。那些利益可能由此受到损害的外部分散股东也不得不认同这一事实;即使某小股东由此起诉该董事违反了诚信义务,在一些为董事购买了董事责任险的公司,这同样无法形成对该董事的实质性惩罚;反过来,如果你告诉一个小股东,他的利益诉求将由某大股东推荐的一名董事反映,反而会被认为是天方夜谭。我们看到,

当野蛮人遭遇内部人：
中国公司治理现实困境

这事实上正是很多国家公司法允许采用累积投票制推选董事,以保证有代表小股东利益的董事胜出的现实原因。这里需要提醒法学学者的是,目前的董事产生机制以及董事向股东所负的法律上诚信责任的司法界定和相应法律救济困难决定了即使在未来很长的时期,董事也很难摆脱所推荐股东利益诉求的影响。

其三,事实上,对董事一经产生就应该代表全体股东的最大悖论和事实反驳来自各国公司治理实践中独立董事制度的推行。逻辑上,如果董事一经产生就应该代表全体股东,那么显然并不需要什么独立董事。独立董事之所以在各国公司治理实践中引起广泛重视,恰恰是由于来自外部的、利益中性的,同时受到市场声誉约束的独立董事挑战管理层决策付出的成本要低于内部董事,因而能够代表分散股东利益在监督经理人中扮演重要角色。这使得除了CEO外其余全部为独立董事的董事会组织模式在英美等国公司治理实践中受到广泛推崇。

让我们再回到万科引入深圳地铁重组预案的董事会表决这一案例。其中回避表决的1票来自被认为与万科存在潜在关联关系的独立董事张利平。按照媒体的报道,当时的万科管理层和华润由此陷入投票表决结果是7/10还是7/11的"算术题"之争。万科管理层认为张利平与华润存在潜在关联关系,回避表决,实际参与董事会表决的董事只有10名,因而董事会以7/10通过该重组预案;而华润则认为该独立董事的回避表决使得董事会的表决结果成为7/11,因而该重组预案未能达到通过董事会表决需要的三分之二。我们从这一案例看到,即便是独立董事也不能完全摆脱所推荐股东的利益纠葛,更何况是不同股东推荐的内部董事本身?上述事实一定程度上表明,希望每位董事代表的是全体股东而非推荐股东的利益诉求只是一些法学学者从法理理想主义出发的一厢情愿和美好愿景,远非公司治理实践的现实。

那么,我们如何从经济学视角来理解公司治理实践中出现的

第三篇
国企混改与公司治理制度建设

超额委派董事现象呢?

理论上,最终所有者可以借助金字塔控股结构,实现控制权和现金流权的分离,为其对所控制的子公司和孙公司进行隧道挖掘创造条件。我们假设有一家母公司持有子公司50%股份,而子公司持有孙公司50%股份的金字塔控股结构所形成的企业集团。虽然母公司对孙公司的现金流权只有25%(50%×50%,由母公司出资占孙公司全部资本的比例体现),但其(通过50%控股子公司)对孙公司的控制权却达50%(由子公司对孙公司50%投票表决权所体现)。借助金字塔控股结构,现金流权只有孙公司25%的母公司,实现了对孙公司50%以上的控制,导致了所谓控制权和现金流权的分离。这里的控制权反映实际控制人对重大决策的影响力,而现金流权则反映责任承担能力。二者的分离意味着承担责任与享有权利的不对称,形成一种经济学意义上的"负外部性"。最终所有者由此可以利用上述控制权与现金流权的分离机制,通过关联交易、资金占用等对孙公司的资源进行隧道挖掘。例如,利用(通过50%控股子公司)对孙公司50%的控制权,母公司迫使孙公司与子公司进行关联交易,把孙公司的部分资源输送到子公司。对孙公司现金流权只有25%的母公司,以每单位25%的损失,换来子公司每单位50%的收益(母公司对子公司现金流权为50%),使孙公司外部分散股东的利益受到损害。这是在各国公司治理实践中,与大股东相关的资金占用、资金担保、关联交易不仅是监管当局关注的重点,而且需要独董围绕上述事项出具独立意见的重要原因。

容易理解,超额委派董事与金字塔控股结构以及由家族成员出任家族企业董事长一样,是第一大股东实现控制的重要途径。只不过金字塔控股结构是通过控制权与现金流权的分离实现控制,而超额委派董事是第一大股东利用董事会组织中提名更多董事从而形成对董事会重大决策的实际影响力与其持股比例所反映

当野蛮人遭遇内部人：
中国公司治理现实困境

的责任承担能力的分离实现控制。但无论是金字塔控股结构还是超额委派董事都意味着承担责任与享有权利的不对称,形成一种经济学意义上的"负外部性"。在出现超额委派董事现象的公司中,我们并不能排除第一大股东对外部分散股东进行资金占用、关联交易等隧道挖掘行为的可能性。在2016年广受批评的南玻A"血洗董事会"事件中,持股比例仅25.77%的宝能系同样超额委派了3名董事,占到全部非独立董事的50%。

需要强调的是,根据我们的观察,在第一大股东持股比例不足1/3的我国上市公司中,超过25%的公司曾出现超额委派董事现象。这意味着那些并没有拥有相对控制权的第一大股东更可能借助超额委派董事来加强对上市公司的控制。在上述意义上,超额委派董事与借助金字塔控股结构实现控制权与现金流权分离不仅存在战略补充的可能,而且还在一定程度上存在战略替代关系。

虽然超额委派董事仅仅使第一大股东具备借助资金占用和关联交易对外部分散小股东进行隧道挖掘的可能性,但作为潜在的公司治理问题,公司治理的理论界和实务界不得不对此加以防范。一个短期政策建议是：一方面,可以考虑以第一大股东持股比例为其提名董事的比例设定上限;另一方面,通过完善累积投票制,使更多代表中小股东利益诉求的董事在选举中胜出。在董事会组织的长远目标上,我们需要更多地借鉴英美国家的公司治理实践,董事会组织独立董事为主,使代表不同利益诉求的各方形成合理的制衡。

从万科新一届董事会组织中存在的超额委派董事现象中,我们看到,虽然我国资本市场已经进入分散股权时代,但很多上市公司的董事会组织理念仍然停留在资本市场发展早期"一股独大"的公司治理模式下由控股股东来对董事会组织大包大揽的阶段。在上述意义上,我国上市公司董事会组织理念仍然需要经历漫长而痛苦的转型。

董事会独立性究竟应该加强还是削弱？*

  2001年安然会计丑闻爆发后，有学者把它的董事会结构与同期巴菲特领导的Berkshire Hathaway公司的董事会结构进行了比较。读者会惊奇地发现，在安然由17人组成的董事会中，除了担任董事局主席的Kenneth L. Lay和担任CEO的Jeffrey K. Skilling为安然的内部董事外，其余15人则全部为来自其他公司高管、非政府组织机构负责人和大学教授的独立董事。安然的公司治理结构无疑堪称董事会组织的典范。然而对照同期Berkshire的董事会结构，即使外行都能看出在由7人组成的董事会中光来自巴菲特家族的即有3人，其中尚不包括他的两位被称为黄金搭档的长期合伙人Charles Thomas Munger和Ronald L. Olson。让很多读者感到费解的是，偏偏在堪称董事会组织的典范的安然爆发了会计丑闻，但以任人唯亲的董事会结构著称的Berkshire Hathaway却波澜不惊。

  2017年是次贷危机爆发十周年。在最近学术界开展的次贷危机反思中，人们很自然地想到当年美国金融危机的重要制造者之一，"不仅不保险，而且成为全球性风险的策源地"的美国国际保险集团（AIG）。一些学者把AIG危机部分归咎于次贷危机爆发前其"公司治理结构的突变"。在吸取格林伯格时代公司治理制度设计

---

 * 本文曾以"董事会独立性究竟应该加强还是削弱"为题发表在FT中文网，2017年9月4日。

当野蛮人遭遇内部人：
中国公司治理现实困境

缺陷的基础上，AIG 在其离职后的 2005 年结合全球公司治理改革潮流，主要进行了三方面的调整。其一是缩小了董事会的规模，由原来的 18 人降为危机爆发前的 14 人；其二是提升了外部董事的比例，由原来的约 56%（18 人中 10 人为外部董事）调整为危机爆发前的 86%（14 人中 12 人为外部董事）；其三是根据董事会不同职能方向，增设了提名等专业委员会。例如，董事提名从由以前职责笼统模糊的"董事和管理层提名"改为由职责明确的专门提名委员会提名。那些批评上述治理结构调整的学者认为，"外部董事主导的董事会，看上去更加独立，但是这份独立的代价是专业性的丧失和内部控制的松懈"，由此成为导致 AIG 危机爆发的诱因之一。

将这几个偶然的事件联系在一起，如果我们试图在其中建立一种可能的"逻辑"链条，那么这一可能的逻辑链条是：董事会独立性的加强不仅没有实现预期的改善治理效率的目的，反而适得其反，成为导致危机爆发的诱因。尽管很多人都十分清楚，爆发会计丑闻的安然和卷入次贷危机的 AIG 公司治理改革恰恰遵循的是从 20 世纪 90 年代开始公司治理理论界和实务界所推崇的董事会组织最优模式。Jensen 甚至在 1993 年召开的美国金融学年会主席演讲中公开呼吁，董事会组织模式应该是"保持较小的董事会规模"，"除了 CEO 为唯一的内部董事外，其余都为外部董事"，以及"CEO 和董事会主席两职分离"等。

那么，在公司治理实践中我们究竟应该加强还是削弱董事会的独立性呢？

第一，虽然在职能设定上董事会具有战略咨询功能，但在实践中独董往往更加偏重监督功能，把经营不善责任更多地归咎于独董有失公允。我们知道，之所以引入来自外部、身份独立的独董，其原因恰恰是独董挑战管理层决策的成本往往低于内部董事。在很多情形下，不是存在职业依附的内部董事，而是更在意市场声誉同时更加独立的独董在可能损害股东利益的相关议案表决中出具否定意见。独董的上述职能定位决定了独董只是企业经营成功的必要条件,而非充分条件,更非充要条件。换句话说,如果发现 AIG 高管通过内幕交易侵吞股东的利益,则独董责无旁贷;但把连金融工程专家都无法识别的次债衍生品风险,进而风险管理不当的板子打在专长各异的独董身上,则有失公平。有效的内部控制不仅需要结合外部环境经营实践的变化,在业已形成的内部控制制度基础上不断调整和完善,而且还需要专业会计师事务所的外部审计以及交易所和监管当局监督与查处的综合防御。这绝不是董事会,更不是仅仅改变独董人数就可以扭转和改变的。试想,如果 AIG 的内部董事从 2 人仍然回复到 8 人,甚至请已经离职的格林伯格重新执掌 AIG,就一定可以避免 AIG 的悲剧发生吗? 恐怕未必!

第二,独董发挥监督作用同样需要满足其基本的激励相容约束条件,在基本条件尚不具备的前提下指责独董未尽其职同样不是实事求是的态度。如 Bebchuk 和 Fried 曾经说过的,"(外部)董事在成为解决代理问题的途径的同时,自身也成为代理问题的一部分"。这意味着,在强调独董通过参与管理层薪酬制定在解决管理层的激励这一基本的公司治理问题的同时,我们还必须同时关注独董自身的激励问题。

具体到我国的公司治理实践,从我国资本市场推出独立董事制度起,独董就与"橡皮图章"和"花瓶"等联系在一起。其中既有独董的产生机制(从朋友和朋友的朋友中产生,并没有形成一个成熟的独董市场)、聘请独董的复杂动机(当初不少企业聘请前政府官员担任独董,是为了建立政治关联)、独董自身的激励不足(津贴性的独董薪酬,不与独董自身的努力与风险分担挂钩)等制度层面的原因,又有逆淘汰说"不"独董的任人唯亲文化等文化层

当野蛮人遭遇内部人：
中国公司治理现实困境

面的原因。① 我们看到，有时不是独董不想发挥更加积极的作用，而是当基本的激励相容约束条件没有得到满足时无法发挥作用。这使得独董看上去显得无所作为，甚至无奈地与"橡皮图章"和"花瓶"等联系在一起。

第三，鉴于目前我国很多上市公司存在的"中国式内部人控制"问题，在我国公司治理实践中，主要问题不仅不是董事会独立性是否应该削弱的问题，而且是应该如何加强的问题。在我国很多上市公司中，由于金字塔式控股结构下所形成的所有者缺位和大股东的"不作为"，董事长成为公司的实际控制人。在我国改革开放以来并不太长的现代企业发展历程中，几乎每一个成功企业的背后都有一个王石、曾南式的企业家，并成为这一企业的灵魂和核心人物。再加上种种有形无形的社会连接和政治关联，这些网络和链条共同交织在一起，使得看起来并没有持有太多股份，从而不具备相应的责任承担能力的董事长成为典型的"中国式内部控制人"。这些"内部人"可以利用实际所享有的超过责任承担能力的控制权，做出谋求其私人收益的决策，但决策后果由股东被迫承担，造成股东利益受损。我们这里之所以把它称为"中国式内部人控制"，是由于在我国一些上市公司中，内部人控制形成的原因并非引发英美等国传统内部人控制问题的股权高度分散和向管理层推行股权激励计划，而是与我国资本市场制度背景下特殊的政治、社会、历史、文化和利益等因素联系在一起。②

通过提高董事会的独立性，形成对内部人控制一定程度的制衡，显然对于缓解我国公司治理实践中存在的中国式内部人问题

---

① 关于独董为什么没有发挥预期作用的更多讨论，请参阅郑志刚，《中国公司治理的理论与证据》，北京大学出版社，2016。

② 参见郑志刚，"中国公司治理困境：当'内部人'遭遇'野蛮人'"，FT中文网，2017年6月9日。

第三篇
国企混改与公司治理制度建设

十分重要。我国从 2002 年开始推出独立董事制度,长期以来上市公司一直执行独董比例不能低于董事会全体成员三分之一的规定,迄今已经超过 15 年。给定目前的中国式内部人控制格局,内部人并没有太强的激励引入更多的独董来制衡和监督管理层。这使得三分之一的规定很大程度上成为公司为了上市而被迫履行的基本合规性要求。从十多年推行独董制度的经验证据来看,我国资本市场在引入独董制度后公司绩效确实得到了某种程度的改善。这表现在独董比例与企业绩效呈现显著和稳健的正相关关系。毕竟独董需要在关联交易、抵押担保等涉嫌损害股东利益的重要问题上出具独立意见,客观上增加了信息的透明度和内部人损害股东利益的成本;而且很多案例表明,一些独董在有损股东利益的议案中出具了否定性意见。从解决中国式内部人控制问题的现实需求出发,我们建议致力于改善公司治事结构的公司们应该考虑提高董事会中独立董事的比例,使来自外部、身份独立、注重声誉的独董成为制衡内部人控制的重要力量。

第四,同样重要的是,随着我国资本市场进入分散股权时代,上市公司将面临越来越多的接管威胁和股权纷争,需要"身在其中,同时能置身事外"的独董扮演重要的居中调停角色。在我国资本市场进入分散股权时代后,内部人遭遇野蛮人所引发的股权纷争将成为很多公司不得不面对的公司治理议题。理论上,独董既非单纯的外部人(毕竟独董比其他任何第三方更加了解公司经营管理的实际情况),又非存在利益瓜葛的内部人。因此,信息相对对称同时利益中立的独董成为在"内部人"和"野蛮人"的股权纷争中合适的居中调停者。我们猜测,在万科股权之争的案例中,如果是由当时力量已经足够强大的独董居中协调,并最终通过股东大会表决,一方面向在位企业家推出"金降落伞"计划,使其主动放弃反并购抵抗,另一方面由独董主导的董事会提名委员会在听取在位企业家和新入主股东意见的基础上,按照实现公司持续稳定发

当野蛮人遭遇内部人：
中国公司治理现实困境

展的原则,遴选和聘任新的经营管理团队,则万科最终的结果也许比现在的结果更加符合市场的预期。当然,在我国资本市场,由于目前独董力量相对弱小,同时在保持自身的独立性和建立良好的市场声誉上存在这样那样的问题,在类似万科股权纷争的事件发生后,独董要想成功扮演可能的居中调节者角色,至少从目前看来,仍然还有很长的路要走。

现在让我们回到最初引出我们问题的 AIG 董事会结构。次贷危机爆发至今已经过去十年了,在不断总结经验和教训中成长的 AIG 会在董事会结构上做出哪些重要改革呢？我们看到,在 AIG 目前由 15 人组成的董事会中,除了 CEO,其余的 14 位成员全部为外部董事,董事会独立性在次贷危机发生十年后不是降低了而是进一步提高了。我们不妨再看一看当年安然事件爆发后由于采取传统董事会组织结构而喧嚣一时的 Berkshire 董事会结构。令人颇感意外的是,Berkshire 同样提高了其董事会的独立性。在 12 位董事会成员中,外部董事共 8 位,占比达到 67%。

"此一时,彼一时"的国企高管薪酬改革*

《经济参考报》2017年9月15日以"多地推进国企改革细化方案,国企市场化薪酬改革提速"为题报告了国企高管薪酬改革的新动向。随着央企、国企的"一把手"更多地从市场中"选聘"产生,关键性的薪酬改革也开始启动。该报预言,"种种迹象表明,下一步以市场化薪酬为主体的改革将提速"。

也许一些读者记得,在大约不到三年前的2014年11月,党中央、国务院印发了被称为史上"最严限薪令"的《关于深化中央管理企业负责人薪酬制度改革的意见》。该意见将央企组织任命负责人的薪酬水平分为基本年薪、绩效年薪和任期激励收入三个部分。每个部分的薪酬按照上年度央企在岗职工平均工资(约6.8万—7.8万元)的一定倍数来限制。例如,基本薪酬部分不能超过上年度央企在岗职工年平均工资的2倍;绩效年薪部分不能超过6倍;任期激励收入则不能超过该负责人任期内年薪总水平的30%(约为上年度央企在岗职工年平均工资的2.4倍)。通过上述限薪政策,央企组织任命负责人的薪酬水平和央企在岗职工年平均工资水平的差距将控制在10.4倍以内。虽然上述限薪政策主要针对央企组织任命负责人,但由于所谓"组织任命负责人"和"职业经理

---

* 本文曾以"此一时彼一时的国企高管薪酬改革"为题发表在FT中文网,2017年9月25日。

当野蛮人遭遇内部人：
中国公司治理现实困境

人"的边界模糊和相关传染外溢效应，上述实践毫无疑问将会对我国国企经理人薪酬设计实践产生重要的影响。

在几年前写作的"完善治理结构：国企薪酬问题的根本出路"一文①中，笔者曾明确地指出国企高管薪酬制定应该遵循的两项最基本原则。其一，在评价经理人薪酬是否合理的问题上，基准应当是经理人为企业创造多少价值，而非上年度央企在岗职工年平均工资。毕竟，"如果一家企业的绩效与另一家不同，该家企业经理人薪酬就有理由与另外一家企业不同。除了企业绩效，经理风险态度、外部经营环境的不确定性、企业规模和所处产业的竞争程度等都会影响经理人的薪酬水平和薪酬结构"。其二，应当由在评价企业绩效等问题上更具信息优势的公司董事会而不是高高在上的政府部门参与高管薪酬设计和制定。

虽然从目前媒体的报道中，我们无从知道国企高管薪酬改革为何从三年前的"限薪"如此大角度地转向今天强调的"市场化薪酬改革"，但我们猜测，一定程度上与我们在"完善治理结构：国企薪酬问题的根本出路"一文提到的，"'一刀切'的限薪除了不可避免地导致管理人才的流失外，还会诱发经理人更多地从谋求显性薪酬到谋求隐性薪酬"，"当隐性薪酬遭受政府强力反腐也不可得时，国企高管各种所谓的懒政、庸政和惰政就会纷至沓来"有关。

在新一轮国企高管薪酬改革启动之际，我们希望再次提醒政策制定者在以下问题上要引以为鉴，避免重蹈覆辙。

第一，与其再一次像以往一样自上而下"一刀切"地推动国企高管市场化薪酬改革，不如简单地简政放权，把原本属于企业的高管薪酬制定权力还给企业。有些读者会担心，由公司董事会来制定高管薪酬，那不会使"经理人超额薪酬"问题愈演愈烈了吗？一

---

① 该文最初发表在《董事会》，后收录于北京大学出版社2017年出版的《从万科到阿里：分散股权时代的公司治理》一书。

第三篇
国企混改与公司治理制度建设

个不容否定的事实是我国部分企业确实曾经存在经理人超额薪酬现象。但解决经理人超额薪酬问题的正确思路不是通过政府部门"一刀切"的限薪实现,而是通过监管当局要求更具有当地信息的上市公司董事会(尤其是薪酬委员会)对经理人薪酬的自查实现。在这个自查过程中,董事会应以经理人薪酬的绩效敏感性作为评价基准。如果企业绩效下降,而经理人薪酬却在增加,显然是不合理的薪酬设计,应该予以纠正。如果在自查完成后依然存在经理人超额薪酬问题,那么一定是存在董事会的渎职问题,应该由股东追究董事对诚信责任的违反。

第二,混改引入的外部战略投资者将在抑制经理人超额薪酬问题上扮演重要的角色,成为这次部分完成混改的国企可预期实现的成果之一。我们以业已完成混改的联通为例。在之前联通集团持股60%以上"一股独大"以及中国联通董事长和总经理由相关组织部门任命的前提下,依靠董事会来抑制可能存在的经理人超额薪酬并不现实。但在完成混改,联通集团持股比例下降到36%以后,新引入的互联网四大巨头BATJ(百度、阿里、腾讯、京东)可能会联合起来质疑董事会自查经理人超额薪酬过程中可能存在的渎职行为。尽管四大巨头在业务发展上存在竞争关系,但在这一问题上它们也许会走到一起。在我国资本市场进入分散股权时代后,分权控制将成为我国很多上市公司基本的治理构架。一个可以预见的事实是,依靠不同股东力量的制衡形成的对经理人超额薪酬的抑制将比信息不对称的政府部门实施的"一刀切"限薪更加行之有效。[①] 因而,对于三年前看似成为限薪理由的经理人超额薪酬问题的解决之道,从根本而言,还是我们三年前讲的,"需要依靠治理结构的完善来实现,而不是简单地自上而下限薪"。

---

① 参见郑志刚,"联通混改'得'与'失'",FT中文网,2017年8月28日。

当野蛮人遭遇内部人：
中国公司治理现实困境

第三，国企高管市场化薪酬改革应该与国企高管市场化的选聘机制改革结合起来同时推进。之前我们之所以采用自上而下的国企高管限薪，一定程度上与主要国企官员是采用自上而下的人事任免体系有关。由于自上而下执行行政命令的僵硬，缺乏结合当地信息的灵活处置，限薪令出台后难免伤及很多甚至是市场化选聘的那些"无辜"的经理人。在混改完成后，国资股东与其他战略投资者本着合作共赢的理念，通过协商，依照程序，市场化选聘职业经理人，以促成我国职业经理人市场的形成。这可以为经理人薪酬制定提供很好的参照系，反过来更好地推动国企高管薪酬的市场化改革。

第四，在国企高管薪酬实践中，应逐步形成多样化的薪酬结构体系，避免千篇一律地采用高能激励手段。经历了计划经济时代大锅饭分配体制下的激励不足，作为上述实践的"矫枉"，改革开放以来很多企业和社会组织一味强调激励薪酬的重要性，动辄强调薪酬需要与可观察、可证实的绩效挂钩。需要说明的是，除了对激励逻辑和运行规律缺乏系统知识外，上述现象的出现一定程度上还与近年来官本位主导下的自上而下行政执行，甚至残留的计划经济思维有关。典型的例子如浙大最近推出的"10万+"网络转载量等同学术期刊发表的考核办法集中体现了行政主导下的量化管理思维，无视学术与宣传的边界和学术市场运行自身的规律。经过四十年的改革开放，今天我们应该到了按照激励对象本身的性质和发展阶段进行科学的薪酬设计，以形成多样化的薪酬结构的时候了。我们以独董薪酬为例。类似于大学的学者，经济后果难以直接观察的事实决定了在独董薪酬设计上应该以声誉激励为主。这意味着，对于独董薪酬合约设计，上市公司提供的薪酬只是其所获的各种隐性和显性补偿的一部分。独董同样希望在看起来货币薪酬并不那么高的公司通过严格履行监督和战略咨询职能，获得良好声誉，以在未来获得更多公司的聘用。因而，上市公司也

第三篇
国企混改与公司治理制度建设

许并不需要向为经理人设计薪酬那样太多地强调薪酬绩效敏感性。这同样是在国际一流大学,年轻学者经过用以证明其自身研究能力的终身轨道后,往往采用固定薪酬制度的终身教职(tenure)制度的重要原因。因为对于真正的学者,更加看重的是基于学术自由的声誉积累,而非与各种奖励、头衔和论文发表数量挂钩的激励薪酬。后者只会加剧大学的行政化和学术的浮躁。

第五,说到多样化的薪酬结构,我们就不得不围绕最近国企混改中频繁采用的员工持股计划加以讨论。员工持股作为混改的重要手段频繁见于从央企到地方国企的混改方案中。由于在性质上属于增量改革,不会造成以往利益格局的重大改变,很多国企在混改实践中乐于采用这一更易于不同利益主体接受,不易招致更多反对声音的改革方案。但从我国历史上曾经一度推行的职工股份合作制和部分企业员工持股实践来看,由于可转让退出机制和股东权益保障的公司治理基础制度的缺失,同时兼具股东和职工身份的职工股东往往会成为下一阶段企业后续市场化导向改革进程中潜在的阻碍力量。很多喧嚣一时的股权纷争都与当年推行的看似易于破局的员工持股计划留下的后遗症有关。即使在美国公司治理实践中,一度鼓励向经理人给予股权激励的金融学家Jensen在意识到容易引发激励扭曲和经理人盘踞效应后,也转变了看法,指出股权激励成为经理人激励的"鸦片"。因此,原则上,如果存在传统激励薪酬能替代和解决的方案,在推进国企混改时应该尽量少用或不用雇员持股计划,以免为后续的混改深化埋下潜在的隐患。更不应该一味地强调通过退出雇员持股计划来实现混改。很多正在进行混改的国企历史上的低效也往往不是由于没有采用雇员持股计划来激励雇员,而是由于传统的激励薪酬既缺乏科学的设计,又缺乏有效的执行。

国企高管薪酬改革在短短三年内出现的上述反复一定程度上

当野蛮人遭遇内部人：
中国公司治理现实困境

表明,通过行政性的自上而下限薪手段就并不能一劳永逸地解决国企改革中长期积累的高管薪酬制定问题。到头来,却不得不重新回到市场化改革轨道,按照市场规律来考虑如何制定企业高管薪酬。只有尊重市场经济规律,国企高管薪酬改革之路才能走得更远,走得更好。

上市公司应该如何为独立董事制定薪酬？*

一、对于独董，为什么同样需要关注其薪酬设计问题？

作为完善上市公司治理结构的重要举措，我国于 2002 年开始在上市公司中全面推行独立董事（以下简称"独董"）制度。该政策制定的初衷是，希望借助来自"外部"的、"独立"的独董力量，加强对管理层的监督。毕竟，相比来自公司外部的独董，内部董事向与其职业发展密切联系的管理层挑战往往需要付出更大的成本。独董制度由此至少在形式上成为我国上市公司最基本和最重要的公司治理制度安排之一。然而，经过十多年的发展，看似应该脱离稚气，开始走向成熟的独董制度依然饱受理论界与实务界的批评。一些媒体常常把独董与"橡皮图章""签字工具"和"花瓶"联系在一起。那么，独董为什么在我国上市公司治理实践中并没有发挥预期的监督和战略咨询作用呢？

概括而言，至少存在以下几方面的原因。第一，独董的产生需要经过公司管理层的推荐和面试，管理层的上述权力使得独董监督作用的发挥先天不足。管理层在独董产生过程中的"权力"成为独董难以发挥预期监督作用的制度根源。第二，由于尚未形成成

---

* 本文曾以"上市公司应该如何为独立董事制定薪酬？"为题发表在《经济学家茶座》，2017 年第 3 期，总第 77 辑。

当野蛮人遭遇内部人：
中国公司治理现实困境

熟的独董市场,我国上市公司独董一般在管理层的朋友,或"朋友的朋友"中产生,由此形成的任人唯亲的董事会文化进一步制约了独董监督作用的发挥,成为制约独董有效发挥监督作用的文化根源。第三,一些上市公司引入独董的目的并非监督管理层,而是建立政治关联。这使得独董的聘请一定程度上演变为公司向为其谋取政治经济利益提供帮助的官员背景的独董支付"报酬"的合法途径。为了杜绝通过上述方式建立政治关联以权谋私,在公司间开展不公平竞争,2013年10月19日中组部下发《关于进一步规范党政领导干部在企业兼职(任职)问题的意见》。上述意见颁布后,我国上市公司迅速掀起独董离职潮。一度平均每月有约33名独董递交辞呈,几乎每天至少一名独董去职。有数量如此之多的官员背景人士出任独董,成为我国上市公司治理实践中十分独特的现象。第四,对董事会议案出具否定意见将使独董在未来一年内离职的可能性增加,因而在我国上市公司中存在逆淘汰说"不"独董的现象。在逆淘汰的氛围和任人唯亲的文化背景下,独董预期到一旦说"不",不仅离职的可能性提高,而且容易形成"喜欢与管理层对抗"的"声誉",今后将很难获得其他公司的聘任。说"不"需要付出如此高昂的成本,迫使独董往往选择沉默、奉承,甚至迎合或勾结。

除了上述制度设计和文化根源等方面的原因外,独董在我国上市公司治理实践中并没有发挥预期作用还存在一个很重要的原因,那就是长期被理论与实务界忽视的独董自身的薪酬设计问题。

长期以来,我国公司治理理论和实务界更加关注的是经理人的薪酬制定问题,而对参与甚至主持经理人薪酬制定和实施的独董薪酬制定问题并没有给予应有的重视。以往基于我国上市公司的研究多从公司业绩、监督职能履行、投资决策等多个方面来评价独董制度的有效性。尽管这些研究得到的结论不尽相同,但它们共同隐含设定的前提是独董的激励是充分的。换句话说,在他们的研究中都想当然地认为存在一个严格履行诚信责任、有激励向经理人制定和实施最优薪酬激励合约的董事会。因而,要想对我国上市公司独董制度的有效性做出科学客观评价,我们首先需要完成对独董自身薪酬设计问题的科学客观评价。

同样重要的是,董事会在成为解决股东所有权和控制权分离产生的经理人代理问题的潜在工具的同时,自身事实上同样存在代理问题。作为外部分散股东的代理人,履行监督经理人职能的董事会同样需要来自委托人股东的激励。如何使董事会,特别是独董能够"像股东一样思考",在公司治理理论与实践中变得与"如何激励经理人"等基本公司治理问题一样重要。一些学者甚至指出,内部董事、庞大的董事会、董事长兼任 CEO 等都使得董事会不够独立、监督效率低下,成为公司治理效率改善的障碍,但这些不利因素带来的影响会被董事有效薪酬合约带来的激励所抵消。因而董事的薪酬设计是公司治理的强化机制。一些实证研究则表明,董事的薪酬激励影响着董事会的监督水平。当独董获得充分的薪酬激励时,CEO 因业绩表现不佳而被更换的可能性增大。

我们看到,由于上述两方面的原因,我国公司治理理论和实务界不仅需要关注经理人的薪酬激励问题,而且同时需要关注为经理人设计薪酬的独董自身的薪酬设计问题。

二、我国上市公司独董薪酬的现状和存在的理论认识误区

从 2002 年我国资本市场正式推出独董制度起,独董的薪酬形式长期与固定津贴联系在一起。我国上市公司独董平均薪酬为 55 123 元/年,中位数为 50 000 元/年。在不同行业之间独董薪酬差别较大。其中,采矿业的独董平均薪酬最高,接近 9 万元/年;租赁和商务服务业、房地产业、建筑业以及交通运输、仓储和邮政业的独董平均薪酬超过 6 万元/年;而科学研究和技术服务业以及

当野蛮人遭遇内部人：
中国公司治理现实困境

农、林、牧、渔业的独董平均薪酬不到 5 万元/年，甚至低于上市公司独董薪酬的整体平均水平。独董薪酬中最高达 126 万元/年，最少则只有 2 000 元/年。

在经理人薪酬合约设计中十分重要的股权激励计划在我国独董薪酬实践中明确不允许采用。例如，监管当局于 2016 年颁布的《上市公司股权激励管理办法》中第八条明确规定："激励对象可以包括上市公司的董事、高级管理人员、核心技术人员或者核心业务人员，以及公司认为应当激励的对公司经营业绩和未来发展有直接影响的其他员工，但不应当包括独立董事和监事。"

近年来，针对部分央企，国资委先后出台了《关于整体上市中央企业董事及高管人员薪酬管理的意见》(2008 年)和《董事会试点中央企业董事报酬及待遇管理暂行办法》(2009 年)等来规范央企中的独董薪酬制度。按照上述规定，独董年度薪酬分为年度基本报酬、董事会会议津贴和董事会专门委员会会议津贴三项。理论上，参加会议次数和任职专业委员会委员数量不同，同一公司的独董实际获得的薪酬应该不同。但截至 2015 年年底，我国约 94%的上市公司向其独董支付的仍然是在不同独董之间并无显著差异的固定薪酬。

从简单认为"领取薪酬会使独董丧失独立性"，到允许独董领取"车马费"，再到允许根据参加会议次数和董事会专业委员会委员任职数量不同，在同一公司的不同独董之间薪酬可以出现差异，应该说我国独董薪酬实践经历了漫长的认识转变过程。时至今日，在独董薪酬制定问题上，我们看到，仍然存在一些理论认识的误区。

首先，从上市公司领取薪酬，独董是否会丧失独立性？我们看到，上述观点忽视了独董基本的参与约束问题：不领取薪酬的独董凭什么长期向上市公司提供有效的监督和战略咨询服务？按照现代薪酬合约设计理论，追求效用最大化的委托人在为代理人设计

第三篇
国企混改与公司治理制度建设

薪酬合约时，只有同时满足代理人参与约束和激励相容约束，最终才能设计出使委托人与代理人效用同时达到最优的薪酬合约（纳什均衡），实现二者之间的合作共赢。这意味着，在独董薪酬合约设计时首先要满足独董参与约束，即独董从接受上市公司聘任中获得的隐性或显性补偿高于其放弃该项聘任带来的机会成本性质的保留效应，从而愿意接受聘任，参与公司治理。在独董参与约束得不到满足，从而无人愿意成为独董的前提下，去思考独董和公司目标是否一致的激励相容问题（所谓保持独董的"独立性"问题）无异于舍本逐末、缘木求鱼。独董独立性的保证显然需要在参与约束条件满足后，依靠包括薪酬合约在内的一系列体现激励相容约束条件的独董制度设计来完成。

其次，以声誉激励为主的独董就只应该获得固定津贴作为薪酬吗？独董之所以被认为可以在监督管理层过程中扮演重要的公司治理角色，是因为理论上独董更加看重其在市场上的声誉。作为重要隐性激励的声誉无疑会在一定程度和范围内形成作为显性激励的货币薪酬的替代。那么，以声誉激励为主的独董就只应该获得固定津贴作为薪酬吗？

对于这一认识误区的澄清，我们需要简单回顾一下薪酬合约设计理论的历史演进。在新古典经济学的薪酬理论中，工资是劳动力（人力资本）的价格。当独董的供给大于需求时，独董的薪酬会下降；而当供给小于需求时，独董的薪酬则会上升。在新古典经济学看来，薪酬在不同独董之间并不应该存在太大差异，它是由独董的供求力量对比决定的。需要注意的是，在新古典薪酬理论的劳动力价格形成机制中，劳动力并不具有私人信息，因而（对于代理人努力的）信息是完全的。

从新古典经济学的薪酬理论出发，基于信息不对称的现代薪酬激励合约设计理论认为，委托人通常无法直接观察，并证实代理人所付出的努力。基于可证实的指标（例如绩效）作为代理人努力

当野蛮人遭遇内部人：
中国公司治理现实困境

程度的评价标准而形成的薪酬激励合约，不仅包含了由供求关系决定的对人力资本价格的补偿，也包含了对拥有私人信息的代理人努力工作进行信息租金补偿的激励因素。遵循现代薪酬合约设计思想，不同代理人（例如经理人、独董）掌握的私人信息不同，获得的信息租金补偿不同，从而获得的薪酬就应该不同。正如我们前面提及的，董事会在成为解决股东所有权和经理人控制权分离产生的代理问题的潜在工具的同时，自身事实上同样存在代理问题。逻辑上，如同经理人薪酬激励合约设计一样，不同独董付出的监督努力不同，其私人信息不同，同样应该获得不同的薪酬来作为信息租金补偿。因此，在独董薪酬制定问题上，我们并不能想当然地认为，以声誉激励为主的独董就应该获得固定津贴作为薪酬。

最后，强调基于努力程度对独董进行激励薪酬合约设计是否意味着必然需要向独董提供高能的股权激励？

虽然同样作为代理人，经理人和独董在薪酬合约设计中均应保留激励成分，但独董薪酬设计在以下方面与经理人薪酬设计存在差异。其一，与企业绩效由于法律上的可证实性而成为与经理人薪酬挂钩的直接机制不同，独董监督和战略咨询的经济后果并不容易得到证实。有时，一些独董监督（例如对某些董事会议案说"不"）从短期看，甚至不利于企业短期绩效的改善。其二，有多名独董和其他内部董事共同参与的监督和战略咨询具有准公共品的性质。这使得不同独董之间在进行监督和战略咨询时存在搭便车的倾向，由此进一步加剧了独董监督和战略咨询的经济后果识别的困难。上述两方面的特征决定了独董薪酬合约设计在一定程度上比经理人薪酬合约设计更加复杂。

因此，在独董薪酬设计上，我们应该遵循以下原则。第一，经济后果难以直接观察的事实决定了在独董薪酬设计上应该以声誉激励为主。这意味着，对于独董薪酬合约设计，上市公司提供的薪酬只是其所获的各种隐性和显性补偿的一部分。独董同样希望在

第三篇
国企混改与公司治理制度建设

看起来货币薪酬不那么高的公司获得严格履行监督和战略咨询职能的良好声誉,从而在未来获得更多公司的聘用。因而也许并不需要像为经理人设计薪酬那样过多地强调强薪酬绩效敏感性。在上述意义上,我们看到,我国独董薪酬实践中禁止独董获得激励经理人所推出的高能股权激励,这具有一定的合理性。第二,虽然独董履职的经济后果难以直接观察并在法律上证实,但这并不意味着独董薪酬不可以也不应该存在变化。事实上,同一公司独董之间薪酬存在差异的合理性来自以下两个方面。其一,由于参会次数、参加调研次数、担任董事会专业委员会委员的数量不同,不同独董努力付出不同,因而同一公司的不同独董获得的薪酬应该并不完全相同。在这一意义上,国资委出台的《关于整体上市中央企业董事及高管人员薪酬管理的意见》(2008年)和《董事会试点中央企业董事报酬及待遇管理暂行办法》(2009年)中关于独董年度薪酬分为年度基本报酬、董事会会议津贴和董事会专门委员会会议津贴三项的规定具有合理性。其二,监督和战略咨询所具有的准公共品性质意味着只有对独董薪酬进行差别化设计才能一定程度上避免独董在履职过程中出现的搭便车倾向。

三、如何评价目前我国上市公司独董薪酬制度?

以2003—2012年我国上市公司为样本,郑志刚等(2017)实证考察了独立董事薪酬水平和薪酬差异与企业绩效改善之间的关系,检验和评估了上市公司独董薪酬的激励效果。[①] 我们得到的主要结论如下。

第一,我国大多数上市公司采用的是独董之间不存在差异的

[①] 参见"中国上市公司应如何为独立董事制定薪酬激励合约?",《中国工业经济》,2017年第2期。

当野蛮人遭遇内部人：
中国公司治理现实困境

固定津贴式的独董薪酬制度。其中，近年来一些公司针对独董参与公司经营活动所付出努力程度（参加会议和调研）和风险承担（担任不同专业委员会职位和履行相应的职能）的不同，推出与其付出相挂钩的薪酬激励计划，起到了一定的激励效果。从短期看，提高独董的平均薪酬水平依然是改善我国上市公司独董激励强度的关键。

第二，对于独董这一更加注重外部声誉的社会精英群体，单纯像激励经理人和普通雇员一样推出差别化的独董薪酬政策有时并不能实现预期的激励效果。只有在独董激励相对充分时，差别化的独董薪酬设计才会发挥预期的激励作用。

第三，从那些通过推出差别化独董薪酬制度的公司的激励效果来看，一方面，在独董激励增强的公司往往具有高的经理人薪酬绩效敏感性，因而经理人的激励同时得到提升和加强；另一方面，激励充分的独董更愿意参加董事会会议，并更可能从股东立场出发否定董事会议案，以此来积极履行监督职能。由于上述两方面因素共同作用的结果，我们观察到，从长期看，独董激励增强会间接带来企业绩效的改善。因而，向独董提供高的薪酬虽然看起来增加了企业成本，但激励充分的独董将有助于企业实现绩效改善，给股东带来更多的回报。

民生银行独立董事差别化薪酬实践

上市公司引入独董的目的是希望独董可以摆脱公司内部人的影响,从股东整体利益出发来履行经理人监督和战略咨询等职责,从而解决经理人代理问题。然而,正如 Bebchuk and Fried(2003,2005)所指出的,董事会在解决经理人代理问题的同时,作为股东的代理人自身同样存在代理问题和相应的激励问题。Perry(2000)的研究表明,当独董获得充分的薪酬激励时,经理人因业绩表现不佳而导致更迭的可能性增大,因而独董的薪酬激励状况会影响其作用的发挥。因此,独董自身的薪酬设计问题与公司治理研究领域传统上关注的(由董事会主导的)经理人薪酬设计问题一样重要,并成为合理评估独董有效性的前提。因此,我们需要关注独董的薪酬设计问题。

中国资本市场正式引入独董的历史并不长,独董薪酬实践仍处在起步和探索阶段。[①] 从表 1 报告的中国上市公司 2011 年各产业独董薪酬状况,我们看到,94%的上市公司向其独董支付的是津贴性的固定薪酬,同一公司独董之间的薪酬并不存在差异。薪酬

[①] 1997 年 12 月中国证监会发布《上市公司章程指引》,提出中国上市公司可以根据需要设立独董。2001 年 8 月 16 日,中国证监会发布《关于在上市公司建立独立董事制度的指导意见》(以下简称《指导意见》),在中国上市公司中全面推行独董制度。按照《指导意见》的相关规定,2003 年 6 月 30 日以后,上市公司所聘请的董事中超过三分之一为独董。独董从此在中国上市公司的治理中开始扮演重要角色。

当野蛮人遭遇内部人:
中国公司治理现实困境

包中十分重要的激励手段股权激励则并未允许采用。① 从中国上市公司独董薪酬实践的现实出发,本文关心的基本问题是:在中国上市公司中,同一公司内部独董薪酬是否会存在差异? 如果存在差距,独董之间的薪酬差距是如何形成的? 存在差距的独董薪酬的激励效果是否会好于独董只获得固定津贴的激励效果?

表1 我国上市公司2011年独董薪酬状况

行业	上市公司数量(个)	存在独董薪酬差异公司数量(个)	所占比例(%)	行内独董最高薪酬额(元)
农、林、牧、渔业	45	0	0	100 000
采掘业	56	7	12.5	450 000
制造业	1 389	40	2.9	350 000
电力、煤气及水的生产和供应业	72	9	12.5	132 600
建筑业	49	9	18.4	185 000
交通运输、仓储业	73	3	4.1	608 800
信息技术业	176	10	5.7	204 000
批发零售贸易	126	11	8.7	200 000
金融保险业	41	20	48.8	126 5000
房地产业	124	14	11.3	250 000
社会服务业	70	4	5.7	261 906
传播与文化产业	32	3	9.3	180 000
综合类	55	7	12.7	180 000
总计	2 308	137	5.9	

资料来源:国泰安金融数据库。

---

① 中国证监会2005年颁布的《上市公司股权激励管理办法》(试行)第8条明确规定:股权激励计划的激励对象可以包括上市公司的董事、监事、高级管理人员、核心技术(业务)人员,以及公司认为应当激励的其他员工,但不应当包括独立董事。公司独董以投资者身份个人购买和持有本公司股票则不受此限。

第三篇
国企混改与公司治理制度建设

2011年,民生银行(以下简称"民生")的独董王联章以126.5万元的收入位居中国上市公司独董薪酬收入之冠。进一步考察发现,民生在2008年从横向和纵向两个维度全面改革独董薪酬制度。民生是从2008年开始大幅提高独董的总体薪酬水平,目前民生独董总体薪酬水平远高于行业平均水平。伴随着独董薪酬的大幅上涨,民生独董之间的薪酬也开始出现显著差距。我们把上述两个维度的独董薪酬变革统称为"独董差别化薪酬"设计。与此同时,民生从2007年开始推出了国内独一无二的独董上班制度。①上班制度一方面增加了独董与履职状况有关的绩效薪酬,另一方面则为受到差别化薪酬激励的独董更好地履行经理人监督和战略咨询的职责提供了良好的实现平台。我们因此有必要以民生为例,通过对比独董薪酬制度改革前后的相关绩效指标来考察独董差别化薪酬设计所带来的激励效果。而对独董上班制度的考察则可以帮助我们理解独董差别化薪酬的可能来源以及差别化薪酬发挥激励作用的实现机制。

本文基于民生的案例研究表明:第一,基于个人绩效和风险分担的差别化薪酬设计向独董提供了较强的激励、优于固定薪酬的独董薪酬模式,这体现为在推出差别化的独董薪酬设计后,无论是横向比较还是纵向比较,民生都表现出较好的盈利能力、成本管理能力、发展能力以及营运能力等;第二,与独董薪酬差别化相伴随的独董上班制度则为受到差别化薪酬激励的独董更好地履行经理人监督和战略咨询的职责提供了良好的实现平台。我们看到,上述制度安排有助于向独董提供好的激励,从而缓解独董自身面临的代

---

① 在2007年2月6日召开的民生第四届董事会第一次临时会议上,董事会审议并通过了《中国民生股份有限公司董事履职尽责自律条例》,其中的第二十一条确定了:自当年的3月份开始实施了独董到行内上班制度,规定独董每月上班1—2天,并为独董安排了专门的办公室和办公设备。独董上班的主要工作是:研究所属委员会的工作事项;研究并确定委员会提出的议案;听取管理层或总行部门的工作汇报;讨论制定相关制度等。

当野蛮人遭遇内部人：
中国公司治理现实困境

理和激励问题,因而在公司治理实践中具有重要的借鉴和推广价值。

本文从以下三个方面构成了对公司治理文献,特别是独董薪酬相关研究新的贡献:第一,以往的公司治理文献更多关注的是经理人的薪酬设计问题,为经理人设计薪酬激励方案的独立董事的薪酬设计问题长期以来没有得到应有的重视。例如,基于中国上市公司的证据,围绕独董的研究主要集中在独董作为公司治理机制的有效性以及独董发挥治理作用的实现途径等问题。[①] 我们看到,上述两方面研究隐含的前提是独董自身的激励问题已经得到很好的解决,因而他有激励来履行监督经理人和进行战略咨询的职责。然而,正如 Bebchuk and Fried(2003,2005)所指出的,董事会在成为解决经理人与投资者之间的利益冲突所引发的代理问题的潜在工具的同时,自身同样存在代理问题(独董是股东的代理人)和相应的激励问题。因而,如何激励独董,使他们能够"像股东一样思考"同公司治理研究领域传统上关注的经理人薪酬设计问题一样重要。而本文的研究则开始关注为经理人设计薪酬激励方案的独立董事自身的薪酬设计问题。

第二,中国上市公司独董薪酬实践仍处在起步和探索阶段。绝大部分的上市公司为其独董提供相同的"固定津贴",薪酬包中十分重要的激励手段——股权激励在中国并未允许使用。通过对推出独董差别化薪酬设计和独董上班制度的案例企业民生的考察,本文将揭示上述独董差别化薪酬激励方案可能的激励效果以及独董薪酬制定过程中需要考虑的影响因素,从而为中国公司治理实践中如何完善和改进独董薪酬制度带来丰富的政策含义。

[①] 例如,白重恩等(2005)、王跃堂等(2006)等实证考察了中国上市公司独董比例的提高是否有助于改善企业的绩效;郑志刚等(2009)等实证考察了中国上市公司高的独董比例是否有助于促使其他治理机制扮演公司治理角色。前者的研究关注独董作为公司治理机制的有效性,后者的研究则关注独董公司治理作用的实现机制。

第三篇
国企混改与公司治理制度建设

第三,从学术研究的角度来看,受到中国上市公司独董薪酬实践现实的制约,目前并不适合开展严格的大样本检验以回答独董差别化薪酬激励效果的问题。① 而本文目前完成的案例研究则无疑为将来时机成熟时开展类似主题的大样本经验研究提供了真实和可信的相关变量之间经济关系的描述和刻画。本文对民生推出的上班制度等的分析则为未来开展基于中国制度背景的独立董事薪酬设计理论分析和实证考察提供了有益的素材。

中国民生银行成立于1996年1月12日,是中国首家由非国有企业入股的全国性股份制商业银行。作为一家股份制商业银行,民生很早开始即有明确的市场定位,即"做民营企业的银行、小微企业的银行、高端客户的银行"。以中小企业融资服务为主营业务,经过短短十几年的发展,民生目前无论经营还是管理水平在股份制商业银行中都处于领先地位。截止到2012年年底,民生在全国33个城市设立了33家分行,下设机构总数达702个,资产总额达32 120.01亿元,发放贷款和垫款总额13 846.10亿元,吸收存款总额19 261.94亿元,净利息收入达771.53亿元,不良贷款率为0.76%,拨备覆盖率为314.53%,资本充足率为10.75%。民生的董事会成员共18名,其中非执行董事9名,执行董事3名,独立非执行董事6名,符合证监会要求的独立非执行董事不少于三分之一的相关规定。

表2报告了民生独董2007年至2012年的薪酬状况。本文所采用的数据除非特别说明,均来自国泰安(CSMAR)数据库。

---

① 由于中国绝大多数上市公司向其独董仅仅支付固定津贴,即使找到统计上显著的影响因素,也仅仅表明受到相关企业特征(例如盈利能力等)的影响,上市公司向独董支付报酬的能力。而对于独董薪酬是否起到预期的激励效果,从上述相关的实证研究中并不能找到答案。参见杜胜利和张杰(2004)等。

当野蛮人遭遇内部人:
中国公司治理现实困境

表2 民生独董薪酬状况表 （单位:万元）

独立董事	起任时间	卸任时间	2007年	2008年	2009年	2010年	2011年	2012年
高尚全	2003/6/16	2009/9/9	19.90	61.71	68.25	—	—	—
张克	2003/6/16	2009/9/9	22	72.29	80.75	—	—	—
吴志攀	2003/6/16	2009/9/9	17.20	64.31	22	—	—	—
梁金泉	2006/7/16	2012/6/15	17.80	0	0	0	0	0
王联章	2006/7/16	2012/6/15	17.80	66.41	112	111	126.50	76.63
王松奇	2006/7/16	2012/12/17	18.40	63.82	92.50	94	101.50	98
王立华	2009/9/9	2015/4/10	—	—	19.75	85	86	87
秦荣生	2009/9/9	2015/4/10	—	—	23	104.50	0	0
韩建旻	2009/9/9	2015/4/10	—	—	21.50	94	93	91.50
郑海泉	2012/6/15	2015/4/10	—	—	—	—	—	44.50
巴曙松	2012/6/15	2015/4/10	—	—	—	—	—	42.88
尤兰田	2012/12/17	2015/4/10	—	—	—	—	—	0

注：梁金泉、秦荣生为中管干部，依据中纪委〔2008〕22号文件精神和个人要求，有若干年份未领取董事薪酬。

资料来源：民生2012年年度报告。

从表2我们看到，民生独董薪酬制度在2008年经历了大的变革。变化主要体现在以下两个方面。一方面，从2008年开始民生大幅提高独董总体薪酬水平，使其远高于行业平均水平。另一方面，伴随着独董薪酬的大幅上涨，民生独董之间的薪酬差距开始显著扩大。我们把上述两个方面的独董薪酬制度变革概括为"独董差别化薪酬制度"的推出。在2008年之前，民生执行的是2004年通过的《中国民生股份有限公司董事、监事薪酬制度》。按照该制度，公司董事、监事在公司领取底薪7.2万元/人/年、职务津贴1.8万元/人/年，会议补助0.3万元/次/人。我们看到，直到2007年，民生独董之间的薪酬差异并不大，部分独董的薪酬甚至相同。

第三篇
国企混改与公司治理制度建设

2007年,民生按照证监会的规定通过了《中国民生股份有限公司董事会专门委员会工作细则》,借鉴国内外董事会专门委员会运作的经验,细化了各个董事会专门委员会的职责权限。在上述背景下,2008年2月18日,民生临时股东大会审议并通过了《中国民生股份有限公司董事、监事薪酬制度(修订草案)》的议案。新出台的制度将独董的薪酬分为四个部分:年费、专门委员会津贴、会议费和调研费。其中,年费是指董事参与董事会工作的基本报酬,为60万元/年;专门委员会津贴是指董事参与专门委员会工作的津贴,为3万元/年,担任专门委员会主席的津贴为6万元/年;如果同时担任多个专门委员会的委员和主席,则津贴按其所任职位的数量累加发放;会议费指董事参加董事会、专门委员会会议的补助,5 000元/次;调研费指鼓励和支持独董参与民生日常经营管理活动的津贴,为1万元/天。董事、监事参加会议期间的交通费、食宿费则由本公司实报实销。

与2004年制定的独董薪酬制度相比,在2008年新推出的独董薪酬制度中,民生的独董薪酬中除了以相同的年费作为底薪,还根据独董的履职情况以及所任职务承担的风险不同给予不同的薪酬。例如,独董任职的专门委员会的数量、所出席的会议次数、调研的天数的不同以及在专门委员会担任的职务不同都会影响独董最终获得的薪酬。前三者数量越多,说明独董付出的人力资本和时间成本越大,作为激励和相应的补偿,其获得的薪酬也就越多。而专门委员会主席承担的风险与责任不同于普通成员,因此获得额外的薪酬补偿。我们把前者概括为独董履职薪酬,把后者概括为风险薪酬。我们看到,与我国资本市场大多数上市公司独董薪酬是单一的固定"津贴"不同,民生的独董薪酬设计既包含了履职薪酬,又包含了风险薪酬,而上述两个方面构成我们观察到的民生独董之间薪酬差距(如表2所示)的来源。

当野蛮人遭遇内部人：
中国公司治理现实困境

民生与对照企业招行的横向比较

本小节选择除在独董薪酬制度上存在差异之外,在公司规模、资产结构、公司治理结构、股权集中度等方面与民生最为接近的同行业上市公司招商银行(以下简称"招行")作为对照企业,来考察独董薪酬存在差异的民生与独董领取固定津贴的招行对独董激励的差异。招行成立于1987年,是我国境内第一家完全由法人持股的股份制商业银行,也是国家从体制外推动银行业改革的第一家试点银行,它和民生同属于股份制商业银行的代表。

表3报告了民生与招行主要企业和公司治理特征指标的比较。从表3我们看到,除公司总资产规模略大于民生外,招行和民生无论是资产负债率、存贷款比例等财务特征,还是股权集中度和高管薪酬等公司治理特征都十分接近。然而,招行独董的薪酬结构是单一的每人每年数量相同的年费:从2007年到2012年,招行每位独董的年化薪酬始终为30万元。不仅不同的独董之间不存在差异,就是不同年份之间相同独董的薪酬数量也没有发生改变。对比招行,民生不仅在不同独董之间存在薪酬差异,即使同一独董在不同年份获得的薪酬也不尽相同。

表3 民生与招行2011年主要企业和公司治理特征对照表

	民生银行	招商银行	行业均值	行业中值
首发上市日期	2000/12/19	2002/4/9	—	—
总资产(万元)	22 290 640	279 497 100	465 596 134	254 674 584
资产负债率(%)	93.98	94.10	93.98	94.05
存贷款比例(%)	74.67	74.59	68.31	70.12
董事会规模(人)	18	17	15	15
独董人数(人)	6	6	5	5
董事会会议(次)	12	16	10.40	9.50

（续表）

	民生银行	招商银行	行业均值	行业中值
前三名高管薪酬总额(万元)	1 277.36	1 232.49	759.28	599.99
第一大股东持股比例(%)	15.27	17.86	32.30	23.78

资料来源：国泰安金融数据库和万得数据库。

我们接下来通过从盈利能力、成本管理能力、发展能力以及营运能力等方面横向比较民生和对照企业招行的差异来考察民生独董差别化薪酬的激励效果。相关结果见图1至图4。在每张图中我们同时报告了民生和招行所处金融行业的均值和中位数情况，以便于读者在相关数据的解读中可以将产业发展的一般效应扣除，而形成对个体真实效应的把握。在图形的处理中，我们也没有限于经历了独董薪酬大的变革和调整的2008年以后的数据，而是同时包含了之前年份的相关数据，便于读者从中分析案例企业和对照企业的历史演变和未来发展趋势。

图1报告了民生和招行以及所处金融行业均值和中位数的总资产收益率(ROA)情况。我们看到，招行的盈利能力在2008年之前长期好于民生，从2005年到2008年更是出现差距扩大的趋势。但从2008年开始，在金融行业总体受金融危机影响业绩下滑之际，民生开始逆势上涨。2009年之后民生的盈利能力已与招行十分接近，甚至在2011年一度超过招行，二者均远远高于行业平均和中位数水平。我们注意到，民生正是在盈利能力逆势上涨的2008年大幅调整了独董的薪酬水平和薪酬结构，并推出了独董上班制度，而招行在同期则依然保持原有的独董薪酬制度。

当野蛮人遭遇内部人：
中国公司治理现实困境

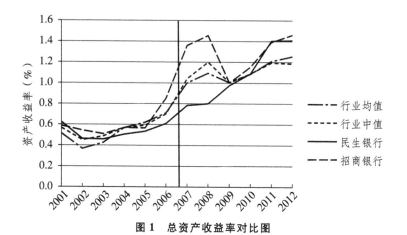

图1 总资产收益率对比图

图2报告了民生和招行以及所处金融行业均值和中位数的管理费用率情况。① 从成本管理能力来看，民生的管理费用率相对较高，但一直保持着下降趋势。这一趋势在2008年之后出现加速。到2012年民生的管理费用率已经较为接近行业平均水平。相比之下，招行的管理费用率则经历了先低于民生，在2009年一度超过民生，目前和民生较为接近的变化过程。

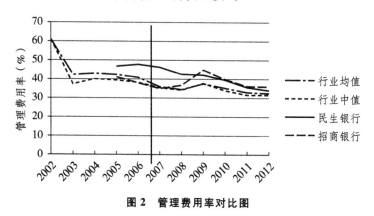

图2 管理费用率对比图

---

① 由于2005年前的部分数据缺失，此图报告的相关数据从2005年开始。

第三篇
国企混改与公司治理制度建设

图3报告了民生和招行以及所处金融行业均值和中位数的营业收入增长变化情况。营业收入增长率衡量的是公司的发展能力,营业收入增长率越大,说明公司的发展能力越强。从图3我们看到,从2005年起,民生的营业收入增长率持续高于行业平均水平。在2008年之后,民生进一步拉大了与行业平均水平的差距,即使在金融危机期间也不例外。作为对照,招行除了在2006年、2007年和2010年营业收入增长率短暂超过民生外,基本与行业平均营业收入增长率持平。

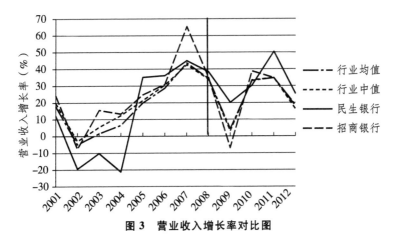

图3 营业收入增长率对比图

图4报告了民生和招行以及所处金融行业均值和中位数的总资产周转率变化情况。总资产周转率是考察企业资产运营效率的一项重要指标,反映了企业全部资产的管理质量和利用效率。一般而言,该数值越高,表明企业总资产周转速度越快,资产利用效率越高。从图4中我们看到民生在2008年后总资产周转率持续保持在较高水平,不仅远远高于行业平均水平,而且高于对照企业招行。

总结民生与对照企业招行的主要财务和绩效指标的横向对比分析,我们看到,2008年成为民生发展历史上的重要分水岭。无论是盈利能力、企业资产运营效率、发展能力还是成本管理能力都实

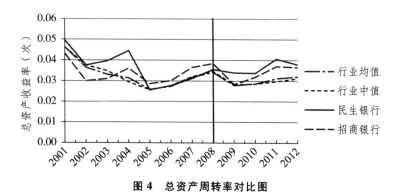

图 4　总资产周转率对比图

资料来源：图1—图4的数据均来源于国泰安金融数据库。

现了大的跨越,多项指标居于行业领先水平。我们注意到,正是在2008年,民生不仅大幅增加了独董的薪酬,而且将独董的薪酬与独董的履职情况等个人绩效表现,以及所担任职位承担的风险等因素相关联。上述独董差别化薪酬制度的推出向独董提供了较强的激励,使独董有激励认真履行监督经理人和战略咨询的职责。这一举措的结果是,民生看上去在独董聘请上比对照企业招行以及行业平均付出了更多的成本,但带来的实际收益远远高于付出的成本。

民生2008年前后的纵向比较

前一小节的横向比较表明,在2008年推出了独董差别化薪酬制度使民生与对照企业招行相比在盈利能力、企业资产运营效率、发展能力以及成本管理能力等方面实现了大幅提升。本小节进行纵向比较,即民生在推出新的独董薪酬制度的2008年前后财务绩效指标的比较。除了前一小节列示的4张图所显示的直观变化外,在本小节我们还将检验民生在2008年前后主要财务绩效指标的均值差异,考察2008年前后民生发生的变化是否与上述独董差别化薪酬制度推出有关。

从图1到图4,我们看到,民生从2008年开始逐步扩大了与产业平均水平的差距,进入了发展的快车道。尽管2009年行业平均盈利能力水平、中位数均受金融危机影响而出现下降,但民生的总资产收益率却表现出较为强劲的增长势头。在剔除了行业发展的一般效应后,我们看到民生从2009年开始保持着盈利能力的持续增长;在成本管理能力上,民生的管理费用率一直保持着下降的趋势,且在2009年当行业总体管理费用率上升时,民生仍然有小幅的下降,目前已经较为接近行业平均水平,扭转了长期以来管理费用率居高不下的局面;在发展能力上,民生从2009年开始,营业收入增长率就远高于行业平均水平,表明民生具有较大的发展能力;在营运能力上,在剔除了行业发展的一般效应后,民生的资产利用效率从2009年开始呈现快速增长的趋势。

我们进一步以2008年为临界点将民生的发展历史分为前后两个阶段,对前后两阶段的各项主要财务绩效指标进行均值差异检验。[①] 主要财务绩效指标经过产业中位数调整,以剔除产业效应的可能影响。表4报告了民生2008年前后经产业中位数调整后的各项主要财务指标的均值差异检验结果。

表4 2008年前后均值检验结果表 (单位:%)

	总资产收益率	管理费用率	营业收入增长率	总资产周转率	短期流动性比率
2008年前均值	-0.100	8.960	-5.823	0.003	4.121
2008年后均值	0.100	4.052	9.671	0.007	-5.993
均值差值	-0.204	4.908	-15.494	-0.004	10.113
P 值	0.046	0.003	0.098	0.170	0.117

注:数据均经过了产业中位数的调整。
资料来源:数据来源于国泰安金融数据库。

[①] 考虑到政策实施的滞后性,我们还以2009年为临界值开展类似的检验,得到与采用2008年为临界值类似的结论,但统计显著水平更加显著。

当野蛮人遭遇内部人：
中国公司治理现实困境

从表 4 我们看到总资产收益率、管理费用率、营业收入增长率在 2008 年前后存在显著变化。但总资产周转率的变化并不明显。此外，我们同时进行了反映承担风险状况的短期流动性比率 2008 年前后的均值差异检验。短期流动性比率是指银行流动性资产与存款负债的比率，这个比率越大，说明银行流动性来源越多，流动能力越强，银行承担的流动性风险（不能应付客户提存和提供贷款的风险）越小。由于民生的主要业务对象是小微企业、民营企业，其承担的风险相对较大。但上述指标在 2008 年前后同样存在显著差异。这表明，2008 年后民生的风险控制能力开始加强。

民生 2008 年前后主要财务指标的纵向比较进一步表明，独董差别化薪酬制度的推出一定程度上改善了独董的激励状况，成为之后发生的一系列变化潜在因素之一。因而，以独董薪酬水平大幅提高以及与独董的履职情况等个人绩效表现、风险分担状况相联系为特征的新的独董薪酬制度的推出确实带来了较好的激励效果。

以上分析表明，从 2008 年开始民生新推出的独董差别化薪酬制度使独董更加有激励来履行监督经理人和战略咨询的职责。我们注意到，民生从 2007 年 3 月份起开始实施独董到行内上班制度。按照规定，独董每月需上班 1—2 天，民生为独董安排了专门的办公室和办公设备。民生成为国内首家设立独董上班制度的公司。上班制度的推出一方面会改善独董的履职情况等个人绩效表现，最终带来独董薪酬的增加和不同独董薪酬之间的差异，另一方面也为受到新的薪酬制度激励的独董发挥公司治理作用提供了平台。因此，独董上班制度的研究对于理解独董差别化薪酬制度激励效果的实现机制至关重要。在接下来这部分，我们对民生独董上班制度进行事件研究，以考察市场对民生推出独董上班制度的反应；进一步以阻止关联交易为例，考察民生独董在相关责任的履行上是否表现出更大的独立性，以此进一步揭示独董薪酬制度变革所带来的独董发挥治理作用的积极性的改善。

民生独董上班制度的事件研究

理论上,独董作为非执行董事,通过参加董事会议、专门委员会议对企业的重大决策发表自己的看法,并参与表决。由于独董并不参与企业日常的经营管理,对企业的实际经营状况缺乏必要的了解,这使得很多独董在重大决策的讨论和表决中只能简单遵从其他执行董事提出的方案和意见。这成为独董长期以来给人留下"花瓶"印象的重要原因之一。针对上述公司治理实践中存在的问题,在2007年民生推出了独董到行内上班的制度,成为这一制度的首创。按照该规定,独董每月需要到民生上1—2天班。独董上班的主要工作是:研究所属委员会的工作事项;研究并确定委员会提出的议案;听取管理层或总行部门的工作汇报;讨论制定相关制度等。我们首先考察了市场对上班制度的反应。

我们知道,民生独董的上班制度是在2007年2月6日董事会会议上通过,并于次日在交易所进行公告的。通过采用市场研究方法来考察市场反应可以侧面反映市场对这一制度的推出是否认同。图5报告了民生的累计非正常收益情况。

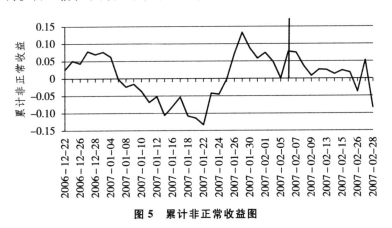

图5 累计非正常收益图

当野蛮人遭遇内部人：
中国公司治理现实困境

从图5我们看到，民生独董的上班制度在董事会会议通过的2007年2月6日当天，以及发布公告的2月7日，累计非正常收益显著为正。这表明市场对这一制度推出的反应是正向的。

独董对关联交易的阻止

本小节进一步以阻止关联交易为例，考察民生独董在相关责任的履行上是否表现出更大的独立性，以此进一步揭示独董薪酬制度变革所带来的独董发挥治理作用的积极性的改善。我们知道，关联交易指的是公司或其附属公司与在本公司直接或间接占有权益、存在利害关系的关联方之间所进行的交易。由于关联交易方可能存在某种特殊的利益关系，不仅使交易失去公允性，而且可能使中小股东的利益受到损害。因此，《指导意见》第5条规定：独董除应当具有公司法和其他相关法律、法规赋予董事的职权外，上市公司还应当赋予其以下特别职权：重大关联交易应由独董认可后，提交董事会讨论；独董独立做出判断前，可以聘请中介机构出具独立财务顾问报告，作为其判断的依据。

本文根据公告披露的数据整理了民生和对照企业招行的关联交易情况。相关结果见表5。

表5 民生和对照企业招行的关联交易情况表 （单位：次）

关联交易 发生次数	2001年	2002年	2003年	2004年	2005年	2006年	2007年	2008年	2009年	2010年	2011年	2012年
民生	5	3	0	0	14	0	21	24	35	34	38	57
招商	—	—	—	—	5	16	11	19	24	82	94	69
行业均值	—	—	—	—	8.6	7.2	13.4	35.5	35	35.5	31	38

资料来源：国泰安金融数据库和相应企业的年报。

从表5我们看到，民生所发生的关联交易次数在2008年之后与行业平均水平大致接近，而在此之前除了2006年外的大部分年份则显著高于行业平均和对照企业招行的相应水平。与对照企业

第三篇
国企混改与公司治理制度建设

招行从 2010 年到 2012 年持续三年关联交易次数大幅增加相反，民生近年来发生的关联交易次数相对稳定。这在一定程度上表明民生在阻止关联交易发生问题上已形成较为成熟的内部控制机制。其中，按照《指导意见》规定责无旁贷的独董在其中扮演的角色可圈可点。在围绕关联交易的董事会表决中，民生独董出具保留意见至少两例。其一是 2007 年关于北京光彩置业有限公司关联贷款事项。王联章董事认为在未看到贷款方还款计划时，不能进行评估，因此出具保留意见。其二是 2008 年关于民生金融租赁股份有限公司的关联贷款事项。梁金泉董事认为目前提供的材料尚无法证明担保还款能保证民生的利益不受损害，而王松奇董事则认为对租赁公司的资金运用风险内控机制状况不清楚，因此两位独董对该笔关联交易出具保留意见。作为对比，我们未能找到招行独董对关联交易出具保留意见的例子。容易理解，独董在关联交易上出具保留意见会提醒经营团队在选择交易对象时持慎重态度。同时，当管理层基于过去的经验预期到会有独董提出保留意见时，会主动减少关联交易的相关提案。我们理解，这是民生与招行相比可以把关联交易控制在一定水平的重要原因。这从另一个侧面表明，民生在 2007 年推出上班制度，以及在 2008 年改进独董薪酬制度后，独董所应具有的"独立性"得到增强。独董开始从股东利益出发参与相关经营管理策略的制定，以体现公司向独董支付较高薪酬的价值。

中国绝大多数上市公司向其独立董事支付的是津贴性的固定薪酬。我们知道，在公司治理实践中独董公司治理角色的真正发挥建立在对独董提供充分激励的基础上。而理论界围绕独董的公司治理有效性以及独董的公司治理实施机制等开展的任何研究需要满足的前提是对独董自身激励问题进行合理的评估。因而，独董自身的薪酬设计问题与公司治理研究领域传统上关注的经理人薪酬设计问题一样重要。

当野蛮人遭遇内部人：
中国公司治理现实困境

本文以独董之间薪酬存在差异的上市公司民生为案例,考察了独董差别化薪酬的激励效果。本文的研究表明,民生独董薪酬之所以存在差异,是因为民生独董薪酬的构成除了年费外还增加了与独董努力付出程度(例如会议费、调研费)等因素相关的履职薪酬和与风险分担水平(例如专门委员会担任的职位)等因素相关的风险薪酬两部分。这使得不同的独董由于在委员会担任的职位类型、个数不同,参加的会议次数、调研次数不同,其薪酬总额相应不同。从民生薪酬制度的激励效果来看,无论与作为对照企业的招行的横向比较,还是推出新的独董薪酬制度前后的纵向比较,均表明新的独董薪酬制度向独董提供了较好的激励,使民生表现出较好的盈利能力、成本管理能力、发展能力、营运能力。因而本文基于民生的案例研究表明,与中国上市公司大多采用独董之间不存在显著差异的固定津贴相比,民生与独董努力程度和风险分担水平相挂钩的独董差别化薪酬制度能够向独董提供更强的激励,促使民生独董更好地履行经理人监督和战略咨询的职责。

具体而言,民生独董薪酬制度的以下经验值得其他上市公司借鉴。第一,大幅提高基本年薪,使独董感到这份荣誉和责任都是"沉甸甸"的。我们看到,在民生推出新的独董薪酬制度之前,独董的平均薪酬为 18 万元。而 2008 年平均薪酬大幅上升为 64 万元,增长幅度在 250% 以上。民生的独董王联章在 2011 年更是以 126.5 万元的总收入位居当年上市公司独董薪酬收入之冠。第二,在薪酬的构成上,除了年费外还包括与独董努力付出程度(例如会议费、调研费)和风险分担水平(例如专门委员会担任的职位)等因素相关的绩效薪酬。民生在 2010 年和 2011 年独董最高和最低薪酬的差距分别高达 26 万元和 30.5 万元。第三,针对以往独董并不参与企业日常的经营管理,对企业的实际经营状况缺乏必要的了解,在重大决策的讨论和表决中只能简单遵从其他执行董事提出的方案和意见的现状,在 2007 年民生推出了独董到行内上班的制度,希望以此来改变独董长期以来给人留下的"花瓶"印象。从该制度通过并公告后的市场反应,以及阻止关联交易发生的实践中来看,独董上班制度发挥了预期的作用,具有一定的推广价值。

毫无疑问,民生在独董薪酬等相关制度建设过程中也存在一些不足。例如,民生独董对关联交易出具保留意见的两次事件中,跟踪调查发现,独董的保留意见未能成功阻止关联交易的发生。民生给出的官方解释是,持保留意见的董事占董事会的比例太小,从而无法改变董事会的决策。另一个例子是,在审议续聘2008年度审计会计师事务所及其报酬的董事会上,王联章董事认为该审计会计师事务所已聘任多年,理应更换,但直到现在,民生仍然是聘用同一家事务所。这提醒我们,要使独董真正履行监督经理人和战略咨询的职责,不仅需要向独董提供充分的激励,而且还需要向独董提供使其能够发挥作用的制度保障。

国企混改：如何保障参股的社会资本的权益？*

围绕国企混改，目前更多观察到的混改方式，是在附属公司层面吸引社会资本进入，组成控股子公司。中航集团公司下属的航空货运物流公司的混改如此，中粮集团旗下金融板块专业化公司中粮资本的混改亦如此。应该说，上述混改实现形式包含以下现实合理性。其一，子公司的设立（或把原来分公司改造成子公司）为社会资本的进入，从而国资与社会资本的"混合"提供了物理平台；其二，子公司的设立（或把原来分公司改造成子公司）有助于实现国资管理体制从"管企业"到"管资本"的转变；其三，国资可以通过在子公司中引入社会资本的方式有序调整产业布局，将有限的资本集中到主营业务中来。

然而，从目前一些国企在子公司层面推行的混改实践看，出现了一些值得关注的现象。例如，一些企业把出于人情和压力的社会资本资金进入理解为混改的完成，为了混改而混改；而一些企业用子公司代替分公司，在子公司层面引入了董事会等公司治理制度，就认为实现了从管企业到管资本的转变。上述现象的存在一定程度上表明，当前的国企混改，在如何在子公司层面建立和完善相应的公司治理制度安排，以确实保障在子公司参股的社会资本

---

* 本文曾以"国企混改：如何保障在子公司参股的社会资本的权益"为题发表在《经济观察报》，2017年5月25日。

第三篇
国企混改与公司治理制度建设

权益方面,还存在一定的认识误区。

在讨论以组建子公司方式实现混改可能存在的认识误区之前,我们有必要了解分公司和子公司在组织构架设计中的差异。通常而言,类似于事业部的分公司关注的是公司总部发布的经营任务的执行,因而其设置所遵循的原则为是否有助于提高经营管理的效率。在组织形式上,分公司并不具有独立的法人资格,当然也并不需要设立董事会、监事会等公司治理构架。分公司的总经理只需要严格执行公司总部下达的经营任务即可,因而与公司总部的物理连接链条是特定的经营管理活动。

不同于分公司,子公司业务开展所需的资本不仅来自母公司的投资,还可能来自其他社会资本,由二者共同出资组成股份有限公司。我们以宝能举牌前的万科为例,第一大股东华润是上市公司万科的集团母公司,而万科则是华润控股的子公司。因而子公司与母公司的物理连接链条是资本链条。其设定的基本原则是是否有利于提高投资管理效率。作为独立法人,子公司需要设立股东大会、董事会和监事会等公司治理构架,来保护不仅来自母公司而且来自其他社会资本的股东权益。

我们把子公司和分公司在设定原则、与上级公司物理连接链条、是否具有独立法人资格等方面的差异总结在表1中。

表1 子公司和分公司职能设定的差异

	设定原则	与上级公司物理连接链条	是否具有独立法人资格	是否设立董事会、监事会等公司治理机构	公司治理的权威
分公司	经营活动的效率	特定的经营管理活动	不具有独立法人资格	不需要	公司总部
子公司	投资管理的效率	资本链条	具有独立法人资格	需要	子公司的股东大会和授权的董事会

当野蛮人遭遇内部人：
中国公司治理现实困境

由于在上述设定原则等方面的差异，我们看到，在分公司与子公司中公司治理的权威是不同的。作为事业部式的下属机构，分公司的主要使命是完成公司总部直接分配的特定经营管理任务。因而在分公司，公司治理的权威是公司总部。这意味着包括总经理在内的分公司主要管理团队成员来自总公司的直接任命。而对于子公司，由于业务活动开展所需的资本有时并非完全来自母公司(一个例外是全资子公司)，不仅来自母公司，也来自其他社会资本，因而如何保护全体股东的权益、提高投资管理效率成为子公司重要的设定原则。按照2016年诺贝尔经济学奖获得者哈特教授所发展的现代产权理论，股东之所以愿意投资现代股份公司，恰恰是由于现代股份公司向外部投资者做出了股东将成为公司所有者，对公司重大事项拥有最后裁决权的庄重承诺。这集中体现在股东有权对资产重组、高管更迭和经营战略调整等重要事项以股东大会表决方式进行最后裁决。因而在子公司，公司治理权威并非上级母公司，而是子公司的股东大会及其授权的董事会。形成上述公司治理权威的理由是，上级母公司只是出资的投资者之一，公司应该保护全体而非部分股东的权益。由此决定了上级母公司的管理意图只能基于资本这一物理连接链条，通过股东大会和董事会组织等公司治理平台来实现。

在了解了分公司与子公司在设立原则从而公司治理权威上的差异后，我们现在来评价目前国企混改实践中在如何保障在子公司参股的社会资本的权益等方面存在的认识误区。

第一，一些企业在混改方案提出前，对于改革项目究竟是面临提高经营管理效率问题，还是面临融资约束问题，没有遵循子公司和分公司设定原则认真加以辨别。一些企业看似"为了混改而混改"，在一些项目上机械地引入社会资本，并组建了子公司及相应的董事会、监事会等公司治理构架。容易理解，董事会、监事会等公司治理基本制度的建设和维护需要成本的不断投入。这样做的

第三篇
国企混改与公司治理制度建设

结果可能是反而阻碍了对于一些国企项目成功而言更为关键重要的经营管理效率的提高。

第二，即使对于那些适合建立子公司的项目，在引入社会资本后，一些企业忽视子公司的基本公司治理制度建设，仍然把子公司当作分公司去管理。这集中体现在以下两个方面。其一是在子公司董事会组织和主要管理团队任免上大包大揽，并非通过与其他股东的协商，按照出资比例推荐董事，并通过股东大会表决产生。一些公司对于子公司董事会的组成并非出于董事会监督和咨询职能履行的需要，从职业经理人市场中遴选，而是简单责成母公司计财、资产管理等相关职能部门强行委派，组成形似而神不具的董事会。兼职性质的董事一方面无权做出实际决策，另一方面却要承担相应的董事履职风险，一时之间造成子公司董事人选"难产"。其二，集团公司的行政命令直接代替子公司股东大会及其授权的董事会决策效力，子公司股东大会及其授权的董事会的公司治理权威性被削弱，其他社会资本的权益得不到有效的保障。可以想见，由于上述两方面的原因，即使在子公司层面设立了董事会、监事会等公司治理制度，预期的投资管理效率也很难得到实质的提高和改善。

第三，一些社会资本迫于情面或者压力短期进入，积极等待时机全身而退，使得看起来已经实现的混改不可持续，后继乏力。

我们看到，上述种种现象背后揭示的核心问题是，一些企业出于管理惯性思维，没有完全从以行政命令方式来管控企业的"分公司"管理思维模式中走出来，尚未适应和完成从管企业到管资本的"子公司"资本营运模式的转变。由于社会资本的合法权益得不到有效保障，我们看到，上述做法的消极后果是，不仅会损害已经参与混改的社会资本持续关注企业发展、完善公司治理结构的信心，而且会极大地挫伤那些尚在观望的社会资本未来参与混改的积极性。

那么，我们怎样才能使社会资本心甘情愿地参与一些国企目

当野蛮人遭遇内部人：
中国公司治理现实困境

前推出的子公司层面的混改呢？

第一，需要在子公司层面建立和完善股东大会、董事会和监事会等公司治理构架，使子公司股东大会及其授权的董事会，而不是上级母公司成为公司治理的权威，以切实保障全体股东的权益。未来我们也许可以从以下几个方面来加以完善。其一，董事、监事应该按照股东持股比例推荐，并经股东大会表决产生，而非目前一些企业自上而下由母公司简单任命了事。为了保护中小股东的利益，在选举董事时甚至可以采用累积投票制。其二，引入一定比例的利益中性、独立的外部董事。其三，涉及子公司经营战略调整等重大事项决策需要由董事会酝酿讨论，最终由股东大会表决生效。其四，子公司的管理团队向子公司的董事会负责，并严格执行董事会做出的重大经营管理决策。其五，上级母公司的经营管理意图要通过提出议案，与其他股东协商，最终以股东大会以及授权的董事会的决议来落实体现。

第二，在股权结构设定上，要根据项目性质和国资产业布局调整思路灵活选择，并非一定要控股。最近的云南白药混改中，采取了云南国资委和新华都集团各自持有白药控股50%股权的结构，赢得了各界的好评，并被称为国企混改的"白药模式"。平分股权，甚至不控股，恰恰可以很好地表达国资引入社会资本的可置信承诺和制度诚意。对于一些并不具战略意义的竞争性行业，甚至可以考虑把国资转为优先股，一方面向社会明确传递希望社会资本深度参与公司治理的信号，另一方面则可以通过股利的优先分配更好地实现国资保值增值的目的。

我们看到，只有确实在子公司层面建立和完善有效保护全体股东权益的公司治理制度，同时通过灵活多样的股权结构选择和安排向社会资本传递出愿意混改的可置信承诺和制度诚意，社会资本才有激励实质参与混改，以真正实现我国国企监管从管企业到管资本的监管理念和实践的转变。

债转股:披着市场化运作外衣的"预算软约束"[*]

东北特钢的债务危机近日随着江苏民营钢铁大亨沈文荣的控股而重现解决的曙光。2016年东北特钢所在的辽宁省政府为了化解其债务危机曾一度提出不涉及清偿的债转股计划,但由于遭到债权人的强烈反对而流产。我们知道,相对于资不抵债将面临法律诉讼和破产清算而被称为"硬约束"的债务融资,权益融资面临的是"软约束"。除非董事会做出承诺,否则发放股利并不会成为公司的一项义务。债转股由此成为企业用来作为摆脱财务困境、化解财务危机的潜在手段之一。即使从商业银行角度而言,债转股也不失为"当商业银行的贷款对象出现一定问题时,商业银行所采取的一种资产保全方式"。那么,"债转股"真的可以成为企业摆脱债务危机、商业银行保全资产的灵丹妙药吗?

第一,债务融资和权益融资两种融资手段的优势互补是通过选择合理的资本结构,而并非通过"债转股"实现。债务融资和权益融资往往在公司财务的教科书中被描述为处于由各种融资工具汇成光谱的两端——白光和黑光。权益融资的"除非董事会做出承诺,否则发放股利不是公司的义务"的典型特征意味着,只有在效益良好的状况下董事会才会做出发放股利的决策。因而,股利

---

[*] 本文曾以"债转股:披着市场化运作外衣的'预算软约束'"为题发表在FT中文网,2017年11月13日。

当野蛮人遭遇内部人：
中国公司治理现实困境

发放不会成为原本经营困难、现金流短缺的企业雪上加霜的外部压力。不同于权益融资，债务融资必须在债务合约规定的期限内偿还本金和利息，否则将面临法律诉讼，被迫破产清算。这就是我们通常理解的债务融资是"硬约束"，而权益融资是"软约束"的原因。对于两种性质截然不同的融资工具，在公司财务实践中是通过合理的资本结构选择来使二者实现优势互补。例如，如果一家来自研发投入大、面临市场不确定性高的 IT 企业，则应该少选择一些"硬约束"的债务，而多发行一些根据经营情况做出灵活调整的权益。作为错误的资本结构决策的补救手段，债转股与资本结构选择相比，并不能很好地发挥两种基本融资工具的优势互补。

第二，科尔奈把前社会主义国家国营银行效率低下、呆坏账问题严重归咎于预算约束软化，而政府干预下的债转股则一定程度上成为披着市场化运作外衣的"预算软约束"。向国有企业提供资金的政府机构或国有银行往往未能坚持原先的商业约定，尽管企业的资金运用超过了它的当期收益的范围，但出于"国家父爱主义"，在政府的干预下，银行并没有把一些效率低下、该破产清算的企业推向破产，而是不断注入新的资金，以旧债还新债，使得预算约束软化。由于政府提供的上述隐性担保，预算约束软化的国有企业并不担心破产清算的威胁，从而缺乏改革创新的动力，长期维持效率低下的局面。科尔奈的"预算软约束"理论由此很好地解释了为什么直到今天我们仍然需要对国有企业开展以混改为特征的新一轮改革。许成刚教授最近在评论僵尸企业、产能过剩时指出："这些实际上都是非常老的问题，而且问题的产生完全在预料之内。这些问题的根源在经济学里叫做软预算约束，在经济学界这是一个非常非常基本的概念。这个概念早在 20 世纪 70 年代东欧改革的时候就由科尔奈教授提出了。"我们看到，今天被很多陷入债务危机的企业用作灵丹妙药的债转股看似是市场化运作，使一些发放贷款的银行和持有企业债券的债权人的身份从原来的债权

第三篇
国企混改与公司治理制度建设

人转化为"股东",但实质上在政府的干预下同样完成了债务融资从"硬约束"向"软约束"的转化。

第三,即使债转为股后,对于原债权人也并非像看上去一样"一转了事",而是需要原债权人未来在履行股东职责的过程中投入大量新的成本。特别是参与处于某一特定产业的企业的公司治理,甚至经营管理,远非一些仅仅擅长资产管理的商业银行和普通债权人的比较优势。因此,债转股虽然看上去暂时使债权人的资产得到保全,但如果未能确实建立有效的治理构架,促使经营团队扎实改善经营管理,则往往仅仅使无法偿还的债务延期,而无法从根本上化解债务危机,债权人的资产依然处于风险状态。有时,延长的呆坏账损失比立即清算残值的补偿损失更大,甚至会恶化银行或债权人长期整体的不良资产状况。

第四,在尝试以债转股化解债务危机的国际国内案例中,我们看到的更多是惨痛教训。债转股曾经在智利、巴西、阿根廷、墨西哥等拉美国家和保加利亚、俄罗斯、乌克兰、南斯拉夫、匈牙利、波兰等东欧前社会主义国家中采用过。除了少数或者由于短期资金周转困难,或者基于市场原则进行债转股获得成功外,大部分政府干预色彩浓厚的债转股最终都以失败告终。

需要说明的是,债转股计划在东北特钢的债务化解历史上同样不是第一次出现。早在 2000 年,作为全国三大特殊钢生产企业之一,东北特钢的前身大连钢铁(集团)有限责任公司在上一轮国企改革中就曾经采用了债转股的危机化解模式。当年 6 月,在东方、信达、华融资产管理公司和辽宁省国资委、黑龙江省国资委以及抚顺特钢账面"出资"364 417 万元(注册资本)后,大连特钢的债转为股。2016 年 3 月 24 日,东北特钢的董事长杨华突然自杀身亡。这一突发事件发生后的第 3 天,公司即发布公告称"15 东特钢 CP001"已经构成实质性违约。自此掀起了东北特钢债券的违约浪潮,各种期限(中期、短期、超短期)和不同发行渠道(公开、非公开)

当野蛮人遭遇内部人：
中国公司治理现实困境

的违约债务总额一度超过 85.7 亿元。新上任董事长一度再次提出将公司 70% 的债务进行债转股。意识到捉襟见肘的辽宁财政无法再次为债转股兜底时，债权人一致拒绝再次债转股。由于债权人在持有人会议上坚决抵制债转股行为，并在 2016 年 9 月 26 日正式向大连市中级人民法院申请对东北特钢进行重组，东北特钢于 2016 年 10 月 10 日正式进入破产重组程序。从东北特钢债转股的处置过程来看，几家资产管理公司历史上之所以同意债转股，很大程度上是由于当地政府所提供的隐性担保和财政兜底。这些资产管理公司即使在债转股后也并没有像预期的那样深度参与公司治理。地方财政无力按合约回购债转股之时，即是通过债转股得以暂时延缓的新的债务危机爆发之日。在一定程度上，东北特钢债务危机是当年科尔奈观察到的国有银行贷款是如何由于预算约束软化而将贷款一步步转化为呆坏账的情景再现。因而，今天被媒体解读为"意外私有化"的沈文荣控股东北特钢实属当地政府为化解东北特钢债务危机所推出的"无奈之举"。

第五，即使对于那些出于暂时资金周转困难，未来存在转变为优良资产可能的债务，债务危机的化解也完全可以采用其他融资成本更低的融资工具，而并非必然通过债转股。如果资产管理公司经过充分的价值评估和资产分析后，认为确实可以进行债转股，则应该由该资产管理公司基于市场原则独自做出商业决策，并为自己的商业决策承担最终的责任。政府绝不应该以财政兜底的方式提供隐性担保，否则到那时受到损害的也许将不仅仅是深陷债务危机的企业和提供资金支持的银行等债权人，而且还有当地政府的声誉和公信力。

在实践中，我们观察到，积极鼓吹债转股的不仅有深陷债务危机的企业管理者，也有出于化解国企高债务目的和执行供给侧改革去杠杆政策的地方政府。而来自拉美、前东欧社会主义国家以及东北特钢历史上的债转股案例表明,政府干预色彩越浓厚,通过债转股化解债务危机成功的可能性越小。政府的隐性担保,只是延缓了债务危机的爆发时机,但不可能从根本上消除和真正化解债务危机。正是在上述意义上,我们倾向于认为,政府干预下的债转股一定程度上演化为披着市场化运作外衣的"预算软约束"。

联通混改方案的"得"与"失"*

以 BATJ（百度、阿里、腾讯、京东）互联网四大巨头和中国人寿等国企参与为主要内容的联通混改方案公布后，一时间备受市场瞩目。联通混改无疑是国企改革在引入民资战略投资者方面迈出的重要一步。那么，联通这次公布的混改方案有哪些值得期待的"得"和不尽如人意的"失"呢？

我们首先看联通混改方案中值得期待的"得"的方面。第一，通过吸引民企参与，以联通混改为代表的国企混改模式将进一步稀释控股股东的股权，加速我国资本市场分散股份时代的来临。在经历了股权分置改革和险资举牌浪潮，以 2015 年万科股权之争爆发为标志性事件，我国资本市场开始从"一股独大"进入分散股权时代。按照联通近期公布的混改方案，在吸引包括中国人寿和 BATJ 等战略投资者持股 35.19% 后，联通集团合计持有中国联通约 36.67% 的股份。作为对照，从 2015 年开始，我国上市公司第一大股东平均持股比例已首次突破具有相对控股能力的临界点 33.3%。而联通混改股权结构的上述安排，则一定程度上与国家对电信等战略性产业的主导和控制有关。尽管如此，联通混改方案能如此大比例地"让渡"股份给民企，仍然让市场和很多观察者感到意外和惊奇。我们理解，在本轮混改完成后，我国资本市场分散股权结构的基本态势将初步形成并趋于稳定。在"一股独大"的公司治理

---

* 本文曾以"联通混改'得'与'失'"为题发表在 FT 中文网，2017 年 8 月 28 日。

第三篇
国企混改与公司治理制度建设

模式下,控股股东对从董事会组织运行到管理层日常决策大包大揽的时代行将结束。在分散股权时代,面对外部接管威胁,甚至野蛮人入侵引起的股权纷争,公司治理将更多地依靠利益各方的协商和妥协。如何顺应上述转变成为包括联通在内的很多国企改制公司未来面临的重要挑战。

其次,以联通为代表的混改模式很好地体现了"分权控制"的经济学思想,有助于改善"一股独大"模式下公司治理效率低下的局面。大股东监督过度会挫伤经理人的积极性,而引入新的大股东,将形成股东的"分权控制"。控制权在几个主要股东之间分享的结果是在保护各自利益的讨价还价过程中最终形成有利于保护外部广大分散股东利益的折中效应(compromise effect)。一些学者应用寻租理论发展了"企业政治学理论",强调由于新进入的大股东成为原控股股东和管理层的"共同敌人",由此将减少企业内部围绕剩余分配冲突而产生的净损失。① 这事实上是我们虽然认为联通混改方案存在很多不尽如人意之处,但仍然对联通混改方案保持谨慎乐观的原因。

那么,联通混改方案存在哪些不尽如人意的"失"呢？在我们看来,至少存在以下几个方面。第一,在股权结构上,参与混改的民企背景的战略投资者无法形成对主要股东的有效制衡。在联通混改方案中,民资背景的战略投资者中出资比例最高的腾讯和百度,其出资分别只占到5.18%和3.3%,与合计持股达36.67%的联通集团相去甚远。特别有趣的是,在目前公布的潜在战略投资者中,除了持股比例高于腾讯等的中国人寿属于国企背景外,在我们看来,几家民企背景的互联网巨头的竞争关系远大于合作关系。这使得未来在民企背景的战略投资者之间采取某种一致行动以形

---

① 关于上述理论的更多讨论和评述请参阅郑志刚,《中国公司治理的理论与证据》,北京大学出版社,2016。

当野蛮人遭遇内部人：
中国公司治理现实困境

成对大股东的制衡变得相对困难。这事实上也是我们认为联通混改方案表面上看起来似乎是引入互联网巨头的"傍大款"行为，但其背后却反映了方案设计者独具匠心之处的原因。

第二，在新联通董事会的安排和组织上，民企背景的战略投资者同样处于弱势。按照目前一些媒体报道预期的新联通董事会组成方案，虽然联通集团在董事会中的席位由原来的 4 人减为 2 人，甚至腾讯和百度等有望委派董事进入董事会，但"国家会派出 3 席"，加上国有企业的 1 席，民资背景董事在非独立董事席位中处于绝对少数是铁定事实。我们曾经讨论万科董事会组织的超额委派董事问题。[①] 与持股比例不对称的超额委派董事客观上使得主要股东承担责任与享有权利不对称，形成一种经济学意义上的"负外部性"。在围绕联通混改方案的相关报道中，我们注意到有媒体提及"联通集团还将向中国国有企业结构调整基金协议转让其持有的本公司约 19 亿股股份"。我们目前并不很清楚媒体报道的"国家会派出 3 席"是否与此有关，并由此构成"国家会派出 3 席"与现行法律相一致的事实依据。对于联通混改方案中所浮现的这些新现象和新问题我们将继续观察。

第三，主要股东在股东大会议案表决上的潜在同盟军同样是不可小觑的力量。在联通混改方案中，国资背景的中国人寿持股 10%，超过腾讯、百度等民资，成为这次混改中联通引入的最大战略投资者。经历了险资宝能举牌万科引发股权之争后监管当局对险资的规范和整顿，相信中国人寿在未来投资举措上会更加谨言慎行。除了国资背景的中国人寿为最大战略投资者外，联通还拟向核心员工授予约 8.5 亿股限制性股票。我们猜测，无论是中国人寿等国资，还是员工持股，甚至是有待观察的中国国有企业结构调整

---

① 参见郑志刚，"从万科董事会组织看超额委派董事现象"，FT 中文网，2017 年 7 月 17 日。

第三篇
国企混改与公司治理制度建设

基金,在股东大会表决上都可能成为支持主要股东提出的议案的力量。

我们看到,联通新出台的混改方案一方面无法使民资背景的战略投资者在股权结构上形成对主要股东的制衡,另一方面使得民资背景的战略投资者在董事会组织和股东大会运行中处于弱势,这些战略投资者未来自身权益保护面临的挑战由此可以想见。尽管如此,我们看到联通在混改引进民资上毕竟迈出了重要的一步,打开了民资参与原来由国企垄断的电信产业的大门。我们愿意谨慎乐观地预期,在我国资本市场进入分散股权时代后探索新的公司治理模式选择上,联通混改将为其他国企混改提供更多值得借鉴和学习的宝贵经验。

新金融语境下的公司治理理念转变*
（代后记）

2017年10月27日，FT中文网以"时代落幕：港交所交易大厅关闭"为题报道了久负盛名的港交所交易大厅关闭这一消息。事实上，早在该交易大厅关闭之前，东京、新加坡、伦敦等交易所就已推出类似的举措。如果股票交易大厅已经关闭，让我们大胆猜测，银行交易大厅的关闭还会远吗?! 应该说，新金融已经带来的和即将带来的远不止股票和银行交易大厅的关闭，它需要我们学术界认真地总结和思考新金融语境下传统金融学发展所面临的困顿以及金融学内涵的"不变"与"变"，进而调整金融实践中的公司治理理念，以积极应对新金融带来的巨大挑战。

一、传统金融学发展面临的困顿

今天在我国高校金融学科教育中占据主导地位的仍然是在欧美学术界属于"宏观经济学"范畴的货币金融学，而欧美学术界视为标准金融学的公司金融和资产定价仅仅被作为其开展宏观经济分析的基础，在我国一些高校中美其名曰"大金融"。在一定程度上，我们可以把上述"金融学"研究传统视为西方新古典综合派思

---

* 本文根据作者在浙江大学中国互联网金融与新金融高峰论坛上的发言整理，曾以"新金融语境下的公司治理理念转变"为题发表在FT中文网，2017年11月27日。

当野蛮人遭遇内部人：
中国公司治理现实困境

潮与中国计划经济实践相结合的产物。然而，随着时代的变迁和新金融的蓬勃发展，传统金融学发展所面临的困顿不言而喻。概括而言，传统金融学的困顿主要来自以下三个方面。

第一，建立综合的、统一的学科体系的美好愿景和学科高度专业化分工的发展趋势背道而驰。20世纪五六十年代以萨缪尔森等为代表的新古典综合派，试图建立统一的新古典经济学分析框架。但萨缪尔森等所期待的"大经济学"这一梦想逐渐被微观经济学和宏观经济学分道扬镳、渐行渐远的无情事实所打破。我们知道，宏观经济学的逻辑出发点是市场失灵，其直接政策主张是政府用"看得见的手"对经济的短期干预。原因是，在宏观经济学的鼻祖凯恩斯看来，"从长期看，我们都将死去"，而"我死之后哪管身后洪水滔天"。不同于宏观经济学，微观经济学信奉的是亚当·斯密的"看不见的手"理论。微观经济学家强调，追求利润最大化的企业，在完全竞争的市场条件下，将实现帕累托最优（一般均衡理论）。因而政府仅仅是防火的"守夜人"，只有在火灾发生后才能派上用场。我们看到，微观经济学是对正统新古典经济学的直接继承和发扬。20世纪70年代以来微观经济学的重要分支——现代企业理论的发展也遵循同样的逻辑。现代企业理论试图揭开企业这一"利润最大化黑箱"，以促使企业更加蓬勃发展。毕竟，在经济学家看来，"企业最大的社会责任是创造利润"（弗里德曼），需要自觉接受市场价格机制这只无形的手的调节。事实上，随着学术研究专业化分工的深入，关注政府行为、如今"麻烦"不断的宏观经济学（罗默）与关注企业行为的微观经济学分道扬镳、渐行渐远已成为一个不争的事实。微观经济学者和宏观经济学者已经越来越听不懂彼此的术语，就像内科的医生看不了外科的病一样，尽管他们都被称为医生。

在上述西方新古典综合派思潮下发展起来的"大金融"事实上面临着与"大经济学"发展同样的困境。传统上，所谓的货币金融

新金融语境下的公司治理理念转变
(代后记)

学关注的是政府(央行)货币发行和货币政策制定,以实现宏观经济运行的平稳为目标;而所谓的公司金融和资产定价则围绕企业和居民个人的投融资活动展开分析,以实现企业价值最大化和居民个人的财富(效用)最大化为决策目标。随着对金融活动理解的深入,越来越多的学者意识到不能像经典理论一样把资金流动理解为一个从资本到更多资本的单纯货币现象($G—G'$),其原因是任何金融活动都离不开提出金融需求的企业和居民个人这一市场载体。而现实中的企业恰恰是由一个个营利动机明确的企业家通过不断试错来逐步形成的。由于具有明确营利动机、风险识别能力和责任承担能力的企业家在市场经济中的不可或缺和替代的地位,企业和居民个人(而非政府)成为开展金融活动和金融创新的主体。虽然政府看起来可以与计划相联系,但组成政府的政府官员有些既不像企业家一样具有明确的营利动机,又不具有风险识别能力,更不具有实质的责任承担能力,因而并不应该成为金融活动与金融创新的主体。因此,在未来的金融政策制定上,我们应该更加关注企业家围绕经营活动权衡收益风险和成本的融资决策所反映的真实金融需求,而不是为了金融化而金融化,甚至使"央行成为印钞机"。做到了这些自然就可以做到我们当前经济发展中特别强调的"脱虚向实"。

我们同时注意到近些年来货币金融自身关注的重点的一些变化。在经历了后次贷危机时代"彻底埋葬凯恩斯主义"的思潮之后,我们不得不惊呼,货币金融和宏观经济学开始变得"务实"了,不再那么好高骛远。货币金融学关注的重点开始从早期围绕经济增长的货币政策制定转变为目前更多地强调为经济发展创造稳定金融环境的货币政策制定。其背后原因同样是,人们越来越清楚,对于经济增长这一经济学研究的永恒主题,我们需要依靠被称为"经济增长国王"的企业家,而不是政府饮鸩止渴式的"通货膨胀刺激"经济政策的制定。

当野蛮人遭遇内部人：
中国公司治理现实困境

第二,中国从计划经济向市场经济转型的完成使得企业和居民个人(而非政府)逐步成为金融活动和金融创新的主体和中心。如果说货币金融学成为在我国占主导的金融学传统,一方面是受到20世纪西方新古典综合派思潮的影响,另一方面则与中国早期的计划经济实践密切相关。在计划经济时代,政府(中央计划者)是一切经济活动的中心。对于缺乏独立核算、指令性计划下的企业,"全国一盘棋",所谓金融问题仅仅是从政府视角出发的货币信贷政策制定。政府一方面通过货币政策制定来调动银行和居民的民间资源,另一方面则通过财政政策制定,以财政补贴,甚至发行国债的方式调动政府的资源。金融学更多地被用来研究如何实现财政政策和金融政策之间的综合平衡。因而与财政"不分家"成为一部分货币金融学者信奉的基本准则。我们看到,我国一些大学财政金融"不分家"的教学体系和学科设置就是受到苏联计划经济学科发展思维和我国早期计划经济实践的直接影响,逐步形成并沿用至今。在经典教科书中,金融学关注的是抽象的从资本到资本的流动,用政治经济学符号表示,就是 $G—G'$,而忽视了资本流动的载体是一个个充满生机的企业和鲜活的居民个人。

经过四十年的改革开放,伴随着我国从计划经济向市场导向的经济转型,企业和居民个人正在成为市场经济的主体和中心。如果我们的金融内涵还停留在关注资本的抽象流向,就金融看金融,必然导致脱离围绕企业经营活动权衡收益风险和成本所形成的真实金融需求,背离实体经济。

第三,货币金融和宏观经济领域的学者进行了不同的探索尝试,希望一改传统金融学的困顿局面,但似乎收效甚微。围绕信奉货币金融的老一辈学者希望打通货币金融和公司金融、构造统一综合的"大金融"的美好愿景,新一代货币金融和宏观经济学者主要进行了以下几方面的尝试。其一,把公司层面的金融活动分析作为宏观经济分析的基础。这一尝试面临的问题是,围绕偏好迥

新金融语境下的公司治理理念转变
（代后记）

异和约束各异的众多个体和组织活动进行加总，无论在理论上还是实践中显然都并非易事。诺奖得主阿罗曾经提醒我们，由于个体偏好的差异，通过"偏好的简单排序和加总"并不可能得到一个社会总的需求函数，从而制定令社会上所有人（获得剩余的）满意的价格。这在一定程度上意味着，市场这一无意识的海洋成为众多有意识的企业岛屿（科斯语）和居民个人连接的唯一途径。企业只需要有意识地创造利润，通过无意识市场海洋的"看不见的手"的自动调节，自然会实现帕累托效率状态。其二，与一些学者尝试模仿企业资产负债表建立国家资产负债表类似，一些学者最近试图借鉴公司金融资本结构选择理论的分析逻辑尝试建立国家资本结构模型。用他们的说法，"应用公司金融理论来分析国家的资本结构，并为货币经济学、财政理论与国际金融学提供一个新的统一的微观基础"。然而，上述做法面临的困境是，政府无法像公司一样，在有意识的岛屿中做出明确的投融资决策，国家资本结构模型仅仅建立在基于国民经济核算体系的微观主体决策的加总之上。如果仅仅把国家资本结构用于国际经验比较，上述工作也许还可以部分揭示国家发展阶段的特征。但它显然无法像我们通常所理解的一个追求价值最大化的公司通过权衡权益与债务融资收益和成本来确定最优资本结构一样显而易见。退一步讲，即使政府可以采用饱受诟病的产业政策和目前更多用来维持金融稳定的财政货币政策来进行宏观调控，但由于微观主体"上有政策，下有对策"的理性博弈带来的"宏观经济政策动态不一致性"（普雷斯科特和凯基兰德），也未必能够收到预期的调控效果。因此，寄希望通过上述工作帮助一个国家选择最优资本结构，无异于缘木求鱼。

我们知道，现代金融学大厦建立的历史并不长，其标志是20世纪50年代两块基石的确立。基石之一是莫迪利安尼和米勒教授1958年发展的MM定理，揭示了财务经理如何选择最优资本结构的基准；基石之二则是马科维茨和托宾教授发展的资产组合理

当野蛮人遭遇内部人：
中国公司治理现实困境

论,告诉我们"不要把鸡蛋放在同一篮子里"的分散投资理财方式。我们看到,标准意义上的金融学,无论公司财务还是资产定价,无一不是围绕企业和居民个人这些市场中主体的投融资活动开展研究的。受特定时期学术思潮影响和基于特定历史阶段实践形成的仅仅关注资本抽象流向的"与财政不分家"的大金融,不可避免地遭遇发展的困顿,亟待遵循金融内涵的发展逻辑和符合时代特征要求的新金融破茧而出。

二、新金融语境下金融学内涵的"不变"与"变"

面对传统金融学发展的困顿,新金融语境下的金融学应该具有怎样的内涵呢？

第一,基于技术的金融创新或基于金融的技术创新是有意识的企业在追求利润最大化过程中在"无意识"的市场中自发实现的；在"无意识"的市场海洋中,金融创新和金融活动的主体始终应该是"有意识"的企业和居民个人。现实中的企业是由一个个营利动机明确的企业家通过不断试错来逐步形成的。由于看似"有意识"的企业岛屿最终是否能够生存,需要经过"无意识"的市场的检验,企业家需要具备明确的营利动机、风险识别能力和责任承担能力。企业家在市场中地位不可替代的一个明证是,伴随着传统企业规模的扩大,新兴企业的生命周期却呈现缩短趋势的现象。其内在原因即在于,传统企业规模扩大依赖信息技术的发展和计划性的提高是可以做到的,因为数字经济的发达会使企业日常经营管理决策变得更加科学有效；但新兴产业的发展则必须依赖同时具有明确营利动机、风险识别能力和责任承担能力的企业家,而大数据的出现显然无法代替企业家的上述功能。在我国初步完成从计划经济到市场经济的转型后,脱离作为市场主体的企业和居民个人谈金融需要和金融服务,无异于"镜中谈花""水中论月"。而

新金融语境下的公司治理理念转变
（代后记）

上述认识对于摆脱以往"为了金融化而金融化"，从货币到货币研究范式的局限，"脱虚向实"，使金融回归到更好地为实体经济服务这一主旨具有特别重要的现实意义。在上述意义上，以政府融资活动为主体的"大金融"和"与财政不分家"的金融都无法称为新金融。

第二，数字经济的发展虽然可以降低市场存在的信息不对称，但无法成为市场经济制度存在的基本信息交换功能的替代，更无法成为市场经济制度本身的替代。在反思2008年爆发的全球金融风暴的思潮中，奥地利学派由于对市场内在机制的深刻认识而重新获得学术界的认同和重视。在奥地利学派看来，市场并非引起信息不对称，进而成为政府干预经济理由的"市场失灵"的原因。不仅如此，由于市场的存在一定程度上降低了不同个体和组织之间的信息不对称，因而市场反而成为解决信息不对称的重要手段。例如，需要外部融资的企业和进行储蓄的储户之间的信息不对称催生了金融中介服务的市场需求，而金融中介组织的存在反过来降低了资金供需双方的信息不对称；而当金融中介组织的运行效率不能有效满足金融市场对金融中介服务的质量要求时，包括支付宝在内的各种新的促使交易成本降低的支付手段应运而生，成为金融中介服务的新生力量。我们看到，通过市场价格机制这只"看不见的手"自动调节供求，实现不同个体组织之间的产品交换和信息交流，使得社会化大生产持续推进，最终带来市场中每个个体的福利改善。正是在这一意义上，张维迎教授强调"不是市场（在解决信息不对称问题上）失灵，而是市场经济理论（无法解释上述现象而）'失灵'"。

大数据的出现无疑将改善市场"降低信息不对称"的功能，从而使日常经营管理决策变得更加科学有效。但由于其并不能构成具有明确营利动机、良好风险识别和责任承担能力的企业家功能的实质性替代，因而大数据不会必然推动技术创新，进而推动制度

当野蛮人遭遇内部人：
中国公司治理现实困境

创新。对于这一问题，福特很早就说过，如果利用市场调查（当时的大数据）来研发生产你的产品，很多调查者更希望看到的是"更好的马车"，而不会想到"汽车"。原因是作为交通运输领域技术革命标志的蒸汽火车和汽车并非牛车和马车等传统运输行业基于大数据预测和创新的，而是来自看起来没有关系的纺织行业。如今进入千家万户、很多人须臾不离的微信同样不是由通信科技的传统企业中国电信和中国联通基于大数据预测和创新的，而是来自最早从事计算机系统研发的腾讯；甚至被称为支付业务领域的一场革命的支付宝的发明同样也不是由开展传统支付业务的工、农、中、建等各类商业银行基于大数据预测和创新的，而是来自作为电商的阿里。

出于同样的逻辑，即使有大数据助力的中央计划者的计划或政府相关产业政策制定，也同样无法替代市场制度环境中具有明确营利动机、风险识别和责任承担能力的企业家。面对激烈的市场竞争，新兴产业的发展仍然必须依赖具有明确营利动机的企业家来识别风险、承担责任。企业家过去和现在依然是市场环境下十分稀缺的资源，因而需要通过现代产权保护制度的建立和完善来大力培育。因此，一个对待数字经济的正确态度是：一方面，我们应该重视其对金融创新、社会进步的巨大推动作用；但另一方面，我们需要清醒地意识到，数字经济并不会成为政府计划和产业政策制定的合理凭借，甚至成为市场经济基础制度的替代。

第三，对于确保投资者收回投资并取得合理回报十分重要的控制权安排，其决定因素经历了从生产资料（资本）到信息，再到技术等关键资源的转变。简单回顾企业控制权安排的历史，在马克思看来，由于资本家对生产资料（资本）的占有，因而"资本"可以剥削"劳动"；而现代公司治理理论则注意到由于经理人（劳动）对私人信息的占有，因而"劳动"可以欺骗"资本"。我们看到，影响控制权安排的决定因素经历了从生产资料（资本）到信息，再到包括数

新金融语境下的公司治理理念转变
（代后记）

字、技术等其他关键资源的转变。

公司控制权安排上一个新的制度创新来自阿里巴巴在美国上市时推出的合伙人制度。以马云为首的阿里合伙人通过推出合伙人制度有权利对董事会组成产生实质性影响，形成对阿里的实际控制。在一定意义上，持股仅13%的阿里合伙人这一"劳动"通过合伙人制度实现了对持股比例高达31%和15%的软银和雅虎的"资本"的"雇佣"。除了阿里的合伙人制度，一度被认为不利于投资者权益保护的具有不平等投票权的双层股权结构，由于在防范野蛮人入侵和鼓励创业团队进行人力资本专用性投资的独特作用，重新受到学术界的认同。例如，2014年在美国纳斯达克上市的京东同时发行两类股票，其中A类股票每股具有一票投票权，而B类股票每股则具有20票投票权。出资只占20%的创始人刘强东通过持有B类股票，获得了83.7%的投票权，实现了对京东的绝对控制。当王石管理团队为万科遭遇"野蛮人"入侵卷入股权之争而捉襟见肘、寝食难安、疲于应付时，"刘强东们"则可以心无旁骛地致力于业务模式的创新。我们看到，决定阿里和京东上述控制权安排的显然并非传统意义上的物质资本，而是阿里合伙人和刘强东等创业团队独特的业务发展模式所体现的人力资本的价值。

如果说金融学的内涵在"创新的主体是企业和居民个人"和"市场经济是基础制度环境"这两个方面并没有随着新金融的快速发展而发生改变，那么，对控制权安排主要影响因素的认识则经历了从资本到信息，再到技术（人力资本）等关键资源的转变。这意味着未来对于新金融内涵的理解不能再简单局限于物质资本这种单一形态上，而应扩展到信息、技术乃至人力资本等其他关键资源。当然，在控制权安排的实现形式上，既可以是资本"雇佣"劳动，同样也可以是劳动"雇佣"资本。

当野蛮人遭遇内部人：
中国公司治理现实困境

三、新金融语境下公司治理理念的转变

尽管在新金融语境下，股票交易大厅可以关闭，但我们注意到，作为基本融资工具，权益与债务不同的融资实现路径并没有改变，股票作为有价凭证背后体现的所有者权益同样没有改变。投资者之所以愿意购买上市公司发行的股票，是由于公司向即将成为股东的投资者做出以下承诺：一方面，股东以出资额为限承担企业未来的经营风险；另一方面，股东则以投票表决的方式对资产重组等重大事项进行最后裁决。因而，股东享有的是所有者权益，它不同于债权人的（借贷）合同权益。虽然在新金融语境下，股票由早期的有价纸质票据（"看得见、摸得着"），变为现在以账户方式体现的电子有价凭证（"看得见、摸不着"），甚至未来虚拟化（"看不见、摸不着"），但持有人依然享有所有者权益的事实并不会发生改变。由于这一公司治理存在的法律和制度基础即使在新金融语境下也没有发生实质性改变，因而在新金融语境下公司治理的问题依然存在。只不过面对传统金融学的困顿，以及新金融语境下金融学内涵的"不变"与"变"，公司治理的理念需要相应做出调整和转变。那么，在新金融语境下公司治理理念应该发生怎样的转变呢？

第一，在控制权安排的实现形式上，既可以是资本雇佣劳动也可以是劳动雇佣资本，取决于谁是进行专用性投资的关键资源。在学术界和实务界对控制权安排关键影响因素的认识经历了从生产资料（资本）到信息，再到技术，甚至人力资本等关键资源的转变后，在控制权安排的实现形式上，既可以是资本"雇佣"劳动，同样也可以是劳动"雇佣"资本。例如，通过推出合伙人制度，仅持股13%的阿里合伙人实现了"劳动"对持股比例高达31%和15%的软银和雅虎的"资本"的"雇佣"。京东通过发行双重股权结构股票，

新金融语境下的公司治理理念转变
（代后记）

实现了刘强东对外部 A 股持有人分散股东所投资本的"雇佣"。因此，随着影响控制权安排的主要因素从狭义的资本到广义的关键资源（资本、信息、技术）认识的转变，未来在控制权安排实现形式上，不仅会存在传统的"同股同权"模式，也会出现以不平等投票权为特征的双重以及三重股权结构股票，甚至允许阿里以合伙人制度的方式变相实现不平等投票权股票的发行。

第二，评价有效控制权安排的标准应该从传统的"股权至上"、仅仅强调对投资者权益保护，相应转变为能否有助于代理冲突双方（经理人与股东）从短期"雇佣"合约转变到长期合伙合约，实现合作共赢。当万科股权之争各方围绕"谁的万科"争得不亦乐乎时，阿里却看上去既是主要股东软银和雅虎的，但同时也是通过合伙人制度实际控制阿里的阿里合伙人团队的，因而是属于大家的。阿里通过推出合伙人制度改变了以往"铁打的股东，流水的经理人"的经理人与股东之间的短期雇佣关系，而是建立了"铁打的经理人，流动的股东"，甚至"铁打的经理人，铁打的股东"这样一种长期合伙关系。从形式上看，软银等放弃了原本属于第一大股东的控制权，但通过放弃控制权，软银等从中赚得钵满盆满。我们因此需要颠覆以往的控制权安排"股权至上"、仅仅强调对投资者权益保护这一传统认识。与控制权相比，合作共赢显然更加重要。在一定意义上，控制权不是用来占有的，而是用来放弃的。这事实上是东方"舍得"智慧的极佳体现。

第三，公司治理的政策目标应该从缓解代理冲突、降低代理成本转变为专业化分工实现的效率改善与代理成本降低之间的权衡。"现代股份公司是人类的一项伟大发明"（巴特勒语）。由于现代股份公司的出现，资本社会化和经理人职业化所实现的社会分工带来的效率改善成为人类财富在过去 250 年实现垂直式增长的重要原因之一。虽然所有权与经营权分离实现的专业化分工带来的效率改善是现代股份公司的实质体现，但毫无疑问，二者的分离

当野蛮人遭遇内部人：
中国公司治理现实困境

同时衍生出股东与经理人之间的代理冲突问题。Berle and Means(1932)在反思大萧条中现代股份公司所扮演的角色时，看到了所有权和经营权分离所产生的代理冲突构成对"过去三个世纪赖以生存的经济秩序的破坏"。Jensen and Meckling(1976)进一步将公司治理的政策目标明确为缓解代理冲突，降低代理成本。然而，所有权与经营权分离产生的代理冲突仅仅是专业化分工衍生出来的副产品。如果说专业化分工是第一位的，那么代理冲突只是第二位的。显然我们并不能因为看到处于第二位的代理冲突存在的问题，而放弃处于第一位的专业化分工带来的效率改善的巨大收益。因此，未来对于公司治理政策目标的制定，我们既要看到现代股份公司所有权与经营权分离所引发的代理冲突，同时更要看到资本社会化与经理人职业化这一专业化分工所带来的巨大效率改善，努力做到专业化分工实现的效率改善与代理成本降低之间的权衡。如果我们把传统公司治理政策目标的出发点比作"零和博弈"，那么新金融语境下的公司治理政策目标的出发点应该是"合作共赢"。因此，公司治理未来不应一味地以"缓解代理冲突、降低代理成本"为政策目标，甚至像"防贼"一样限制经理人的一举一动。

如果我们按照上述公司治理政策目标重新审视阿里合伙人制度和京东双层股权结构股票发行背后的合理性，我们看到，通过把业务模式创新交给更具专业优势的创业团队，并通过认同合伙人制度或持有具有不平等表决权的 A 类股票来承诺对经营权尽可能少的干预，上述制度安排实现了创业团队经营管理决策的专业化与外部股东分担风险的专业化之间的深度专业化分工，带来了效率的改善。

第四，随着对企业家从"代理冲突的缘起"到"经济增长的国王"的认识转变，公司治理理论研究与实践需要实现从以经理人为中心到以企业家为中心的转变。

新金融语境下的公司治理理念转变
（代后记）

前面的分析表明,虽然数字经济的出现将改善市场"降低信息不对称"的功能,但它不会成为政府计划和产业政策制定的合理凭借,进而成为基础市场经济制度的替代。毕竟组成政府的政府官员既不像企业家一样具有明确的营利动机,又不具有风险识别能力,更不具有实质的责任承担能力,因而并不应该成为数字经济创新的主体。这使得企业家表面看起来像"代理冲突的缘起",但实质却是"经济增长的国王"。面对激烈的市场竞争,新兴产业的发展仍然必须依赖企业家来识别风险、来承担责任,企业家过去和现在依然是市场环境下十分稀缺的资源。对于面对资源稀缺、以经济增长为永恒主题的经济学而言,公司治理研究未来需要从传统的以经理人为中心转变到以企业家为中心。未来我们同样需要在公司治理实践中通过现代产权和公司治理制度的建立和完善大力培育企业家精神,让企业家真正成为"经济增长的国王"。

参 考 文 献

Almeida, H. V. and Wolfenzon, D., 2006, A Theory of Pyramidal Ownership and Family Business Groups, *The Journal of Finance*, 61(6): 2637-2680.

Aoki, M., 1980, A Model of the Firm as A Stockholder-Employee Cooperative Game, *The American Economic Review*, 70(4): 600-610.

Aoki, M., 1984, *The Co-Operative Game Theory of the Firm*, Clarendon Oxford.

Bebchuk, L. A. and Fried, J. M., 2003, Executive Compensation as An Agency Problem, *Journal of Economic Perspectives*, 17(3): 71-92.

Bebchuk, L. A. and Fried, J. M., 2005, Pay Without Performance: Overview of The Issues, *Journal of Applied Corporate Finance*, 17(4): 8-23.

Berle, A. A. and Means, G. C., 1932, *The Modern Corporation and Private Property*, New York: Macmillan.

Blair, M. M., 1995, Corporate "ownership": A Misleading Word Muddies the Corporate Governance Debate, *Brookings Review*, 13(1): 16-19.

Bolton, P., Scheinkman, J. and Xiong, W., 2006, Pay for Short-Term Performance: Executive Compensation in Speculative Markets, *Review of Economic Studies*, 73(3): 577-610.

Boubakri, N., Cosset, J. C. and Guedhami, O., 2005, Post-Privatization Corporate Governance: The Role of Ownership Structure and Investor Protection, *Journal of Financial Economics*, 76(2): 369-399.

Burrough, B. and Helyar, J., 1989, *Barbarians at the Gate: The Fall of RJR Nabisco*, Harper & Row Press.

Coase, R. H., 1937, The Nature of the Firm, *Economica*, 4(16): 386-405.

Claessens, S., Djankov, S. and Lang, L. H. P., 2000, The Separation of Owner-

当野蛮人遭遇内部人：
中国公司治理现实困境

ship and Control in East Asian Corporations, *Journal of Financial Economics*, 58(1): 81-112.

Claessens S., Djankov, S. and Fan, J. P. H., 2002, Disentangling the Incentive and Entrenchment Effects of Large Shareholdings, *The Journal of finance*, 57 (6): 2741-2771.

Claessens, S., Fan, J. P. H., and Lang, L. H. P., 2006, The Benefits and Costs of Group Affiliation: Evidence from East Asia, *Emerging Markets Review*, 7 (1): 1-26.

Denis, D. K. and McConnell, J. J., 2003, International Corporate Governance, *Journal of Financial and Quantitative Analysis*, 38(1): 1-36.

Djankov, S., McLiesh, C. and Nenova, T., 2003, Who Owns the Media?, *The Journal of Law and Economics*, 46(2): 341-382.

Donaldson, T. and Preston, L. E., 1995, The Stakeholder Theory of The Corporation—Concepts, Evidence, and Implications, *Academy of Management Review*, 20(1): 65-91.

Drucker, P. F., 1993, *Management: Tasks, Responsibilities, Practices*, Harper Business.

Easterbrook, F. H. and Fischel, D. R., 1993, Contract and Fiduciary Duty, *Journal of Law & Economics*, 36(1): 425-446.

Fama, E. F., 1980, Agency Problems and the Theory of the Firm, *Journal of Political Economy*, 88(2): 288-307.

Fama, E. F. and Jensen, M. C., 1983, Separation of Ownership and Control, *Journal of Law & Economics*, 26(2): 301-325.

Frieder, L., and Subrahmanyam, A., 2007, Executive Compensation and Investor Clientele, Purdue University Working Paper.

Grossman, S. J. and Hart, O. D., 1980, Takeover Bids, the Free-rider Problem, and The Theory of the Corporation, *The Bell Journal of Economics*, 11(1): 42-64.

Grossman, S. J. and Hart, O. D., 1986, The Costs and Benefits of Ownership: A Theory of Vertical and Lateral Integration, *The Journal of Political Economy*,

参考文献

94(4): 691-719.

Harford, J., 2003, TakeoverBids and Target Directors' Incentives: The Impact of a Bid on Directors' Wealth and Board Seats, *Journal of Financial Economics*, 69 (1): 51-83.

Hart, O., 1995, Corporate Governance—Some Theory and Implications, *Economic Journal*, 105(430): 678-689.

Hart, O., 2000, Financial Contracting, *Journal of Economic Literature*, 39(4): 1079-1100.

Hart, O., and Moore, J., 1990, Property Rights and the Nature of the Firm, *Journal of Political Economy*, 98(6): 1119-1158.

Harris, M. and Raviv, A., 1988, Corporate Governance: Voting Rights and Majority Rules, *Journal of Financial Economics*, 20(1-2): 203-235.

Himmelberg, C. P., Hubbard, R. G. and Love, I., 2002, Investment, Protection, Ownership, and the Cost of Capital, National Bank of Belgium Working Paper No. 25.

Hirshleifer, D. and Thakor, A. V., 1994, Managerial Performance, Board of Directors and Takeover Bidding, *Journal of Corporate Finance*, 1(1): 63-90.

Holmström, B., 1999, Managerial Incentive Problems: A Dynamic Perspective, *Review of Economic Studies*, 66(1): 169-182.

Holmström, B. and Milgrom, P., 1987, Aggregation and Linearity in the Provision of Inter Temporal Incentives, *Econometrica*, 55(2): 302-328.

Jensen, M. and Meckling, W., 1976, Theory of the Firm: Managerial Behavior, Agency Costs and Ownership Structure, *Journal of Financial Economics*, 3(4): 305-360.

Johnson, S., Porta, R. L. and Lopez-De-Silanes F., 2000, Tunneling, *American Economic Review*, 90(2): 22-27.

Khanna, T. and Palepu, K., 2000, Is Group Affiliation Profitable In Emerging Markets? An Analysis of Diversified Indian Business Groups, *the Journal of Finance*, 55(2): 867-891.

Leland, H. E. and Pyle, D. H., 1977, Informational Asymmetries, Financial Structure, and Financial Intermediation, *The Journal of Finance*, 32(2): 371-387.

Murphy, K. J., 1999, Executive Compensation, *Handbook of Labor Economics*, 3 (32): 2485-2563.

Perry, T., 2000, Incentive Compensation for Outside Directors and CEO Turnover, Arizona State University Working Paper.

Pfeffer, J. and Salancik, G. R., 1978, The External Control of Organizations: A Resource Dependence Perspective, *Economic Journal*, 23(2): 123-133.

Porta, L. R., Lopez-de-Silanes, F. and Shleifer, A., 1999, Corporate Ownership Around the World, *The Journal of Finance*, 54(2): 471-517.

Porta, L. R., Lopez-de-Silanes, F., Shleifer, A. and Vishny, R., 2000, Investor Protection and Corporate Governance, *Journal of Financial Economics*, 58(1-2): 3-27.

Scharfstein, D., 1988, The Disciplinary Role of Takeovers, *Review of Economic Studies*, 55(2): 185-199.

Shleifer, A. and Vishny, R. W., 1997, A Survey of Corporate Governance, *Journal of Finance*, 52(2): 737-783.

Tirole, J., 2001, Corporate Governance, *Econometrica*, 69(1): 1-35.

白重恩、刘俏、陆洲、宋敏、张俊喜,2005,《中国上市公司治理结构的实证研究》,《经济研究》第2期,第81—91页。

崔之元,1996,《美国二十九个州公司法变革的理论背景》,《经济研究》第4期,第35—40页。

韩亮亮、李凯、徐业坤,2008,《金字塔结构、融资替代与资本结构——来自中国民营上市公司的经验证据》,《南开管理评论》第6期,第74—78页。

李维安、韩忠雪,2013,《民营企业金字塔结构与产品市场竞争》,《中国工业经济》第1期,第77—89页。

刘峰、贺建刚、魏明海,2004,《控制权、业绩与利益输送——基于五粮液的案例研究》,《管理世界》第8期,第102—110页。

卡尔·马克思,1968,《资本论》,北京:人民出版社。

沈艺峰、陈舒予、黄娟娟,2007,《投资者法律保护、所有权结构与困境公司高层管理人员变更》,《中国工业经济》第1期,第96—103页。

参 考 文 献

唐雪松、申慧、杜军,2010,《独立董事监督中的动机——基于独立意见的经验证据》,《管理世界》,第9期,第138—149页。

青木昌彦、钱颖一,1995,《转轨经济中的公司治理结构——内部人控制和银行的作用》,北京:中国经济出版社。

王克敏、陈井勇,2004,《股权结构、投资者保护与公司绩效》,《管理世界》第7期,第127—133页。

王跃堂、赵子夜、魏晓雁,2006,《董事会独立性是否影响公司绩效》,《经济研究》第5期,第62—73页。

叶康涛、祝继高、陆正飞、张然,2011,《独立董事的独立性:基于董事会投票的证据》,《经济研究》第1期,第126—139页。

张维迎,1996,《所有制、治理结构及委托—代理关系——兼评崔之元和周其仁的一些观点》,《经济研究》第9期,第3—15页。

郑志刚、吕秀华,2009,《董事会独立性的交互效应和中国资本市场独立董事制度政策效果的评估》,《管理世界》第7期,第133—144页。

郑志刚、邹宇、崔丽,2016,《合伙人制度与创业团队控制权安排模式选择——基于阿里巴巴的案例研究》,《中国工业经济》第10期,第126—143页。

郑志刚,2016,《中国公司治理的理论与实践》,北京:北京大学出版社。

郑志刚,2017,《从万科到阿里:分散股权时代的公司治理》,北京:北京大学出版社。